MARCOS ACAYABA

MARCOS ACAYABA

RG
2ª edição
revista e bilíngue
português-inglês

Romano Guerra
Editora

São Paulo, 2021

7 APRESENTAÇÃO   Julio Roberto Katinsky

9 MARCOS ACAYABA, DELINEADOR DE ESTRUTURAS   Hugo Segawa

13 EXERCÍCIOS DE LIBERDADE   Guilherme Wisnik

23 **CRÔNICA DE UMA FORMAÇÃO**

41 **PROJETOS**

44 Residência Milan

58 Conjunto de Residências no Alto da Boa Vista

66 Sede da Fazenda Pindorama

74 Escritórios Regionais de Planejamento

80 Quiosque na Fazenda Arlina

84 Galeria São Paulo

94 Reurbanização do Vale do Anhangabaú

98 Residência Jander Köu

108 Coliseum

114 Reurbanização da área do Carandiru

120 Agência Banespa Santo Amaro

126 Pavilhão Pindorama

138 Biblioteca Pública do Estado do Rio de Janeiro

144 Agência Banespa Capivari

150 Residência Hugo Kovadloff

162 Museu Brasileiro da Escultura

168 Edifício H. Stern

174 Residência Hélio Olga

186 Pavilhão de Sevilha

194 Residência Baeta

206 Residência Marcos Acayaba

222 Nova Sede da Fapesp

228 Sede do Parque Estadual de Ilhabela

232 Vila Butantã

242 Escola Estadual Jd. Bela Vista I

254 Escola de Comunicações e Artes

263 Cronologia de projetos

269 Bibliografia selecionada

272 English version

Julio Roberto Katinsky   **APRESENTAÇÃO**

O arquiteto e seu destino

Comecei a prestar atenção em Marcos Acayaba em 1964 ou 1965, na FAU USP, quando eu era um jovem professor e Marcos, um jovem aluno. O que me impressionou foi sua independência pessoal de julgamento, sua liberdade de pensar, numa época cuja tendência era pensar e participar de grupos abdicando de uma postura crítica própria.

Foram seus mestres, antes de tudo, os arquitetos da minha geração que se mostravam herdeiros de alguns princípios (ou conceitos) longamente sedimentados em nossa faculdade. Da Politécnica nos vinha a convicção de que era nosso dever imperativo contribuir para o desenvolvimento tecnológico brasileiro (herança maior de Paula Souza, provavelmente). Lembro-me bem, no Fórum de 1968, quando um jovem (esquerdista) professor levantou-se para criticar o frágil profissionalismo de nossa educação na faculdade, e o professor Figueiredo Ferraz, irritado, afirmou que a faculdade não estava ali para *formar profissionais*, mas para *formar cidadãos*.

Do Anhaia Mello nos vinha a noção do vínculo do arquiteto com a cidade, para a qual mesmo os clientes privados deveriam aceitar e contribuir. E de Artigas nos vinha a lição criadora da arquitetura moderna brasileira a merecer uma incorporação também ela criadora. Todas essas teses defendidas por nossa geração (pelo menos por muitos de nós) permitem-nos dizer, com orgulho, que como a geração anterior recusara o chauvinismo racista do neocolonial, nós recusamos o *Brasil grande* (potência), representativo de uma hegemonização opressora, permanecendo, sempre, ecumênicos e solidários com os povos oprimidos.

Mas se tudo isso se aplica ao Marcos, tudo isso não explica sua trajetória artística. Como disse o poeta: "Um coup de dés, jamais n'abolira l'hasard" (Abrahão Sanovicz descobriu que azar é palavra árabe, que significava, primitivamente, dado, jogo). Podemos traduzir, então, a frase de Mallarmé como: "Em arte (pelo menos) nunca as premissas explicam a conclusão, mas, ao contrário, a conclusão explica as premissas".

Ainda que todas essas afirmações anteriores se apliquem ao arquiteto Marcos Acayaba, é sua trajetória, sua inventividade e sua postura perante a cidade, que nos permite discernir aqueles fundamentos pressupostos: basta percorrer sua obra e verificar suas contribuições em estruturas de concreto (Residência Milan), ou metálicas (Coliseum), ou recentemente com madeira (Residência Hélio Olga ou Residência Ricardo Baeta). Mas o que mais impressiona, em qualquer situação, é sua espontânea e fluente inventividade. Quase como uma borboleta pousando numa folha, sem (para nós) esforço.

Notamos essas características em todas as suas obras, como a escola projetada para a Fundação para o Desenvolvimento da Educação – FDE ou aquele pequeno grupo de casas [Vila Butantã], no qual, a par de uma proposição pontual urbana, ele reata uma tradição que já se manifestava com o arquiteto Leo Ribeiro de Moraes, na década de 1940, de arquiteto empreendedor e urbanista.

Por essas razões todas, sinto-me particularmente honrado em apresentar meu caro colega e amigo Marcos Acayaba, professor de arquitetura de nossa cidade.

Hugo Segawa

MARCOS ACAYABA, DELINEADOR DE ESTRUTURAS

Imagino a arquitetura de Marcos Acayaba como uma estrutura. Sabemos como a estrutura é uma dimensão significativa na arquitetura de São Paulo dos anos 1960 para cá.

Acayaba escreveu sobre sua filosofia de trabalho:

Tenho desenvolvido projetos nos quais a preocupação com a construção, seus processos de produção e sua manutenção são determinantes, como também a geografia específica do local da obra. Assim, livres de questões de estilo, as formas das minhas construções, quase sempre novas, resultam de processos de análise rigorosos de condições específicas. E, porque tanto o respeito à natureza do lugar, quanto o emprego correto dos materiais e da energia necessária para a produção, uso e manutenção são determinantes, os projetos resultam ecológicos. Com o mínimo de meios, procuro sempre atingir a maior eficiência, conforto e, como consequência, a beleza. Onde nada sobra, onde nada falta.

Poderíamos relacionar esse remate do pensamento à noção de Alberti em *De Re Aedificatoria* ("On the art of building in ten books"): "Beleza é a justa harmonia de todas as partes do corpo, de maneira que nada poderia ser acrescentado, retirado ou alterado, se não para pior",[1] ou a outra máxima albertiana: "Devemos seguir o ensinamento de Sócrates, que algo é perfeito quando qualquer alteração só o torna pior".[2] No entendimento do "nada sobra, nada falta", emula-se o sentido de sistema como um todo organizado, um conjunto de fenômenos solidários que se estruturam e assumem uma forma com uma determinada configuração. Reflexão presente na *Antropologia estrutural* de Claude Lévi-Strauss, para quem uma estrutura é um sistema no qual a alteração de um elemento compromete todos os demais. Modelo conceitual no qual a observação dos fatos permite prever as reações do conjunto quando de uma ou mais modificações.

A estrutura pode ser uma inter-relação de partes organizadas segundo uma ordem hierárquica dominada por um sentido. Enquanto projeto de arquitetura, impregna-se de valores, há uma intenção que busca garantir o sucesso de seu objetivo, de sua função. Trata-se de uma hipótese de trabalho, uma construção que afirma a objetividade dos sistemas e relações, e, como forma de conhecimento, tem como propósito reconhecer e explicar o maior número de fatos constatados (não obstante a possibilidade de interpretações diversas) para a formulação do projeto, distinto da composição de elementos. Vale sutilmente tentar diferenciar o *projeto*, na conotação que a geração de Acayaba recepcionou da retórica de Vilanova Artigas — projeto

1 ALBERTI, Leon Battista (1452). *On the art of building in ten books.* 9ª edição Cambridge, MIT Press, 1999, p.156.

2 Idem, ibidem, p.96.

3 GUADET, Julien (1905). *Élements et théorie d'architecture.* Volume 1, 5ª edição. Paris, Librairie de la Construction Moderne, s.d., p. 88.

4 Idem, ibidem, p. 100.

5 SOLÀ-MORALES, Ignasi de. Prácticas teóricas, prácticas históricas, prácticas arquitectónicas. *Inscripciones*. Barcelona, Gustavo Gili, 2003, p. 257.

6 FERRUCCI, C. Sensibilidade. In *Enciclopédia Einaudi*. Lisboa, Imprensa Nacional / Casa da Moeda, 1992, v. 25, p. 124.

como desígnio, intento, como demonstração de soberania, e o desenho como um instrumento de emancipação política e ideológica—, da *composição* como a definia Julien Gaudet no seu *Élements et théorie de l'architecture* do final do século 19: "é executar, é reunir em um todo as diferentes partes, que devem ser conhecidas segundo suas características e potencialidades, antes de se ter a pretensão de combiná-las, isto é, de fazer um todo".[3] Gaudet reconhecia na realização do arquiteto quatro divisões: a *disposição*, o que chamamos de composição; as *proporções*, isto é, o estudo das dimensões; a *construção*, ou o controle do estudo pela ciência e, enfim, a *execução*. A composição não se ensina, não se aprende senão com muitos ensaios, os exemplos e os conselhos, a experiência própria se sobrepõe à experiência alheia.[4]

No panorama paulista dos anos 1960, no limiar da reforma do ensino da Faculdade de Arquitetura e Urbanismo da Universidade de São Paulo — FAU USP, não mais se ensinou a *composição*, mas se tentou ensinar o *projeto*. A busca de uma *forma forte*, em que há uma estreita articulação entre as partes, numa organização que persegue uma unidade e uma estabilidade. Somente num ambiente impregnado de ricas diferenças e divergências intelectuais se poderia cultivar tal pretensão—como o que Marcos Acayaba vivenciou como estudante e jovem profissional.

O *projeto moderno*, como antecipação, tinha como horizonte e temporalidade o futuro, presumindo modificar o ambiente numa certa direção. Um vir a ser como conotação positiva do possível—algo completamente estranho numa concepção rigorosamente determinística do real. Observou Ignasi de Solà-Morales: "A arquitetura moderna se articulou, por um lado, a partir do paradigma da racionalidade técnica e, por outro, da expressão dos sentimentos e emoções do arquiteto como intérprete dos desejos e esperanças da sociedade".[5]

Racionalidade versus sentimentos e emoções: atitude que se encontrava desenhada desde os grandes homens renascentistas, como aferiu C. Ferrucci: "Assim é para Leonardo, que, enquanto se declara convencido de que todo o nosso conhecimento tem origem nos sentimentos, acrescenta que a prática artística não dirigida pela ciência é como um barco à deriva, sempre incerto quanto à direção seguida...".[6]

Na obra de Marcos Acayaba, persiste o inerente risco do projeto moderno. Há em seu trabalho uma *estética da lógica*, na qual as soluções devem resultar de uma judiciosa percepção estrutural. O que não está desconforme à clássica definição de Lúcio Costa:

7 COSTA, Lúcio, *Arquitetura*. Rio de Janeiro, Bloch/ Fename, 1980, p. 7.

8 CSAMPAI, Attila; HOLLAND, Dietmar. *Guia básico dos concertos*. Rio de Janeiro, Civilização Brasileira, 1995, p. 7.

arquitetura como construção concebida com o propósito de organizar e ordenar plasticamente o espaço e os volumes decorrentes, em função de uma determinada época, de um determinado meio, de uma determinada técnica, de um determinado programa e de uma determinada intenção.[7]

A filosofia de trabalho de Acayaba é tributária do grande mestre brasileiro. Mas com ligeira variação, a intenção plástica de Lúcio Costa, "função da unidade última da obra idealizada", comparece em Acayaba como uma beleza albertiana, uma resultante de um tirocínio estruturalista. Aqui vale parafrasear o compositor Ernest Bloch: "Quando se examina uma obra musical sob o ponto de vista técnico, tudo é coerente e nada é dito, como numa equação algébrica; mas quando se examina sob o ponto de vista poético, então tudo é dito e nada faz sentido".[8] Há uma poética intrínseca nessa busca da lógica, do essencial.

Guilherme Wisnik   **EXERCÍCIOS DE LIBERDADE**

1 Ver *Architécti*, n.17, 1993; BROWNE, Enrique; PETRINA, Alberto; SEGAWA, Hugo; TOCA, Antonio; TRUJILLO, Sergio. *Casas latinoamericanas*. México, Gustavo Gili, 1994; *Quaderns*, n.204, 1994; *Casabella*, n.610, 1994; CERVER, Francisco Asensio. *Houses*. Barcelona, Arco, 1997; *World Architecture*, n.59, 1997; *Archis*, n.11, 1997; *Häuser*, 1998; *Abitare*, n.374, 1998; *Architectural Record*, n.9, 1998; *L'Architettura*, n.517–518, 1998; CONSTANTINOPOULOS, Vivian (Org.). *10 x 10*. Londres, Phaidon, 2000; MELHUISH, Claire. *Modern House 2*. Londres, Phaidon, 2000; *The House Book*. Londres, Phaidon, 2001; NGO, Dung. *World House Now*. Londres, Thames & Hudson, 2003; BAHAMON, Alejandro. *Houses on the Edge*. Nova York, Harper Design International, 2003; GAUZIN-MÜLLER, Dominique. *25 Maisons en bois*. Paris, Le Moniteur, 2003; *WA World Architecture*, n.157, 2003; WEBB, Michael. *Art Invention House*. Nova York, Rizzoli, 2005.

A obra de Marcos Acayaba destaca-se como uma das mais consistentes no cenário da arquitetura brasileira contemporânea. O seu aparecimento continuado em inúmeras publicações estrangeiras[1] — normalmente associado ao contexto atual de arquiteturas sustentáveis e atentas às particularidades do entorno — assim como as premiações que tem recebido atestam essa qualidade e dão a medida da sua importância. Pode-se afirmar que a vasta repercussão da Residência Hélio Olga (1987–1991) fora do país, a partir do início dos anos 1990, rompe um período de longo ostracismo da arquitetura brasileira no panorama crítico internacional, hoje mais do que superado com a atribuição do prêmio Pritzker a Paulo Mendes da Rocha. Mas é claro que a divulgação e o reconhecimento da obra de Acayaba não representam um valor em si. Eles são, antes, índices de um valor que reside na própria obra, em sua capacidade de ter conseguido afirmar-se construtivamente em anos de crise.

Inicialmente, podemos dizer que um dos principais atributos de sua arquitetura é a diversidade. Qualidade que está intimamente ligada à liberdade, isto é, à capacidade de não se deixar enredar nem por esquemas formais mecânicos e preconcebidos, nem por compromissos rígidos com o uso de determinados materiais e sistemas construtivos, tampouco por vinculações ideológicas extrínsecas e restritivas. Amparada em um firme exercício de liberdade projetual, a obra de Marcos Acayaba abre caminhos em meio a um contexto profissional enrijecido por décadas de querelas políticas e afastamento da discussão internacional.

Tomada em conjunto, a sua produção apresenta um padrão de qualidade notável que, no entanto, é sublinhado por saltos abruptos que condensam caminhos experimentais novos, tornando-se guias para a leitura da obra. De certa forma, sua arquitetura parece correr transversalmente aos embates ideológicos que, durante os anos 1970 e 1980, truncaram a produção arquitetônica brasileira e, mais particularmente, paulista. Não quero dizer, com isso, que tais embates tenham sido inócuos ou desnecessários. Ao contrário, expuseram uma ferida antes recalcada pela profissão, forçando a percepção de que a atividade arquitetônica é uma etapa de um processo social maior, responsável, muitas vezes, por reforçar a alienação do trabalho no seu processo material de confecção. Porém, se no final dos anos 1960 a hipótese de "trocar o lápis por instrumentos mais contundentes" continha a promessa iminente de construção de uma nova sociedade, em meados dos anos 1970 nem o desenho humanista do arquiteto, nem a luta armada pareciam mais opções viáveis de emancipação social. Nas universidades, seguiram-se anos de desmobilização e esvaziamento.

Quando a Residência Hélio Olga apareceu, no início da década de 1990, apontava um caminho inovador que parecia ser a expressão simultânea de um arroubo juvenil e

2 Ainda em 1969, Ernest Mange desligou-se da faculdade por motivos pessoais, seguido, no ano seguinte, por Roberto Coelho Cardozo. Sérgio Ferro e Rodrigo Lefèvre, presos em 1970, foram compulsoriamente afastados da universidade. Rodrigo retomaria o cargo apenas em 1977, e Sérgio se manteria no exílio até hoje. Flávio Império permaneceu na FAU USP até 1977, quando se demitiu após esta ter lhe negado um espaço experimental para o curso que ministrava.

de um adensamento de maturidade. Ficava claro que a arquitetura de Marcos Acayaba — cuja trajetória já se desenvolvia havia vinte anos — tinha conseguido alimentar-se daquela discussão, em vez de paralisar-se no vácuo produzido por ela. Dito isso, é preciso localizar as circunstâncias vividas por sua geração, fundamentais para a compreensão da obra dos arquitetos que a integram.

Tendo estudado na FAU USP entre os anos de 1964 e 1969, Acayaba viveu o período de transformações mais intenso daquela faculdade, iniciado após a reforma curricular proposta no Fórum de 1962 — que enfatizava o ensino nos ateliês —, em um momento ainda brando do regime militar e encerrado já depois do AI-5, com o desmonte daquele projeto pedagógico a partir da cassação dos professores Vilanova Artigas, Paulo Mendes da Rocha e Jon Maitrejean, em 1969.[2]

Trata-se, no entanto, de um período extremamente fecundo na história brasileira recente, sobretudo no âmbito cultural. Um momento em que se combinaram explosivamente agitações políticas, militância estudantil, festivais de música popular, contracultura, existencialismo, diluição dos limites entre arte e vida etc. A FAU, situada na rua Maranhão, no bairro de Higienópolis, era uma referência cultural na cidade. Um ponto de encontro e boemia a meio caminho entre o glamour do Instituto dos Arquitetos do Brasil — IAB e o desbunde da Faculdade de Filosofia, na rua Maria Antônia, tendo como epicentro o famoso *Sambafo*: o grêmio dos estudantes, localizado no porão da faculdade, que funcionava informalmente como bar e casa de shows.

A mudança das instalações da faculdade para a Cidade Universitária, em 1969, coincide com a desarticulação desse contexto efervescente, mas também o reforça. No entanto, as turmas que ingressaram no mercado de trabalho naquele momento, apesar da crise profissional que enfrentaram, foram ainda formadas com uma vivência politécnica e vanguardista. Elas representam o *canto do cisne* de uma época. Há, por isso, na obra de Acayaba, uma versatilidade própria de um momento de transição. Nota-se, nela, a presença de um espectro amplo de referências sobrepostas, abstraídas, em alguns casos, dos dogmas que as acompanhavam originalmente. Sabemos que o perigo maior, nessas situações, é a perda equivalente dos pontos de tensão daqueles referentes, redundando em estilismo. O trabalho de Acayaba, contudo, destaca-se na geração pela capacidade de mobilizar esse caldo de influências em direção a sínteses pessoais, autorais, fazendo convergir uma disciplina de racionalização construtiva e uma poética.

A sua arquitetura, por esses motivos, ensina a projetar e a raciocinar através da construção. Não é à toa que Acayaba tenha sido um professor tão influente para as novas gerações, desde que regressou à FAU nessa condição em 1994. Também não

terá sido um acaso o fato de o presente livro ser o desdobramento de uma tese
acadêmica em que o arquiteto comenta a própria obra e seu procedimento projetual
à luz de um vasto repertório de projetos feitos por mestres brasileiros e estrangeiros,
tais como Oscar Niemeyer, Vilanova Artigas, Paulo Mendes da Rocha, Joaquim Guedes,
Sérgio Ferro, Carlos Millan, Frank Lloyd Wright, Le Corbusier, Mies van der Rohe,
Marcel Breuer, Craig Ellwood e Norman Foster. Sua obra, desse modo, revela não
apenas uma grande paixão pela arquitetura e um conhecimento profundo da produção
desses e de outros arquitetos, mas também uma didática incomum na maneira de
incorporar e processar esse acervo. O que nos leva a crer que a qualidade pedagógica
dos seus projetos se deva ao fato de realizar-se como práxis: uma práxis ao mesmo
tempo aberta e exigente, fundada antes em estratégias construtivas para enfrentar
operacionalmente a obra, do que em partidos volumétricos definidos a priori.

Ao comentar as referências que consciente ou inconscientemente estiveram
por trás da concepção dos projetos, Acayaba coloca as cartas na mesa. Não como
receituário de formas, mas como raciocínios diante de um programa, um terreno, um
cliente. Sem melindres ou mistificações quanto à gênese de seus partidos, permite
que o diálogo se estabeleça a partir de um campo relacional comum, favorecendo a
constituição de um espaço mais aberto e produtivo de colaboração entre produção
e crítica arquitetônica no país.

Padronização e particularidade

Na obra de Acayaba, as casas desempenham um papel central. O que revela uma
situação dúbia, já que se, por um lado, o programa da residência unifamiliar é um
campo de experimentação clássico da linguagem do arquiteto — como, talvez, o
soneto para a poesia —, por outro, revela um encurtamento de perspectivas na atuação
profissional, o que é um traço marcante de época, inaugurado em sua geração e
perpetuado até os dias de hoje. Situação que difere substantivamente do que se via
antes em São Paulo, onde os arquitetos tiveram atuações importantes no frenético e
"esclarecido" mercado imobiliário de edifícios residenciais e comerciais da cidade nos
anos 1940 e 1950 — lembre-se, a título de exemplo, os casos de Franz Heep, Jacques
Pilon, Giancarlo Palanti, Rino Levi e Oswaldo Bratke. Pode-se dizer o mesmo quanto à
participação expressiva dos arquitetos na construção de edifícios escolares, escolas
técnicas, centros profissionalizantes e, mesmo, cidades inteiras, numa etapa seguinte.

Acayaba faz parte de uma geração que desenvolveu sua carreira apartada das
grandes encomendas públicas e privadas, encontrando, nos poucos concursos de

projeto nos anos 1970, uma via de acesso a especulações de maior alcance. Daí a importância, no conjunto deste livro, de projetos urbanos como o que fez para o Anhangabaú (1981), e dos projetos de edifícios públicos e/ou simbólicos, como o Pavilhão de Sevilha (1991), o Museu Brasileiro da Escultura (1986) e a Biblioteca Pública do Estado Rio de Janeiro (1985). Sua geração, portanto, viveu um momento de aguda polarização profissional, que coincide com a emergência social do arquiteto assalariado, empregado em grandes escritórios e construtoras. São paradigmáticos os casos da Hidroservice nos anos 1970, voltada para a realização de grandes obras de infraestrutura, e dos escritórios Aflalo & Gasperini, Bratke & Collet, Botti & Rubin, Königsberger & Vanucchi, Júlio Neves, Ruy Ohtake, nos anos 1980 e 1990, que praticamente monopolizaram o mercado da arquitetura corporativa que proliferou pela cidade. Nesse panorama, os arquitetos que conseguiram desenvolver um trabalho próprio, autoral, tiveram as casas como ofício do dia a dia e matéria-prima para exercícios formais e construtivos.

Por outro lado, aceitar o programa doméstico como campo de especulação intelectual é tarefa grandiosa para um arquiteto envolvido com as questões do métier. Não raro, são casas as obras que melhor condensaram as renovações propostas pelos grandes arquitetos do século 20, como a Villa Savoye (1928–1929), de Le Corbusier, a Villa Mairea (1938–1939), de Alvar Aalto, a Casa Farnsworth (1951), de Mies van der Rohe, e a Casa da Cascata (1935–1939), de Frank Lloyd Wright, por exemplo. No caso brasileiro, também é possível traçar relação semelhante. Ainda, como procedimento de trabalho, o trato com o cliente particular e suas idiossincrasias acaba impondo ao arquiteto maior maleabilidade diante das decisões de projeto. Assim, podemos pensar que a recusa de Acayaba em seguir a militância do concreto armado como material único, praticada por seus professores, esteja certamente ligada a essa flexibilização. Mas decorre também de uma atenta leitura de circunstância: a percepção de que, já pelo final dos anos 1970, aquela arquitetura que havia nascido como um impulso enervado tinha se transformado em linguagem estabilizada de bom gosto, uma "cordata academia", como disse Artigas.[3]

De modo complementar, sua atuação no campo privado e residencial inclui uma saudável ausência de pudor em relação ao mercado imobiliário. Prova disso são as incorporações residenciais de que participou, como o Conjunto de Residências no Alto da Boa Vista (1973–1974) e a Vila Butantã (1998–2004), na tentativa simultânea de romper o isolamento do arquiteto diante das etapas da obra e de conseguir multiplicar, na prática, isto é, no mercado, a excelência de um modelo arquitetônico bem desenvolvido.

3 ARTIGAS, Vilanova (1981). Introdução. *Caminhos da arquitetura*. São Paulo, Cosac Naify, 2004, p.18.

Como afirmei anteriormente, há uma versatilidade na obra de Acayaba que nos permite lê-la como sendo simultaneamente herdeira de uma tradição — e até, em certas situações, um dos seus pontos de condensação — e representante de um momento de ruptura em relação a ela. Em linhas gerais, se o brutalismo da escola paulista, alinhado ao projeto político do Partido Comunista Brasileiro — PCB, se preocupava em estabelecer um padrão generalizável para o desenvolvimento infraestrutural do país, baseado na indústria do concreto e nas obras de grande porte, a arquitetura que mal ou bem se construiu no Brasil nos anos 1980 — sem *escola*, orientação ideológica predominante ou coesão de grupo — voltou a pensar soluções particularizadas, a valorizar construções em menor escala e a fazer uso mais heteróclito dos materiais. Aqui, se podemos reconhecer traços esparsos da crítica pós-moderna, será preciso atentar para a transformação mais ampla de paradigma produtivo ocorrida na sociedade como um todo, vale dizer no sistema capitalista. Refiro-me à passagem do padrão extensivo e estandardizado fordista à segmentação da chamada *acumulação flexível*, voltada a nichos de mercado.[4]

Não cabe desenvolver aqui essa longa argumentação,[5] mas apenas observar o fato de que a opção de Acayaba pelo uso da madeira industrializada em muitos projetos a partir do final dos anos 1980 vai ao encontro dessa nova realidade: um sistema industrializado, com grande precisão de acabamento, facilidade de transporte e montagem e com um preço acessível para obras de pequeno e médio porte, diferentemente do que ocorre nos casos do concreto armado e do aço no Brasil. Além disso, soma as vantagens da industrialização a uma flexibilidade de desenho, já que as peças são fabricadas especialmente para atender ao projeto. Em resumo, trata-se de um sistema que suporta uma dialética entre a padronização e a particularidade, em oposição à multiplicação fordista de células mínimas idealizada pela Bauhaus, mas aproximando-se da flexibilidade orgânica das obras de Wright, como as Casas Usonianas, e, por extensão, da arquitetura tradicional japonesa.

Ruptura e continuidade

A liberdade, em projeto, é algo normalmente difícil de conquistar. No caso de Acayaba, a mesma disponibilidade que lhe permitiu abrir-se para o uso de estruturas em madeira, na contracorrente do que se fazia em São Paulo, é o princípio que lhe impede de fixar-se nesse ou em outro material como solução definitiva. Assim, há, em sua obra, o emprego recorrente de três sistemas construtivos: as estruturas em concreto armado, aço e madeira. Percurso que pode ser traçado, aqui, pelos exemplos de algumas casas.

4 Ver HARVEY, David (1990). *A condição pós-moderna*. Rio de Janeiro, Edições Loyola, 1989.

5 Ver WISNIK, Guilherme. Industrialização e flexibilidade: arquiteturas em São Paulo a partir de ciomponentes em madeira. In AFLALO, Marcelo (Org.). *Madeira como estrutura: a história da Ita*. São Paulo, Paralaxe, 2005, p. 35–57.

A Residência Milan (1972–1975), encomendada pela cunhada do arquiteto, mas ocupada efetivamente pelo próprio Acayaba e sua família, é considerada a sua obra inaugural. Tem as características de um projeto de juventude, em que a radicalidade intransigente das soluções percorre todos os elementos da obra: a plasticidade da cobertura, a generosidade espacial, a independência dos planos construídos, a rudeza dos acabamentos etc. Porém essa casa precoce também parece condensar uma tradição pregressa, em clara exemplificação dos argumentos expostos anteriormente, pois incorpora tanto a liberdade do gesto de Niemeyer na sua cobertura curva — uma casca de concreto armado em arco —, como a articulação de lajes em meios níveis de Artigas. E, ainda, parte das experiências construtivas com abóbadas feitas por Sérgio Ferro, Rodrigo Lefèvre e Flávio Império.

É, portanto, um projeto brilhante de um aluno dileto da FAU USP, que absorveu as melhores influências e as combinou com radicalidade. Esmiuçando um pouco mais, temos nessa casa um desenvolvimento do tema da "grande cobertura", sob a qual se organizam livremente volumes construídos em um espaço contínuo — princípio gerador do próprio edifício da FAU, por exemplo. Na Residência Milan, as torres hidráulicas não tocam a casca, e a galeria superior de quartos é vedada por painéis basculantes, que não chegam a obstruir o espaço e a circulação de ar. O piso uniforme, de ladrilho hidráulico, integra os espaços internos e externos. A laje intermediária, sobre pilotis, é uma bandeja que se prolonga para o jardim, encontrando a cota alta do terreno. Nesta, os planos contínuos de bancadas dos quartos e banheiros se transformam em extensos bancos-parapeito que avançam pelo pátio elevado, acentuando a expansividade planar dos eixos que organizam sua planta e, em consequência, a infinitude da forma. Pensada como uma sucessão de planos defasados e sobrepostos, essa casa pode ser comparada a um outro projeto renovador e inaugural: a Residência de Catanduva (1979), de Paulo Mendes da Rocha (Residência Sílvio Antônio Bueno Netto, não construída).

Tratava-se de um partido que tinha precedentes em sua obra, como a Residência J. C. Peres (1969), também coberta por uma abóbada única. No entanto, apesar do sucesso alcançado com a Residência Milan, essa solução espacial não volta a se repetir. Aqui, deparamos com uma significativa autocrítica do arquiteto quanto às dificuldades construtivas envolvidas na consecução daquela forma: uma casca de espessura variável, moldada in loco, que exigiu uma fôrma exagerada, de difícil execução, e um bombeamento para lançar o concreto em altura. Uma sofisticação, diz ele, "que eu não sei se caberia na obra de uma residência".[6]

A partir de então, Acayaba abandona o grande gesto plástico em favor da adequação a uma racionalidade construtiva. Ainda com o concreto, vai projetar

6 Ver texto sobre a Residência Milan neste livro, p. 44 a 57.

casas com volumetrias mais contidas — geralmente formas geométricas puras — e com estruturas econômicas a partir de componentes construtivos: blocos de concreto em alvenaria estrutural, no caso do Conjunto de Residências no Alto da Boa Vista, e abóbadas de bloco de concreto, na Sede da Fazenda Pindorama (1974–1975). Em ambos os casos, otimiza a construção com a utilização de fôrmas reaproveitáveis.

Essa substituição da forma livre, que explora a plasticidade do concreto moldado in loco, pela modulação geométrica dos espaços, criados a partir de componentes modulados, está na base da sua adoção de outros sistemas construtivos: o aço e a madeira, materiais que se prestam mais naturalmente a esse equacionamento de peças. Comparativamente, podemos dizer que os resultados obtidos na Residência Jander Köu (1981–1982), construída com um sistema misto de estrutura metálica e alvenaria de tijolo, são diversos dos obtidos na Residência Hugo Kovadloff (1986), feita com estrutura de concreto e alvenaria de tijolo aparente. Pois se a sobriedade econômica e exemplar desta alude muito diretamente às soluções canônicas da arquitetura paulista dos anos 1960 e 1970, em uma tentativa de recuperação estilística que, como notou Hugo Segawa, não deixa de ser um "exercício formal anos 1980",[7] a outra alcança um resultado vivamente original no modo como se implanta e destaca os planos construídos. Aqui, o contraste entre a leveza dos panos envidraçados, abraçados por uma armadura metálica esbelta e a massa opaca dos volumes cegos de alvenaria, acentua a organização mais fragmentada da planta, inspirada nas casas binucleares (1943–1952) de Marcel Breuer.

Com a adoção da madeira industrializada, a partir da Residência Hélio Olga,[8] a obra de Acayaba encontra novas possibilidades expressivas. Pode-se dizer que esse material permitiu ao arquiteto realizar plenamente o ideal de leveza perseguido por sua arquitetura, desafiando a gravidade mediante grandes tabuleiros articulados e em balanço. Além disso, apareceu como uma opção ecologicamente consistente diante da recente preocupação com a conservação de energia e o uso de materiais renováveis para a construção civil, em um momento de particular conscientização sobre o impacto de desmatamentos e o desenvolvimento de novas técnicas de manejo de florestas.

Para tanto, desenvolveu, em colaboração com a construtora Ita, uma linguagem distinta da imagem rústica e pitoresca normalmente associada à madeira, aparelhando as peças, reduzindo ao mínimo a espessura dos perfis e concebendo um sistema compósito com peças metálicas de ligação, tirantes de aço para contraventamento, coberturas planas com mantas termoplásticas Alwitra e fechamentos em painéis leves. Linguagem que se afasta do uso artesanal e regionalista da madeira praticado historicamente no Brasil, apontando para uma serialização industrial sofisticada

7 SEGAWA, Hugo. Arquiteturas do Brasil/ Anos 80. *Projeto*, n.117, São Paulo, 1988.

8 Embora Acayaba tenha construído antes a Residência Oscar Teiman (1986–1987) a partir de peças fabricadas pela Ita, é com a Residência Hélio Olga que o sistema começa a ser usado de modo mais completo e efetivo.

9 Ver GAUZIN-MÜLLER, Dominique. Introdução. In AFLALO, Marcelo (Org.). Op. cit., p. 7–13.

mas despojada, em sintonia com a produção de arquitetos como Renzo Piano, Glenn Murcutt e com o vasto acervo arquitetônico feito com madeira industrializada na região do Vorarlberg, na Áustria.[9]

O princípio de renovação surgido no desenho da Residência Hélio Olga decorre de um feliz encontro entre o domínio dessas variáveis e as condições atípicas e problemáticas do terreno: um solo ruim e uma topografia dramaticamente acidentada. Raciocinando a partir da estrutura, isto é, em corte, Acayaba resolveu a implantação como quem reverte os problemas dados: abriu a casa para a vista e insolação ideais e escalonou o volume contra as curvas de nível do terreno, chegando ao chão em apenas seis pontos: tubulões pneumáticos que afloram para receber os pilares de madeira com transição metálica, como no Estúdio Taliesin (1932–1939), em Spring Green, de Frank Lloyd Wright. Essa volumetria aérea, como um balão ou uma pipa querendo se soltar do chão, é formada pela superposição de treliças hiperestáticas: tabuleiros horizontais articulados e contraventados pelas fachadas. Os andares da casa são, portanto, grandes vigas *frequentáveis*, formadas por dez, seis e dois módulos cada, respectivamente.

Aqui, após quase vinte anos de carreira e quinze anos depois do projeto da Residência Milan, Acayaba reencontra um diálogo tenso com a tradição brasileira, a partir de um projeto decididamente autoral. Sintomaticamente, essa suspensão de uma volumetria em flor a partir de apoios concentrados já havia sido ensaiada pelo arquiteto com uma estrutura singela, também em madeira: o Quiosque na Fazenda Arlina (1979–1980). Nesse arco temporal, percebemos que se o problema filosófico e construtivo da expressividade nos apoios nos remete diretamente a Artigas, não parece haver, em Acayaba, a mesma dialética entre a afirmação e a negação do peso, em empuxos que atraem as grandes massas para o chão. Sua poética ascensional não quer mobilizar as forças geológicas profundas, fundindo o terreno à construção. Ao contrário, quer fazê-la descolar-se da terra, construindo uma vertigem que possa ser estabilizada pela dinâmica interna da forma geométrica.

Composição e unidade

10 Ver neste livro, p. 23 a 39.

Ao lermos a crônica em que Acayaba descreve sua formação,[10] vamos encontrando aqui e ali elementos de sua trajetória pessoal que revelam um trato empírico com o mundo: o futebol de várzea, a paixão por máquinas (aviões, carros, veleiros), a aptidão para a manufatura. Some-se a isso o fato de ter a mãe professora de matemática e geometria e a decisiva formação no escritório do engenheiro Ernest

Mange, desenhando o projeto da cidade de Ilha Solteira, segundo métodos rigorosos de modulação — vale ressaltar o fato de que a Construtora Camargo Correia instalou, na obra, uma fábrica de blocos de concreto, material utilizado como base para os projetos de todas as edificações da cidade.

Ocorre que, como vimos, a ação projetual de Acayaba funde o raciocínio da montagem de componentes (a articulação de peças pré-fabricadas) com o princípio unitário do partido estrutural e da forma plástica — este último, na linha direta de Affonso Eduardo Reidy, Niemeyer e Artigas. Eis uma equação rara, que encontra paralelo apenas, salvo engano, na obra de João Filgueiras Lima, o Lelé. Com a diferença fundamental de que Lelé parte diretamente da construção, parecendo manipular a plástica como um aposto ao raciocínio construtivo da serialização, enquanto Acayaba parte da unificação geométrica — daí o recurso frequente a operações compositivas em seus projetos, como o desenho de elevações e plantas segundo a seção áurea. Com a sua franqueza característica, o arquiteto reconhece, nessa atitude compositiva, alguma influência do pós-moderno.[11] Essa influência pode ser encontrada em diversos projetos seus, principalmente no estudo para o Museu Brasileiro da Escultura (1986): um plano contínuo dobrado sobre si mesmo, como uma fita de concreto. Salta aos olhos, neste caso, a contemporaneidade da solução, em sintonia com boa parte da produção feita hoje em dia, especialmente se pensarmos em Rem Koolhaas e no escritório MVRDV, sediados na Holanda. E se há, aqui, uma evidente emergência da função simbólica da arquitetura — aliás, consonante com o programa do edifício —, ela não é nem mimética nem representativa, o que dispensa a necessidade de levarmos muito longe especulações sobre suas possíveis filiações pós-modernas.

Quando pensamos no recurso à composição em registro moderno, lembramos logo dos *traçados reguladores* de Le Corbusier e de sua crença na geometria (proporção, equilíbrio, simetria) como um poderoso instrumento na construção de uma autonomia visual da forma. Porém, se tomamos as plantas rigorosamente moduladas em triângulos ou hexágonos de Acayaba e as estruturas ramificadas em árvore do seu Protótipo (1993), em madeira, por exemplo, vemos que a mesma crença na geometria — em paralelo a outros arquitetos citados, como Piano, Murcutt e Foster — almeja construir uma autonomia nova, em segundo grau: a independência mecânica do objeto no espaço. Econômico, eficiente e indeformável.

11 Ver texto sobre a Agência Banespa Santo Amaro neste livro, p. 120 a 125.

crônica de uma formação

Nasci em São Paulo, no dia 8 de junho de 1944. Meus pais moravam num sobradinho geminado na esquina da rua Pinheiros com a rua Cônego Eugênio Leite. O bairro ainda não estava todo construído. Da janela que dava para a rua, via um campo de futebol de terra batida, onde às vezes montavam um circo ou uma quermesse. Via também os ônibus que iam para o largo de Pinheiros e depois para a periferia — Butantã, Caxingui — dos primeiros nomes que aprendi a falar.

Em 1947, mudamos para uma casa nova, no Sumaré. Era uma casa moderna. Para construí-la, meu pai tinha procurado um conterrâneo mineiro: o engenheiro Carlos Engel, recém-formado na Escola Politécnica – Poli da Universidade de São Paulo, sócio de dois colegas de turma, Martins e Mange, e este era quem projetava. Minha mãe adorava a casa. Dizia que "era tão boa que, depois de ter feito o projeto, o Mange esteve um ano e meio em Paris trabalhando com Le Corbusier e ao voltar não alterou nada na obra, ainda por terminar".

Quando entrei na Faculdade de Arquitetura e Urbanismo da Universidade de São Paulo — FAU USP, na primeira aula de comunicação visual, depois de me apresentar ao professor Mange, ele contou que meus pais foram seus melhores clientes, que minha mãe era uma pessoa sensível, sempre apoiava suas propostas e o entusiasmava muito. Minha mãe gostava de arquitetura. Quando veio para São Paulo, ainda solteira, queria ser arquiteta. A família, uma tradicional família mineira, decidiu que arquitetura não era profissão de mulher e a obrigou, mesmo sem nenhum talento, a estudar sete anos de piano.

Em 1951, meu pai teve de vender a casa para investir o dinheiro na ampliação do negócio que ele tinha, um posto de gasolina em frente ao Aeroporto de Congonhas. Iria construir uma garagem para guardar os carros de quem viajava. Minha mãe sofreu

muito com a perda da casa [↑]. Acho que só se recuperou em 1975, quando ficou pronta a casa que eu projetei para ela, com a ajuda do Flávio, meu irmão.

Fomos, então, morar numa casa alugada, bem perto do Aeroporto, evidentemente mais prático. Para mim foi uma sorte. Era um bairro de periferia, e lá pude crescer moleque, passar os dias descalço, nas ruas de terra, nos terrenos baldios, nos campos de futebol e mais tarde ser jogador de várzea [→].[1] Pude fazer e empinar papagaios, construir esconderijos no meio do mato e carrinhos de rolimã. Foi uma vida livre e criativa, comum à maioria das crianças brasileiras que não moravam nas áreas centrais das grandes cidades.

Vivíamos também no aeroporto, nas suas construções novas, a estação e os hangares, e mesmo nos aviões, quando em manutenção ou em voos de teste. Era o contraponto moderno ao ambiente mais simples e até rústico do bairro. Era o ponto de contato com o resto do mundo, um espetáculo permanente. Uma cena inesquecível foi a da chegada dos três primeiros *Constellations* da Real-Aerovias Brasil. Depois de aparecerem no horizonte, ao Leste, vindo do Rio de Janeiro, enfileirados entre si a uma distância de não mais que 70 metros, criaram suspense durante toda a sua aproximação da pista, pois, daquele jeito, próximos como estavam, não poderiam aterrissar.

Seria um desastre, na certa. Então, já em cima da ponta da pista, arremeteram e passaram um após o outro, em voo rasante, até a outra ponta, um desfile espetacular para o povo que os esperava.

Igualmente marcante foi o encontro com a arquitetura de Oscar Niemeyer, no Parque do Ibirapuera, construído para os festejos do 4º Centenário de São Paulo, em 1954 [↗]. Durante todo esse ano, frequentamos semanalmente o parque, seus jardins, os espaços generosos e inusitados da marquise e dos pavilhões. Lembro-me de um show dos Demônios da Garoa cantando Adoniran Barbosa, num domingo à tarde, na marquise. Além desses pavilhões projetados por Niemeyer, dois outros ficaram gravados na minha memória: o da Companhia Siderúrgica Nacional de Volta Redonda — CSN, sobre duas pontes de aço em

arco sobre o lago, que depois fiquei sabendo ser do arquiteto Sérgio Bernardes [→]; e o do Rio Grande do Sul, uma imensa cobertura pênsil.

No Palácio das Indústrias [↘], hoje Pavilhão da Bienal, qual não foi a sensação quando, pela primeira vez, chegamos ao espaço central, com o maravilhoso jogo de rampas ascendentes. Minha mãe chorou de emoção.

Oscar Niemeyer tornou-se um mito para mim, naquela época com dez anos de idade. Era como um super-herói do cinema ou das histórias em quadrinhos. Como um craque da seleção brasileira de futebol.

Minha mãe costumava comprar revistas de arquitetura como a *Módulo*, *Habitat* ou *Acrópole*. Lembro muito bem dos primeiros croquis e maquetes dos palácios de Brasília, publicados a partir de 1956, quando Juscelino Kubitschek, já presidente, os encomendou ao Oscar, antes mesmo do Concurso do Plano Piloto (1956-1957). Como outros garotos, gostava de desenhar carros, aviões ou navios. Passei, então, a fazer, a partir das revistas, os desenhos, a arquitetura do Oscar. Depois, na escola, mostrava para os colegas como seria a casa do presidente, o Palácio da Alvorada, a Capela, o Palácio do Planalto...

Desde então, os sonhos de ser aviador ou jogador de futebol quando crescesse foram dando lugar ao sonho, também emocionante, de fazer arquitetura. Meu pai aprovava: dizia que eu tinha mão boa para desenho e era bom na matemática. A propósito: minha

mãe tinha sido professora de matemática e geometria, no Colégio Sion de Campanha MG, onde estudou.

Também no Colégio Dante Alighieri tive bons professores: Anna Albanesi, de matemática; Afonso Celso, de física; Dino Pretti, de português; e Vicente Mecozzi, de desenho. Quando eu estava no terceiro ano do científico, Mecozzi criou um cursinho preparatório para o vestibular de arquitetura chamado Curso Le Corbusier, onde logo me matriculei. Lembro-me de que foi aí que vi, pela primeira vez, uma

imagem da Capela de Ronchamp (1950-1955) [↑], tema para uma redação. Descobri Le Corbusier, um arquiteto que como o Oscar usava belas formas, com linhas e superfícies curvas, ainda que com o peso maior, diferente. No primeiro ano da faculdade, comecei, aos poucos, a comprar os oito volumes de suas *Obras completas.* Estiveram quase sempre na minha mesa de cabeceira durante os primeiros anos da faculdade.

Depois do vestibular, em fevereiro de 1964, aprovado na FAU e no Mackenzie, fiquei indeciso sobre em qual me matricular. Ouvira dizer que a FAU era mais teórica, formava bons professores de arquitetura. O Mackenzie, com aulas só de manhã, permitia que os alunos fizessem estágios e logo começassem a vida profissional. Minha mãe, numa festa da família, comentou a minha questão com o arquiteto Carlos Millan, marido de Ana Tereza, a melhor amiga da minha prima Mili, a engenheira Maria Noronha. O Millan, formado no Mackenzie em 1951, excelente arquiteto e professor da FAU, disse à minha mãe que não poderia haver dúvida: a FAU tinha acabado de fazer uma reforma de ensino (1962), que estava maravilhosa etc. E então fui para a FAU. Era o empurrão que faltava. Durante o vestibular, a FAU já havia me impressionado com seu palacete art nouveau da rua Maranhão, o clima agradável da faculdade e a simpatia do pessoal — funcionários, professores e alunos. Antes, no cursinho Le Corbusier, tinha ouvido do colega Gabriel Borba Filho, recém-chegado de Florença, onde cursava o segundo ano de arquitetura, que certo dia um professor, ao saber que ele era de São Paulo, lhe disse surpreso: "O que você está fazendo aqui? Volte já, pois na sua cidade está a melhor faculdade de arquitetura do mundo". Na certa, esse professor já sabia da reforma da FAU, uma revolução no ensino da arquitetura.

A principal inovação dessa reforma era a criação de quatro áreas no Departamento de Projeto: Planejamento, Comunicação Visual, Desenho Industrial, além de Projeto de Arquitetura. O aluno poderia, a partir de então, optar por se tornar profissional de qualquer uma dessas áreas. Além disso, e fundamentalmente, ao passar pelos conteúdos dessas disciplinas, acabava por enriquecer seu conhecimento e ser capaz de abordar o projeto de arquitetura de forma mais ampla e com maior profundidade.

O meu vestibular foi o primeiro a ser feito segundo os critérios da reforma de 1962. Até então, as versões anteriores começavam pelos exames eliminatórios de matemática, física e geometria descritiva, e os candidatos que sobrassem eram submetidos ao exame de desenho artístico, hoje de aptidão. Conosco foi o oposto. Começamos pelos exames de aptidão (cópia, composição e redação), cuja média tinha peso cinco; depois física, com peso três; e, finalmente, matemática, desenho geométrico e geometria descritiva, com peso dois. Foi assim que um número enorme de candidatos, que vinham sendo barrados nos exames eliminatórios iniciais, pôde entrar na FAU. Por exemplo, Luís Paulo Baravelli, que foi finalmente aprovado entre os primeiros classificados. Minha turma acabou tendo excelentes alunos por isso, e também pela entrada dos excedentes. O presidente João Goulart, pressionado pela União Nacional dos Estudantes — UNE, acabara de decretar que todo candidato que tivesse no vestibular média superior a cinco teria de ser obrigatoriamente admitido. A minha turma foi, então, reforçada por 27 excedentes, dentre os quais excelentes alunos, como Luís Carlos Daher, um dos melhores amigos que tive e que viria a se tornar um ótimo professor da faculdade, no Departamento de História. De quarenta alunos previstos originalmente, chegamos a 72 alunos, com a vinda de cinco colegas bolsistas latino-americanos. Mal cabíamos na sala dos espelhos da FAU Maranhão.

O ateliê ocupava toda a largura, no fundo do terreno da faculdade. Com cerca de 8m x 60m, era uma construção industrial, metálica, com dois sheds de comprido. Tinha quatro setores, separados por fileiras de mapotecas sobrepostas. A turma do quinto ano, ao contrário do resto da faculdade, tinha aulas no ateliê pela manhã. Dizia-se que, assim, era mais fácil os alunos começarem a trabalhar profissionalmente no período da tarde.

A única solução encontrada para a nossa numerosa turma foi fazê-la ocupar os três quartos do ateliê vazios no período da manhã. Para mim, foi uma sorte. Por acaso, acabei ficando com uma prancheta junto à divisa com o quinto ano. No segundo ano, tivemos nosso primeiro projeto, uma biblioteca infantil. No primeiro semestre, foram feitos levantamentos, pesquisas e dimensionamos o programa. No começo do segundo semestre, eu já tinha definido o meu projeto: o programa organizado em três volumes em torno de um pátio, sob uma laje nervurada com quatro pilares e grandes balanços. Fui direto para a "maquete",

como chamávamos a Oficina de Modelos, hoje Laboratório de Modelos e Ensaios — Lame. Como eu já tinha uma razoável experiência, de tanto ter feito brinquedos, como papagaios e aeromodelos, rapidamente produzi a maquete da minha biblioteca. Levei-a para o ateliê, para me ajudar enquanto fazia os desenhos. Costumava deixá-la em cima das mapotecas, no limite com o quinto ano. A maquete chamou a atenção do professor Artigas, que perguntou: "De quem é essa maquete? Interessante...". Deu a volta nas mapotecas e chegou à minha prancheta para ver os desenhos. Foi assim que começou um atendimento informal que durou até o fim do ano.

Na entrevista que dei para a revista *Caramelo*, em 1991, depois de contar o começo dessa conversa, disse que o professor Artigas me propunha "questões de design, design de arquitetura. Com os alunos do quinto ano ele tratava de outros temas, num nível mais amplo, mais geral".[2] Comigo ele tinha outra conversa: "Você está fazendo esses quatro pilares... Eu já fiz coisa assim, mais ainda essa forma que você está fazendo. Puxa, mas para que isso aí? Isto é uma biblioteca infantil. Fico imaginando... Até gostaria de fazer, não fiz ainda, mas, numa situação como essa, um elemento como esse pilar tem outro peso, simbólico, imagine um totem no lugar desse pilar. Fazer um totem... Que beleza! Aqui você faz outro totem! Então, as crianças vão dar um nome para este, um nome para aquele." Bom...pensei: "Esse velho tá louco!". Então, tímido, eu disse: "Não, eu gosto assim mesmo, acho que está bom". Ele respondeu: "Bom, tudo bem, você acha... Eu gostaria de fazer do outro jeito". Logo depois, o Artigas fez aquela casa com os troncos de árvore segurando a laje.[3] Por acaso, o engenheiro que fez aquela obra foi o mesmo que construiu a minha casa. Ele me contava: "O Artigas é um sujeito fantástico.

Além de botar aqueles troncos de árvore, sabe que tinha um tronco que ele chamava de Joãozinho... Ele dava nome aos troncos!". O Artigas tinha uma visão diferente e a expressava claramente em seus projetos: o desenho, o caráter semântico das coisas, os símbolos.... Naquela época, eu não tinha nível para entender tudo isso. Mas tive sorte de tê-lo como mestre. Anos depois, quando fui ter aula com ele no quinto ano, ele foi cassado.

Outros professores também foram muito importantes na minha formação: Luís Cintra do Prado e seu assistente, o arquiteto Leo Nishikawa, deram um excelente curso de física aplicada no primeiro e segundo anos.

Flávio Motta tinha dois professores assistentes muito jovens, praticamente recém-formados: Julio Katinsky e Sérgio Ferro. Além de ensinarem história da arte maravilhosamente, eles nos abriam a percepção com o trabalho prático que nos levavam a fazer no Museu de Arte de São Paulo — Masp (1957–1968). Tínhamos de escolher uma obra de arte e desenhar. Escolhi Degas: um dos bronzes de bailarinas, o *Grande arabesco* [↑], e um pastel, a *Mulher enxugando a perna esquerda* [↘]. No seminário final, ao comentar o desenho que fiz a partir do pastel, o Flávio me mostrou que eu já sabia desenhar bem e por quê.

Hélio Duarte e Roberto Tibau, também no primeiro ano, introduziram o projeto e a construção como partes do processo de produção da sociedade. Fizemos ao longo do ano o levantamento de um edifício de escritórios projetado pelo Tibau, com a obra em andamento, para poder desenhar o projeto executivo completo, a nanquim, em papel Canson. Um método rigoroso, muito penoso, mas muito completo. Uma ótima forma de começar a vivenciar a realidade da obra.

No segundo ano, em comunicação visual, Renina Katz e Flávio Império davam um exercício que estava se tornando tradição na faculdade: o vitral. Cada aluno tinha de produzir um modelo de vitral com 1m x 70cm, na vertical, com papel celofane colorido e, para simular a estrutura de chumbo, papelão preto. Tudo ensanduichado entre dois vidros. Meus ensaios preliminares levaram a um desenho com garrafas superpostas, em tons de verde, turquesa e azul. Ao passar pela minha prancheta, vendo meus croquis, o Flávio exclamou: "Puxa! Você é um realista!". Diante da minha perplexidade, explicou: "Você assumiu o material como tema. Se o vitral é de vidro, o tema que você escolheu foi o das garrafas, da sua transparência...". Disse, então, que o desenho estava bom, que gostava da forma como eu estava estruturando meu vitral, que as curvas pareciam Arp, a superposição de planos Ben Nicholson e o espaço, Lionell Feinninger. Perguntou se os conhecia. Diante da minha negativa, me levou à biblioteca. Passamos um tempão sentados no chão, ele me mostrando livros que tirava das estantes. Ajudou muito a abrir a minha cabeça. O trabalho deslanchou e no final ficou ótimo. Foi revelador esse momento com o Flávio, uma das

pessoas mais sensíveis que conheci. Ele tinha razão: sou mesmo um realista!

No segundo ano, no curso de projeto, como já contei, o tema foi uma biblioteca infantil. Acho que foi o projeto mais bonito que fiz na faculdade. Além das conversas que tive com o Artigas, também contou muito tudo o que aprendi da experiência profissional dos professores Plínio Croce e Giancarlo Gasperini. O Plínio era incansável. Tirava o paletó (ele usava camisa de manga curta e gravata) e passava horas sugerindo alternativas para os nossos projetos. Para qualquer questão, ele era sempre capaz de desenhar várias soluções. Sempre saía da aula com as mãos e os antebraços pretos de grafite.

No terceiro ano, o curso de história da arquitetura, com os professores Nestor Goulart Reis Filho e Rodrigo Lefèvre, introduziu a arquitetura e o urbanismo dos séculos 19 e 20 em aulas muito ricas, sempre críticas, com muitas discussões. Tínhamos como trabalhos práticos pequenas monografias que fazíamos a partir de visitas a obras de arquitetura, acompanhados pelos professores. Lembro da Estação da Luz (1895-1901), do Conjunto de Residências do Flávio de Carvalho (1933-1938), na alameda Lorena, e da Residência Paulo Mendes da Rocha (1964), no Butantã. Além de conhecer e analisar obras muito interessantes, foi um ótimo jeito de começar a escrever sobre arquitetura.

Era "uma prova de fogo", diziam, passar pelo Jon Maitrejean. Excelente professor, que, com um senso crítico peculiar, muito agudo, sempre questionava nossos projetos, social, econômica e tecnicamente. Dizia também que importante para ele era a evolução do aluno ao longo do curso. De onde partia e onde conseguia chegar. Não apenas o produto final. Com ele tive, no terceiro ano, meu maior desenvolvimento e transformação dentro da faculdade. Durante todo o ano,

fizemos um único trabalho para as disciplinas de projeto e planejamento: o projeto urbano e das edificações para uma cidade destinada a alojar operários para a construção de uma usina hidrelétrica. No começo nos pediram, porque era mais simples, para pensar apenas nas casas e na sua implantação, depois no desenho da cidade inteira e das demais edificações. No fim, foi proposto, para quem quisesse, o redesenho das casas. Para mim, foi notável a evolução entre o projeto inicial da casa operária e o que consegui fazer no final do ano. Muitíssimo melhor, mais maduro e elaborado.

Em 1966, no fim do meu terceiro ano, o professor de geometria descritiva, Pedro Moacir do Amaral Cruz, o "Cabrão", um dos maiores reacionários da faculdade, assumiu o cargo de diretor da FAU e foi logo anunciando: "Vou botar ordem nessa bagunça comunista!". Sua primeira medida foi a de baixar uma portaria que proibia que qualquer aluno tivesse dependência (disciplina atrasada) com mais de dois anos. Como eu tinha sido reprovado pela segunda vez em resistência dos materiais, matéria do segundo ano, não pude me matricular em nenhuma disciplina do quarto ano. Como muitos outros colegas, cerca de 60 porcento da faculdade, acabei perdendo o ano. Teria de ir à FAU apenas uma vez por semana, só para assistir às aulas de resistência.

Mas "há males que vêm para o bem". Pois, naquele ano, consegui um estágio no escritório dos professores Mange e Ariaki Kato. Passei todo o ano de 1967

e também a primeira metade de 1968 trabalhando diariamente, quase em tempo integral, nesse escritório que, naquele momento, era responsável por importantes projetos, como o da cidade de Ilha Solteira [↑], com todas as suas edificações, a sede da Construtora Camargo Corrêa e a sede do Banco da América do Sul. Foi uma segunda escola para mim. Lá aprendi o processo de produção do projeto e sua relação com a construção. Não sei se por ter feito nossa casa, por se achar em parte responsável por eu ter resolvido ser arquiteto — como me afirmou seu filho Roberto —, por empatia ou por outra razão qualquer, o fato é que tive com o Mange uma relação intensa e muito próxima. Conversávamos muito, sempre. Desde o início, ele foi me confiando tarefas cada vez mais importantes. Por exemplo, no final daquele ano, passei a coordenar o desenvolvimento do projeto do hospital de Ilha Solteira. A partir dos croquis do Mange, desenvolvi todo o projeto. Tinha até de fazer sozinho as reuniões com os consultores, como o de equipamentos hospitalares, dr. Odair Pedroso,

professor catedrático de administração hospitalar da Faculdade de Higiene e Saúde Pública da USP, aonde eu ia com os desenhos, para discutir detalhes e a especificação dos equipamentos.

Ilha Solteira é uma cidade que foi construída junto ao Rio Paraná, para apoiar a obra da usina hidrelétrica homônima, já com a decisão de tornar-se definitiva. Hoje abriga um dos campi da Universidade Estadual Paulista — Unesp e se transformou em polo turístico ligado à represa.

Eram obras da Camargo Corrêa, pioneira na fabricação de blocos de concreto, material usado em todas as edificações da cidade e produzido por uma fábrica lá instalada. Participei, além do projeto do hospital, do desenho do sistema viário, da implantação das quadras e seu movimento de terra, de projetos de escolas e de vários tipos de casas. Aprendi um método rigoroso de projetar, com modulação, desenhando parede por parede e seus encontros, com a especificação de todas as peças, codificadas uma a uma. Essa experiência foi muito importante e duradoura. Hoje mesmo[4] tenho uma obra que acaba de ficar pronta, construída integralmente em alvenaria armada de blocos de concreto, a Vila Butantã (1998-2004).

Para a minha formação, foram muito importantes também outras oportunidades de trabalho extracurricular, como a que me foi dada logo no final do primeiro ano pelo meu tio Arquimedes Azevedo, irmão de minha mãe, engenheiro e professor da Faculdade de Engenharia Industrial — FEI: o projeto de sua casa de praia, em Peruíbe [→]. Fiz um projeto muito simples, usando o que já sabia, o que tinha visto e gostado. Me esmerei na proteção solar através de brises compostos por grandes beirais conjugados a paredes transversais, aplicando o que tinha aprendido em física na FAU. Decidi usar materiais novos, que acabara de conhecer, visitando obras de arquitetura: blocos de concreto e canaletes Eternit na cobertura. Evidentemente, o desenho da casa tem a arquitetura de Richard Neutra como referência. Tinha comprado pouco antes meu primeiro livro de arquitetura, *Arquitetura social*, com seus projetos para Porto Rico.[5]

Na maioria dos sábados do ano de 1965, fui com meu tio a Peruíbe para ver a obra. Aprendi muito com o empreiteiro e mestre, um senhor húngaro de nome Janos. Na volta, paramos várias vezes em Itanhaém, para almoçar e para que eu pudesse dar mais uma olhada no Ginásio (1969) do Artigas, referência maior para a biblioteca infantil que eu estava fazendo na FAU.

Carlos Sayão, de quem fiquei amigo no cursinho, desde então dizia que, na FAU, a gente aprenderia topografia já no primeiro semestre do primeiro ano. Daria até para tirar o registro profissional de agrimensor do Conselho Regional de Engenharia, Arquitetura e Agronomia — Crea. Importante, pois seria um jeito de começar logo a ganhar dinheiro. De fato, no segundo semestre do nosso primeiro ano, fizemos muitos levantamentos topográficos. Dois tios do Sayão tinham uma construtora chamada Sodraga, que fazia canalizações de córregos e pontilhões. A prefeitura exigia, para liberar o pagamento da obra, um levantamento cadastral da obra executada, amarrada ao entorno, com a cota de nível de todas as construções vizinhas, que servia à atualização da Planta Cadastral da Cidade. Nos fins de semana, pegávamos emprestado o equipamento de topografia

da FAU e saíamos a campo para fazer os levantamentos. Durante a semana, à noite, fazíamos os cálculos e desenhávamos, na prancheta do irmão mais velho do Sayão, aluno da Poli. Dava para fazer um levantamento a cada duas semanas. Além de nos ter feito conhecer muitos bairros da periferia de São Paulo, essa atividade rendeu. No fim do ano, com o que pudemos economizar, montamos um laboratório fotográfico. Éramos apaixonados por fotografia. Nesse laboratório, além de ampliar nossas fotos, pudemos fazer todo tipo de serviço, desde trabalhos da faculdade até álbuns de casamento. Fizemos um trabalho para a disciplina de história da arte sobre o Victor Brecheret, com fotos do Monumento das Bandeiras. O professor Flávio Motta gostou das fotos e nos propôs um trabalho como estagiários do Departamento de História: o levantamento e a documentação da obra de Brecheret. Trabalho interessantíssimo, além de razoavelmente remunerado.

A minha parceria com o Sayão já no primeiro ano foi ampliada com a participação de outro colega de classe, Michail Lieders [↗]. Michail e eu ficamos amigos conversando no ônibus que tomávamos todo dia para ir e voltar da FAU, o 113, Aeroporto. Passamos a trabalhar juntos os três. Triedro foi como denominamos a equipe. No terceiro ano, decidimos construir três veleiros, a partir de um projeto publicado na revista *Popular Mechanics*. O pai do Michail, um engenheiro eletrônico russo, tinha uma fábrica de televisões no Cambuci.

Apesar de excelente profissional, ele não era um grande homem de negócios e a crise que sucedeu ao golpe de 1964 levou sua fábrica à falência. Foi nessa fábrica desativada, com grandes máquinas de marcenaria (naquela época as televisões eram instaladas em móveis de madeira), que fizemos, nas horas vagas, numa produção em série, um veleiro para cada um [↘]. Funcionaram perfeitamente na represa de Guarapiranga. Tanto o Sayão como Michail usaram os seus por muito tempo. Eu mesmo velejei pouco. Acabei abandonando meu veleiro. Tive mais prazer em fazê-lo. Depois já não tinha tempo. Preferia trabalhar em arquitetura. Entretanto, além de ter aprendido a velejar, foi fundamental ter podido operar máquinas numa indústria e trabalhar com madeira nessa escala. Os veleiros eram de compensado naval, fabricado pelo Instituto de Pesquisas Tecnológicas — IPT. O professor Joaquim Guedes, quando soube desse nosso trabalho, me garantiu que essa experiência seria muito importante no futuro. Já no projeto final da casa operária do terceiro ano, optei por uma estrutura de madeira industrializada. E a cobertura era uma série de abóbadas de madeira compensada recurvada, como o casco dos veleiros que tínhamos construído.

O Sayão, o Michail, o Orpheu Zamboni, amigo desde o cursinho Le Corbusier, os colegas de turma Roberto Mange, Nelson Marcondes do Amaral Filho, José Ricardo de Carvalho, Paulo Lepage e eu decidimos trabalhar juntos. Como escritório, alugamos uma quitinete na rua Cesário Motta. Depois mudamos para um conjunto na rua Maranhão e depois para a rua Augusta, espaços e pontos cada vez melhores. Trabalhávamos principalmente para professores da FAU. Primeiro foi o Tibau, com quem colaboramos por muito tempo. Depois, os professores Abrahão Sanovicz e Julio Katinsky, que estavam com o arquiteto Oswaldo

Correia Gonçalves fazendo o segundo projeto para o Teatro de Santos (1960–1968), ampliado como Centro Cultural. Eu fiz as perspectivas.

Desde o primeiro ano, comecei a fazer perspectivas vendo o Luís Paulo Baravelli, que já era profissional, trabalhar. Antes de entrar na FAU, o Baravelli trabalhara no escritório que o Sérgio Bernardes tinha em São Paulo. Foi lá que ele aprendeu a fazer perspectiva com o Marcos Vasconcellos, arquiteto carioca. Ele levava o serviço para o ateliê da FAU e o fazia depois das aulas, no fim da tarde. Lembro-me perfeitamente das perspectivas de duas casas que ele fez para o arquiteto Eduardo de Almeida, que ainda não dava aula na FAU. O Baravelli o conhecera trabalhando no Sérgio Bernardes. Eram aquelas casas em abóbadas, uma delas comprada depois por Pedro Tassinari. Com as dicas do Baravelli, comecei também a fazer perspectivas. Primeiro para os meus trabalhos de faculdade e para colegas, como a Edith G. Oliveira, depois para o Tibau e, em seguida, para outros professores da FAU, como o Abelardo de Souza e o João Rodolfo Stroeter. Depois para fora. O Ruy Ohtake me procurava sempre. Em 1966, o Sayão, o Orpheu e eu colaboramos com o Stroeter no concurso do Teatro Municipal de Campinas (1966) [↑]. Eu fiz as perspectivas. Nosso projeto ganhou o terceiro prêmio e saiu na revista *Acrópole*. A perspectiva externa foi o meu primeiro desenho publicado.

Nosso escritório era A Várzea, nome dado pelos colegas da FAU, porque falávamos palavrão, o que não era nada comum, além de jogarmos futebol — Sayão, Michail, Paulo Lepage e eu éramos titulares do time da FAU, de campo e de salão.

Além dos professores que já citei, colaboramos com o João Xavier, o Mange, o Roger Zmekhol, entre outros. Nos chamavam para fazer concursos, para projetos executivos muito trabalhosos e para ajudar a cumprir prazos, quase sempre em situações de emergência. O Michail falava que A Várzea era um "pronto-socorro de arquitetura".

Em 1968, tivemos uma excelente oportunidade de trabalho. O Tibau tinha sido convidado para o concurso fechado para o Clube de Campo da Associação dos Funcionários Públicos do Estado de São Paulo (1968), na represa de Guarapiranga. Nos disse que, infelizmente, não ia poder participar, porque o seu pai estava muito doente. Tinha de ir para o Rio de Janeiro para ficar com o pai. Pedimos, então, que ele nos deixasse começar a estudar o projeto para que, quando voltasse, já estivesse tudo mastigado e, assim, teríamos tempo de apresentá-lo. Como seu pai piorou e acabou morrendo, o Tibau só voltou poucos dias antes da entrega. O projeto estava quase pronto e ele gostou muito. Acabamos ganhando o concurso.

Para minha geração, a política teve papel importantíssimo nos anos de formação universitária. Estávamos no auge da Guerra Fria.

Entrei na FAU em 1964. Acabava de sair do Colégio Dante Alighieri, escola que ainda mantinha muitas posturas fascistas. Lá ouvi professores se referirem à FAU como *um antro de comunistas*. Também vinha de uma família mineira muito conservadora. Meus pais doaram suas alianças de ouro na campanha de apoio ao golpe militar, "Dê ouro para o bem do Brasil", e se arrependeram bastante depois.

Um mês depois do início das aulas, veio o golpe, e, na faculdade, vivi uma situação de radicalização que não conhecia. Passamos muito tempo, mais de um mês, em assembleia permanente. Não foi nada fácil me situar naquela confusão, entender o que estava acontecendo. Ainda no mês de abril, convidado por colegas mais velhos da FAU, fui a uma reunião no Mackenzie, organizada por um grupo que se denominava democratas, embrião do famigerado Comando de Caça aos Comunistas — CCC. Fiquei horrorizado com o clima conspiratório, de delação e de truculência dessa reunião. Me ajudou a começar a entender melhor tudo o que estava acontecendo, me conscientizar e posicionar politicamente. Entretanto, pela minha participação nas primeiras assembleias, passei o resto do primeiro ano me sentindo um pouco marginalizado, marcado, até estigmatizado. O momento político levava naturalmente a certo maniqueísmo.

Só a partir do segundo ano é que comecei a sentir confiança da maioria dos colegas da esquerda e a participar mais efetivamente das atividades políticas e culturais da FAU e do grêmio da faculdade — Gfau. No terceiro ano, fui eleito diretor do Centro de Debates do Gfau, encarregado de montar exposições, promover palestras, debates e os encontros. Nos encontros de sábado à tarde, levávamos, no ônibus da faculdade, colegas mais jovens, a maioria do primeiro ano, para visitar obras de arquitetura. Entre as exposições, a mais marcante foi a que montamos no ateliê com todos os desenhos, croquis e projeto executivo completo, da Residência Carlos Millan (1963).

Convidamos, então, para um debate, professores que de alguma forma tinham tido uma relação mais intensa com o professor e arquiteto Carlos Millan: Artigas, Joaquim Guedes e João Xavier. Para uma pequena multidão, que ocupou meio ateliê — os alunos do Mackenzie também vieram em peso —, Guedes fez um depoimento emocionadíssimo. Ao final de seu depoimento, levantou a questão da construção na obra do Millan, do detalhe direto, ou seja, da construção exposta, sem nada a esconder, o que deu margem ao Artigas, com sua usual veemência, para desenvolver uma longa argumentação crítica contra o brutalismo, mais especificamente o brutalismo inglês, o empirismo, pois o seu trabalho tinha sido definido como "ricerca brutalista" pela revista italiana *Zodiac* em seu número sobre arquitetura brasileira.[6]

Em 1966, o nome do presidente do Gfau saiu de uma composição entre as principais facções de esquerda na faculdade: a Ação Popular — AP e o Partido Comunista Brasileiro — PCB. Moacir Urbano Vilella, que era do Partido, sucedeu a três presidentes ligados à AP: Cesar Bergstron, Francisco Crestana e Edgar Dente. Em 1967, decidiram que eu seria o próximo presidente, um consenso possível, já que não era filiado a nenhum dos dois partidos, apesar de neles ter bom trânsito. Para me convidar, vieram ao escritório do Mange, onde estava trabalhando, os colegas Dalton de Lucca e André Gouveia. Como já tinha sido sondado por outros colegas e pensado muito no assunto, disse que não podia aceitar, que tinha de trabalhar, pois iria me casar em breve e que, afinal, já era um profissional de arquitetura. De fato, estava noivo havia quatro anos e pretendia me casar ainda antes de me formar. Não me casei, depois de formado rompi o noivado e me casei em 1971, com a Marlene, que só vim a conhecer em 1970. Mas o motivo principal de minha negativa era o fato de não achar nada interessante desempenhar o papel de figura de consenso, de conciliação. Além disso, a situação política vinha se agravando e o movimento estudantil ficava cada vez mais radical e demandava um engajamento cada vez maior. Até então, o regime militar tinha sido relativamente brando. Foi o período das passeatas. Alguns de nós iam presos, mas, no dia seguinte, eram soltos. No fim de 1967, de um lado, a linha dura, grupo mais à direita entre os militares, tinha cada vez mais poder, endurecia o regime e recrudescia a repressão com sucessivos Atos Institucionais — AI; e, de outro, a esquerda se dividia. Alguns militantes do PCB, contrariando a posição do comitê central, fundavam a Ação Libertadora Nacional — ALN e partiam para a luta armada.

O racha do partido levou alguns dos nossos professores para lados opostos: por exemplo, Artigas de um lado; e, do outro, seus discípulos mais diletos, Sérgio Ferro e Rodrigo Lefèvre. Me lembro do Artigas falando com toda clareza que eles estavam tomando uma atitude infantil, que ia acabar atrasando todo o processo político em muitos anos, uma vez que pegar em armas e partir para o terrorismo apenas serviria de pretexto para o recrudescimento da repressão e endurecimento do regime militar, o que de fato acabou acontecendo. Me lembro também do que o professor Flávio Motta disse a propósito das duas bombas que um grupo integrado, entre outros, pelo Sérgio e pelo Rodrigo fizera explodir em São Paulo. A primeira mandou pelos ares um avião da Força Aérea Brasileira — FAB, da Segunda Guerra Mundial, montado sobre um pedestal no meio da praça 14–Bis. A outra, colocada numa das portas do Conjunto Nacional, onde ficava o consulado dos Estados Unidos, teve consequências mais graves: atingiu um passante, desde então aleijado. Disse o Flávio: "Esses meninos são os mesmos que, nos anos 1950, faziam roleta-russa na rua Augusta.[7] Agora estão botando bomba no consulado americano". O Sérgio e o Rodrigo ficaram presos pouco mais de um ano, mas outros não tiveram a mesma sorte, como Antônio Benetazzo, o Benê, meu colega de classe e amigo desde a faculdade, que se tornou um intelectual destacado e um grande artista. Transcrevo parte do texto que sobre ele encontrei no site do Grupo Tortura Nunca Mais:

> Estudante de Filosofia e de Arquitetura da Universidade de São Paulo. Presidente do centro acadêmico do Curso de Filosofia e professor de

história. Como professor de cursos de preparação para vestibulares universitários, Benetazzo procurava transmitir a seus alunos uma visão crítica da história e da realidade. Em 1967, desligou-se do PCB, passando a militar na ALN. Participou do 30º Congresso da UNE, em Ibiúna, em 1968. Em julho de 1969, deixou a universidade e as escolas em que lecionava e foi viver na clandestinidade. Foi a Cuba e voltou, em 1971, integrado ao Movimento de Libertação Popular — Molipo. Preso no dia 28 de outubro de 1972 e levado imediatamente para o Destacamento de Operações de Informações – Centro de Operações de Defesa Interna — DOI-Codi de São Paulo. Durante os dias 28 e 29 de outubro, Benetazzo foi torturado ininterruptamente e, no fim do dia 30, morreu em consequência de tão bárbaros sofrimentos. No dia 2 de novembro, os jornais paulistas publicavam nota oficial, divulgada pelos órgãos de segurança, fazendo crer que Benetazzo teria falado de um suposto encontro com companheiros na rua João Boemer, no bairro do Brás, São Paulo, e que lá chegando, teria tentado a fuga, sendo atropelado e morto por um pesado caminhão.[8]

Essa era a forma usual como a ditadura noticiava as mortes que aconteciam nos seus porões. No fim do ano de 1968, o Benê me convidou para ir ao seu apartamento para uma reunião. O assunto era a luta armada, com a proposta de partirmos imediatamente para o estado do Espírito Santo, para treinamento militar. Quando pude falar, disse que estavam fazendo uma avaliação de forças maluca, completamente fora da realidade, e que aquilo "ia atrasar todo o processo", como afirmara Artigas. Como a reação quase chegou à vaia, para encerrar a conversa, eu disse: "Eu não fui educado para matar". Então, o Benê me acompanhou até a porta e me disse que tudo bem, que respeitava minha posição etc. Continuamos amigos, é claro. A última vez que o encontrei, numa rua do centro, já estava na clandestinidade, e discretamente me fez um sinal, para que eu não parasse... Eu entendi sua cautela. Ele poderia estar sendo seguido.

Na FAU, as posições opostas dentro da esquerda ficaram evidentes e se tornaram públicas no Fórum de 1968. A direita, formada em sua maioria por professores engenheiros, assistiu surpresa e deliciada à radicalização, às manifestações de intolerância e à agressividade entre os professores arquitetos. Além de esse fórum não ter sido muito produtivo e pouco ter acrescentado ao de 1962, esse clima de confrontação acabou contribuindo para a instalação da longa crise pela qual a faculdade veio passar, iniciada em 1969 com a aposentadoria compulsória dos professores Artigas, Maitrejean e Paulo Mendes da Rocha, com base no AI-5. Esses professores só foram reintegrados em 1980, depois da Anistia.

Em 1978, recebi um telefonema do Pedro Taddei, então presidente do Instituto de Arquitetos do Brasil — IAB, departamento de São Paulo, me convidando para uma reunião no bar do IAB com dona Terezinha Zerbini, que estava tentando fazer um congresso pela anistia. Passei em seguida a participar das reuniões para a organização do congresso, que ocorriam no escritório dos advogados Ayrton Soares e Luis Eduardo Greenhalgh, no Bexiga, onde mais tarde veio a se instalar o primeiro diretório do Partido dos Trabalhadores — PT na capital. Fui, então, incumbido de coordenar, no próprio IAB, que cedeu suas instalações e equipamentos, cerca de trinta pessoas, na maioria familiares de presos políticos e exilados, trabalhando dia e noite durante dois meses na produção da infra-estrutura do congresso pela anistia, a divulgação, a correspondência etc. Foi uma experiência de trabalho inesquecível. O congresso reuniu no Teatro da Universidade Católica — Tuca as principais personalidades do país que se opunham à ditadura e teve como conseqüência direta a própria Anistia, Geral e Irrestrita, no ano seguinte, 1979, que foi fundamental no processo de abertura democrática do país.

NOTAS

1 A foto mostra o time da Sociedade Amigos de Congonhas (1965). Da esquerda para a direita, em pé: Carioca, Ary, Nelson, Tó, Nilton Plaza, Nardão; agachados: Nenê Riutta, Marinho, Marcos Acayaba, Ademir, Tio.
2 Entrevista com Marcos Acayaba. *Caramelo*, n. 3, 1991, p. 6–13.
3 Referência à Residência Elza Berquó (1967).
4 NE – a opção editorial por atualizar a ortografia e corrigir apenas os poucos erros e omissões da edição original de 2007 provoca, em algumas passagens, a sensação de anacronismo
5 NEUTRA, Richard. *Arquitetura social em países de clima quente.* São Paulo, Gerth Todtmann, 1948.
6 ARTIGAS, Vilanova. Ricerca brutalista. *Zodiac*, n. 6, Milão, 1960.
7 Roleta-russa ou roleta-paulista era o nome dado à prova de coragem dos playboys de São Paulo nos anos 1950, que consistia em cruzar de carro em alta velocidade a rua Augusta, que já tinha tráfego intenso, bondes inclusive, mas ainda não tinha semáforos.
8 Disponível in <https://bit.ly/3mSzYyi>.

projetos

Minha experiência, com a formação que recebi na faculdade e com trinta anos de prática profissional, fez com que eu viesse a pensar o arquiteto como o primeiro operário que participa do processo da obra. A sociedade identifica a necessidade de uma edificação qualquer, elabora um programa e o encaminha ao arquiteto. A ele cabe a tarefa inicial, a concepção do projeto, instrumento necessário para a realização da obra. Na prancheta ou no computador, deve considerar cuidadosamente as operações que seus companheiros, os outros operários, realizarão depois e, da mesma forma, avaliar com critério todo o material a ser incorporado. Pessoalmente, procuro não usar material que não seja absolutamente indispensável para a realização da obra. Todo o material deve trabalhar na plenitude de suas características.

Nos meus projetos, em paralelo à interpretação da encomenda do cliente, transcrita no programa de necessidades, procuro identificar e analisar as características locais, a acessibilidade, o entorno, a paisagem, o clima, enfim, todas as condicionantes geográficas e também as tecnológicas, como a disponibilidade de fornecimento de materiais e a qualidade da mão de obra. A partir da análise conjunta de todas essas condicionantes, procuro deduzir qual a melhor estratégia para a realização da edificação. Assumo, então, a estratégia de obra como uma referência, como uma bússola, para orientar a concepção e o desenvolvimento do projeto.

Com essa filosofia de trabalho, tenho desenvolvido projetos em que a preocupação com a construção e seus processos de produção são determinantes. Tenho procurado aproveitar as oportunidades profissionais para realizar ensaios, para desenvolver novas técnicas e novos conceitos. São projetos com caráter de pesquisa.

RESIDÊNCIA MILAN

Local Cidade Jardim, São Paulo, SP
Ano do projeto 1972
Ano da construção 1972-1975
Arquitetos Marcos Acayaba e Marlene Milan Acayaba
Projeto estrutural Yukio Ogata e Ugo Tedeschi
Projeto de instalações Antônio G. Martinez e Olavo M. Campos
Projeto de paisagismo Marlene Milan Acayaba
Construção Cenpla
Área do terreno 2.150m²
Área construída 791,49m²

A Residência Milan foi a primeira oportunidade que eu tive para fazer um projeto com muita liberdade. Foi uma encomenda rara e singular: o projeto de uma casa, num terreno bem grande (2.150 metros quadrados), e um programa de necessidades simples e generoso, para minha cunhada Betty Milan. Como, em relação ao terreno, a área ocupada não ficaria muito grande (cerca de 450 metros quadrados), sobraria muito espaço para o jardim. Por isso, decidi procurar uma solução que garantisse o maior contato entre o interior da casa e o terreno ao redor, e valorizasse a paisagem que seria criada.

Apesar de minha formação acadêmica racionalista, quando me vi diante desse projeto, decidi assumir como referência o que eu, no fundo, mais gostava: a arquitetura de Oscar Niemeyer. Achei, inclusive, que ela me levaria à solução procurada.

Queria fazer alguma coisa bem leve e arejada. Adotei, então, uma solução típica do Oscar: uma superfície curva, uma casca de concreto, que, mesmo muito delgada, pode vencer um grande vão livre, e abrigar um espaço aberto e generoso.

Como Niemeyer, no Clube de Diamantina (1954) [↑], optei por uma casca com apoio nas quatro extremidades, e também por uma grande laje horizontal alongada; no meu caso, transversal à casca. Isso, com a intenção de ajustar e complementar os três patamares a meio nível que decidi criar no terreno de forma a organizar o programa da casa em setores, de acordo com requisitos ambientais e espaciais. Foi um partido arquitetônico muito frequente na arquitetura paulista, a partir do fim dos anos 1950, adotado inicialmente por Vilanova Artigas na Residência Olga Baeta (1956). O espaço da Residência Milan surge da superposição de uma cobertura leve, em arco, sobre uma laje e um terreno trabalhado em taludes e patamares a meio nível.

Outra referência importante para esse meu projeto é a arquitetura de grandes abóbadas, com o espaço interno único, que os nossos professores Sérgio Ferro, Rodrigo Lefèvre e Flávio Império vinham desenvolvendo desde a metade dos anos 1960 [↗]. Naturalmente influenciado por eles, ainda como aluno da FAU, em 1969 já tinha desenhado a Residência J. C. Peres [↓] com uma única abóbada (70 metros quadrados), que seria executada com vigotas pré-moldadas de concreto e tijolos cerâmicos. Tinha organizado o programa em três níveis, em torno de uma "torre hidráulica". Para sua implantação, o terreno com forte aclive seria trabalhado em patamares e taludes. Além do espaço interno único, a composição e ajuste da abóbada com a volumetria produzida no terreno era a característica fundamental desse projeto.

Na Residência Milan, pude retomar e desenvolver essas mesmas propostas, mas em escala bem maior, o que obrigou a execução da cobertura como uma casca em concreto armado fundido in loco, com espessura variável. Foi necessária uma fôrma de madeira de difícil execução, inclusive na face superior da casca, até uma certa altura. Uma carpintaria complexa e artesanal, com um cimbramento denso, uma floresta

de madeira, que depois foi quase toda jogada fora. Para fazer a concretagem num único dia, foi usada a técnica, naquele momento nova no Brasil, de bombeamento e lançamento de concreto em altura. Uma sofisticação que eu não sei se caberia na obra de uma residência. Tudo isso me marcou bastante, e, mais tarde, a análise da adequação de técnicas como essas passou a ser determinante nas soluções que passei a adotar.

A casca tem 25m x 17m, em planta. Muito abatida (arranques a 30 graus), penetra no terreno até encontrar as sapatas que, abaixo do nível inferior, ancoram os tirantes, indispensáveis. O vão livre final entre as sapatas é de 33 metros. Na direção transversal ao arco, os recortes da casca configuram dois pórticos inclinados com vão livre de 15 metros, também atirantados. As sapatas foram, portanto, vinculadas por quatro tirantes protendidos. O desenho final da casca com pórticos inclinados é semelhante ao da Residência Geller (1967-1969) [↘], publicada no livro *Marcel Breuer — Nuevas construcciones y proyectos*, que eu tinha comprado pouco antes, em 1970.

A fluidez dos espaços, interna e externamente, e a sua transparência são as principais características desse projeto. A circulação é contínua e os percursos variados. Nunca se tem de voltar pelo mesmo caminho. A propósito, quando apresentei o projeto, a Betty observou: "é uma casa que propõe o uso do corpo".

Os dormitórios são fechados por portas de correr e grandes painéis basculantes, para integrá-los ao grande espaço interno, ao seu microclima. É a proposta típica da arquitetura paulista dos anos 1960 e 1970, do espaço único, contínuo, para uma nova forma de viver da família, sem barreiras, para uma nova sociabilidade. Os únicos espaços obrigatoriamente fechados, os banheiros, estão contidos em duas torres, que concentram as instalações hidráulicas, com as caixas-d'água em cima. Os lavatórios ficam fora, na varanda de circulação, que percorre a frente dos quartos.

Sob a proteção da casca, como uma pele, os panos da caixilharia, com painéis opacos junto aos quartos e vidro em geral, envolvem o espaço interno da casa. A sala de estar, em continuidade ao espaço central da casa entre as duas torres, tem os outros três lados envidraçados. A definição dos seus limites visuais é garantida, ou balizada, pelo volume a meia altura que contém a lareira, um confortável anteparo, como na Residência Roberto Millan (1960) [↗], projetada pelo arquiteto Carlos Millan, uma das casas mais agradáveis e bonitas que já vi.

Com a obra em andamento, a minha cunhada se separou do marido, decidiu ir morar na França e terminar sua formação de psicanalista com Jacques Lacan. Desde 1974, ela mora parte do ano em Paris, parte em São Paulo. No fim da obra, Marlene e eu decidimos ocupá-la. A casa não ficaria vazia, é claro, e, para a família, vendê-la estava fora de questão. Depois de certo tempo, nós a trocamos pelo apartamento em que morávamos antes.

Para mim, morar nessa casa foi uma experiência muito rica, um aprendizado permanente. Foi, desde o início da obra, um verdadeiro laboratório. Por exemplo, na solução da caixilharia, difícil pelo tamanho de seus panos, necessariamente articulados à casca, para poder absorver a dilatação e a contração da mesma com o calor e com o frio. Pude, nessa obra, contar com a experiência e a capacidade técnica do engenheiro Osmar Souza e Silva, da Construtora Cenpla, que tinha sido responsável por várias obras de Sérgio Ferro, Rodrigo Lefèvre e Flávio Império. Nessas obras, os arquitetos e o Osmar desenvolveram um sistema muito simples e econômico de caixilhos usando como montantes verticais batentes comuns de madeira com vidros

fixos, alguns grandes e temperados, a maioria estreitos, comuns. Como nas Maisons Jaoul (1952-1956), de Le Corbusier, a ventilação, independente, era garantida por folhas de abrir maiores e de madeira. No nosso caso, diante das dimensões dos caixilhos, e dos consequentes requisitos estruturais para a resistência ao vento, optamos por tubos retangulares de chapa de aço dobrada como montantes verticais. Com a colaboração do excelente serralheiro Roberto Venturolli, da Metalúrgica Rota, foi possível desenhar alternativas e testá-las em sucessivos modelos, para finalmente realizar a montagem, ajustes e furação de todos os caixilhos. Em seguida, eles foram desmontados, e todos os seus componentes galvanizados, para a posterior colocação final. Após trinta anos, sem qualquer manutenção, todos os caixilhos estão em perfeito estado. A galvanização foi muito bem-feita e, com o tempo, ficou cada vez mais bonita, opaca e mais uniforme. Foi bom tê-la deixado aparente, sem pintura. O artista plástico Wesley Duke Lee, no dia em que conheceu a casa, disse que eu tinha feito bem, que assim os caixilhos combinam com o concreto à vista.

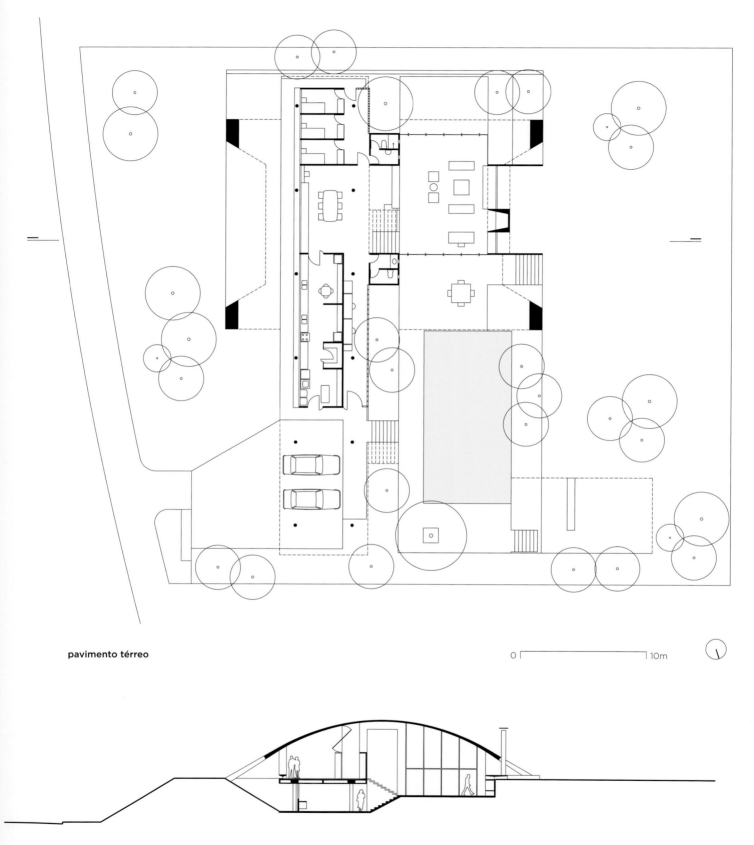

pavimento térreo

0　　　10m

corte

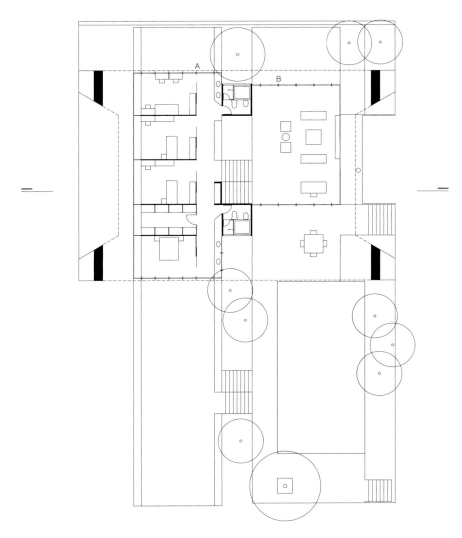

pavimento superior

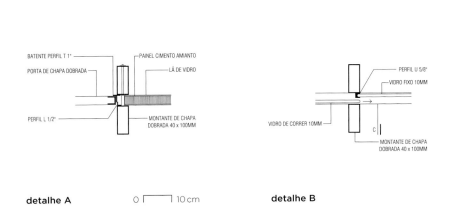

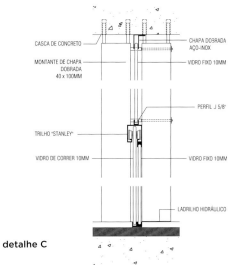

detalhe A   0 — 10 cm   detalhe B   detalhe C

50

CONJUNTO DE RESIDÊNCIAS NO ALTO DA BOA VISTA

Local Alto da Boa Vista, São Paulo, SP
Ano do projeto 1973
Ano da construção 1973-1974
Arquitetos Marcos Acayaba, Marlene Milan Acayaba e Marta Dora Grostein
Projeto estrutural Aiello G. A. Neto
Projeto de instalações Hamilton Glueck
Construção Hamilton Glueck

Casa 1
Área do terreno 167m²
Área construída 137m²
Casa 2
Área do terreno 164m²
Área construída 137m²
Casa 3
Área do terreno 152m²
Área construída 143m²
Casa 4
Área do terreno 165m²
Área construída 143m²

O Conjunto de Residências no Alto da Boa Vista [↙] — uma experiência oposta à da Residência Milan — foi a oportunidade da realização de um empreendimento que eu, havia algum tempo, pensava fazer. Alguns anos antes, percebi que, de acordo com a legislação então vigente, lotes de esquina, com no mínimo 12 metros de largura, se divididos transversalmente, poderiam, descontados os recuos mínimos de frente (4 metros) e fundo (3 metros), permitir a implantação de sobrados com 5 metros de profundidade, mas com uma fachada ampla, arejada e vistosa, de 10 a 12 metros.

Em 1972, encontrei os sócios para o empreendimento: o senhor Maurício Grostein, comerciante, dono de uma loja de materiais de construção, pai da Marta Dora (colega de classe da minha esposa, Marlene, na FAU USP), e o marido dela, Marcelo Huck, advogado. Além do capital investido, cada sócio contribuiria com trabalho, dentro de suas atividades profissionais. O Marcelo fez os contratos de compra e venda. O senhor Maurício, primeiro instruiu corretores na procura de um terreno de esquina com aquelas características, depois negociou sua compra e mais tarde a venda das casas; e, durante a obra, tratou do fornecimento de materiais. Eu cuidei dos projetos e da direção técnica da obra.

Com o investimento inicial que tínhamos previsto, tivemos a sorte de comprar, num ótimo bairro, um terreno maior que o esperado, bom para construir quatro casas, com cerca de 140 metros quadrados de área construída cada. Dividimos o terreno (500 metros quadrados) transversalmente em quatro áreas de mais ou menos 160 metros quadrados, gerando dois pares de sobrados geminados com "muita frente e pouco fundo", área de circulação mínima, ventilação cruzada e boa insolação nas fachadas maiores. Como o nosso lote caía suavemente ao longo da maior frente, as casas foram escalonadas e, assim, apesar de geminadas duas a duas, ficaram todas destacadas entre si. Para acentuar essa característica, proteger os dormitórios do sol poente de verão, e introduzir mais ritmo em todo o conjunto, as paredes estruturais avançam no andar superior, como pequenas empenas ou abas, um elemento muito frequente na arquitetura paulista nos anos 1950, 1960 e 1970. Devo também mencionar, entre vários projetos de Marcel Breuer, o Members Housing (1954-1957) [↖], alojamentos para estudantes, em Princeton, como uma referência para o desenho final adotado.

Além de contar com os preços vantajosos que o senhor Maurício conseguiria no fornecimento de materiais, decidi, para reduzir ainda mais o custo da obra, pôr em prática o que eu tinha aprendido no meu estágio (1967-1968) no escritório do professor Mange, quando pude colaborar em muitos projetos para a cidade de Ilha Solteira, toda construída em blocos de concreto. Adotei a tecnologia da alvenaria armada, com paredes estruturais, vigas alojadas nos próprios blocos verga e lajes pré-fabricadas com vigotas de concreto e tijolos cerâmicos.

Com toda a racionalização da construção e materiais bem comprados, conseguimos um custo final da obra muito baixo. Além disso, o valor de venda das casas, proposto pelos corretores, foi bem maior que o previsto inicialmente, e isso se deveu às características espaciais das mesmas. Como, com a venda da primeira casa, recuperamos tudo o que tínhamos investido, o resultado financeiro do empreendimento foi excelente. Em dezesseis meses, entre a compra do terreno e a venda da última casa, ganhamos 300 porcento sobre o que investimos, entre lucro e remuneração do trabalho dos sócios.

Diante do sucesso desse primeiro empreendimento, decidimos continuar a construir casas para vender. Se depois não foi possível chegar a um resultado financeiro tão excepcional, nunca deixamos de ter lucro. Enquanto isso, pude fazer projetos bem interessantes, como o de uma casa na Chácara Monte Alegre (1975) [↙], também construída em alvenaria armada.

Seu pequeno lote, com 8m x 22m, localizado numa pequena rua em "U", junto ao limite da Chácara Flora, subia suavemente para o fundo, o que sugeriu a criação de pequenos desníveis, ou seja, de patamares a cavaleiro da rua, com vista desimpedida para as árvores da chácara. Além dessa sucessão de pisos, o programa envolveu um espaço central: um pátio interno com pé-direito duplo e iluminação zenital. É um partido típico da arquitetura paulista. A obra mais emblemática, talvez o primeiro ensaio dessa forma de organizar o espaço — mais tarde desenvolvida em edifícios públicos de maior porte como a FAU USP —, é a Residência Mário Taques Bittencourt (1959) [↗], de Artigas. Ele próprio a definiu como "um esforço no sentido de resolver as plantas em função de um espaço interno próprio, independente das divisas do lote, exíguo, como são geralmente os lotes dos bairros residenciais em São Paulo". No nosso projeto, era evidente o potencial desse partido de geração de espaços mais generosos. Foi também a forma encontrada para garantir, por meio de janelas internas, uma boa insolação para o dormitório principal, ao fundo. Isso porque, junto à divisa posterior do nosso lote, o vizinho de cima havia erguido um enorme muro de arrimo, mais alto do que seria a nossa casa.

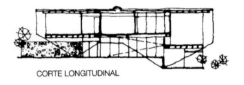

CORTE LONGITUDINAL

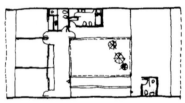

PAVIMENTO SUPERIOR

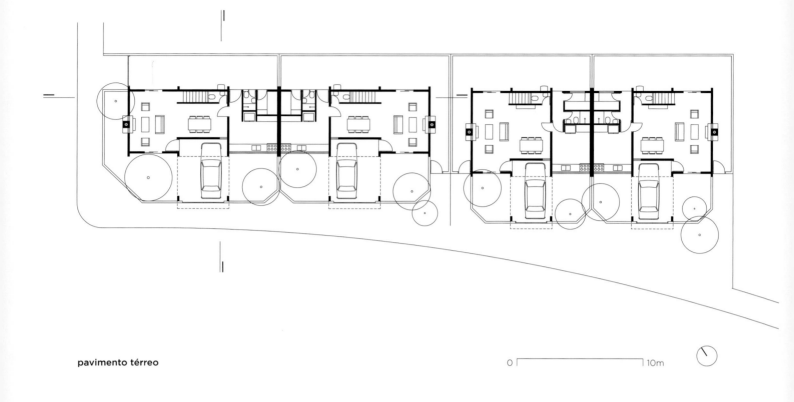

pavimento térreo

0   10m

pavimento superior

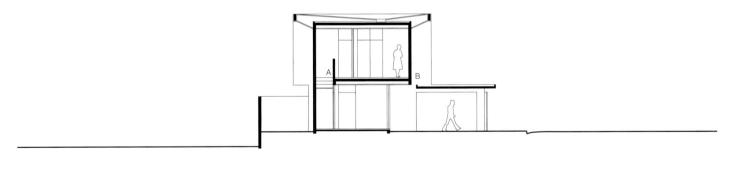

corte transversal   0 — 5m

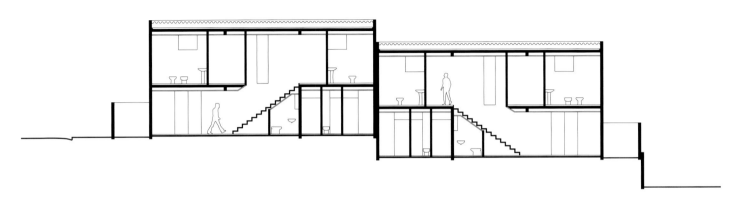

corte longitudinal

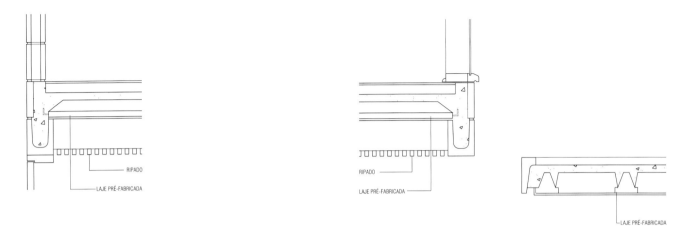

detalhe A   0 — 50cm   detalhe B

SEDE DA FAZENDA PINDORAMA

Local Cabreúva, SP
Ano do projeto 1974
Ano da construção 1975
Arquitetos Marcos Acayaba
e Augusto Lívio Malzoni
Projeto estrutural Yukio Ogata
e Ugo Tedeschi
Projeto de instalações Eurico Freitas Marques
Projeto de paisagismo Plínio Toledo Piza
Construção Cenpla
Área do terreno 150ha
Área construída 767m²

Essa casa de fazenda, projetada em sociedade com o meu amigo Augusto Lívio Malzoni, foi mais uma experiência interessante, com o uso da tecnologia da alvenaria armada. Nesse caso, pudemos ir mais longe e, além das paredes, a própria cobertura, em abóbadas, foi feita com blocos de concreto.

Nosso cliente, o engenheiro Lívio Malzoni, pai do Augusto, um dos donos da construtora Cetenco, tinha interesse no resultado dessa experiência, pois queria desenvolver uma tecnologia para a construção racionalizada de conjuntos de casas econômicas. Concluído o projeto da sede, nós desenhamos uma pequena casa (60 metros quadrados), com duas abóbadas, que seria implantada em vários pontos da fazenda para os funcionários.

Na sede da fazenda, mais uma vez pude contar com a colaboração valiosa do engenheiro Osmar Souza e Silva, da Construtora Cenpla, que vinha executando várias outras obras cobertas por séries de abóbadas de tijolos, como uma casa, de que me lembro bem, projetada por Ubirajara Gilioli. No nosso caso, a diferença foi o uso de blocos de concreto nas abóbadas, blocos verga e lajotas para alojar as vigas, além das testeiras também com lajotas.

O sistema de fôrmas adotado já vinha sendo desenvolvido em outras obras dirigidas pelo Osmar. Cambotas de madeira, distantes de 1,5 metros e travadas duas a duas entre si, como monoblocos, foram assentadas sobre guias horizontais e niveladas por cunhas. Ripas longitudinais, espaçadas a cada 20 centímetros, foram pregadas nas cambotas, para o assentamento dos blocos. Estes, com 20cm x 20cm x 7cm, foram assentados em fiadas alternadas com blocos partidos ao meio (lajotas com 2 centímetros de espessura). Nas canaletas em arco, assim formadas (5 centímetros), foram colocados dois ferros de 3/16" soltos. Com o capeamento de 3,5 centímetros de concreto, e o preenchimento das canaletas, pode-se dizer que as abóbadas acabaram nervuradas.

Depois da cura do concreto, com a simples remoção das cunhas de nivelamento, os monoblocos, com as ripas inclusive, desprendiam-se das abóbadas, para em seguida serem levados adiante, prontos para a construção de um novo trecho da cobertura. Por nunca ter entrado em contato com o concreto, todos os componentes de madeira, inclusive as ripas, tiveram pleno reaproveitamento, e, assim, com apenas 100 metros quadrados de fôrma, os

770 metros quadrados da cobertura puderam ser executados com economia.

Nesse projeto, além do sistema construtivo, foi também fundamental o partido que adotamos, ao organizar o programa da casa em torno de dois pátios, áreas externas protegidas dos ventos fortes e constantes do lugar. A espacialidade característica da obra, que decorre da série de abóbadas paralelas e das paredes de apoio, tem como primeira referência as obras de Le Corbusier dos anos 1950, como as Maisons Jaoul e, mais especificamente, a Maison Sarabhai (1955) [↖], na Índia. Anos antes, eu já tinha usado esses elementos construtivos na Residência Marques (1970) [↓]. Eram, entretanto, abóbadas bem abatidas com o desenho e arremates frontais semelhantes aos da Residência Carioba (1959) [↙], do arquiteto Carlos Millan, que também tem Le Corbusier como referência, mais especificamente a Maison de Weekend (1935).

Além de reconhecer a importância dessas referências bem como da experiência anterior realizada, lembro-me de que o projeto da Sede da Fazenda Pindorama só assumiu a forma definitiva quando, a certa altura, o Augusto apareceu com uma publicação de uma nova obra de Louis Kahn: o Museu de Arte Kimbell (1967-1972) [↑], no Texas. Daí veio o uso combinado de abóbadas e pequenas lajes planas horizontais. Optamos por lajes planas nas laterais para que, em conjunto com as paredes transversais que as apoiam, fizessem o contraventamento do conjunto e a ancoragem final dos tirantes. O desenho desse museu de Kahn, com trechos de abóbadas soltas e abertas para marcar a entrada, mostrou-nos também o interesse em transpor os limites do retângulo da planta. Decidimos ir além do arremate das lajes planas, para, com mais uma abóbada solta, chegar à área necessária e à proporção correta da sala e ainda criar um alpendre, que marca a entrada da casa.

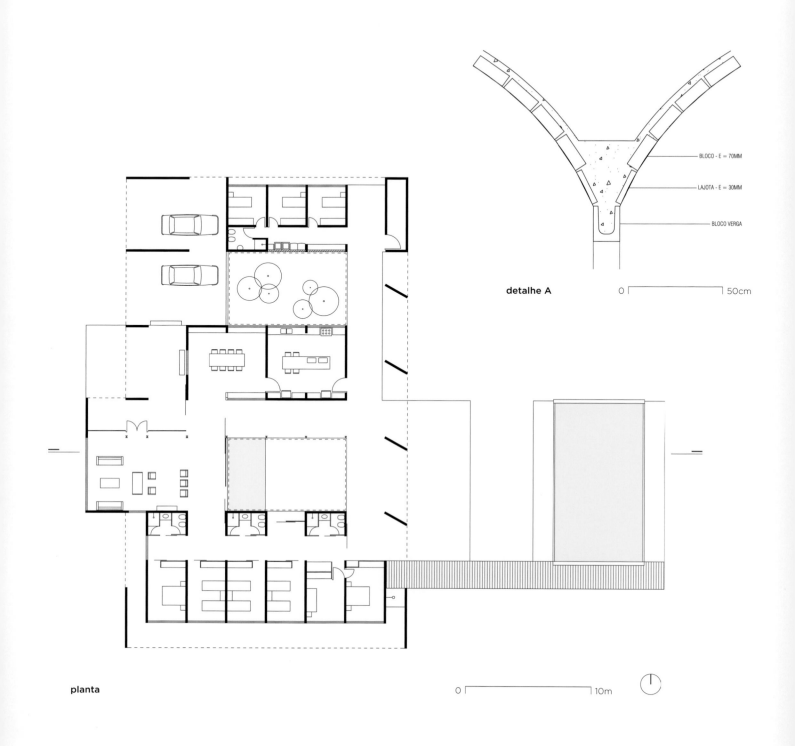

ESCRITÓRIOS REGIONAIS DE PLANEJAMENTO

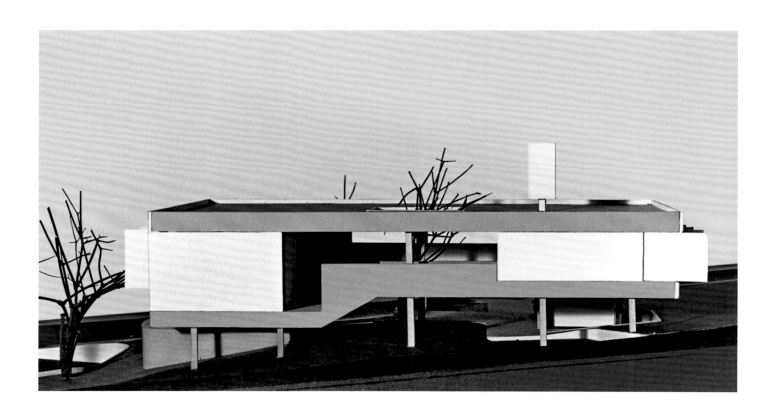

Ano do concurso 1976
Projeto classificado 1º lugar
Arquitetos Marcos Acayaba, Marlene Milan Acayaba, Michail Lieders e Carlos Ferro
Estagiários Eliete Mauri, Lidia Zaharic, André Hyakutake, Anselmo Turazzi, João Bernardino de Freitas, Flávio Acayaba, Mizue Jyo, Guilherme Paoliello e André Vainer

Local Araçatuba, SP
Área do terreno 962m²
Área construída 570m²

Local Bauru, SP
Área do terreno 2.875m²
Área construída 520m²

Local Marília, SP
Área do terreno 1.480m²
Área construída 377m²

Em 1976, a Secretaria de Estado do Planejamento promoveu, com o Instituto dos Arquitetos do Brasil — IAB, cinco concursos públicos para seus Escritórios Regionais de Planejamento — Erplans. Esses Erplans seriam verdadeiros edifícios-sede das regiões administrativas do Estado de São Paulo, todos com o mesmo programa de necessidades, mas em terrenos muito diferentes entre si, tanto na geometria e topografia, como na posição na estrutura urbana das cidades.

Decidi me inscrever nos cinco concursos: Ribeirão Preto, Bauru, Araçatuba, Marília e Presidente Prudente. Entretanto, como no escritório, que durante esse ano eu tive com os colegas Carlos Ferro e Michail Lieders, havia bastante trabalho por fazer, só pude começar a elaborar os projetos dez dias antes do término do prazo para a entrega dos concursos. Não sem antes ir ver os terrenos, aproveitando um fim de semana.

Na companhia da Marlene e do Flávio, meu irmão, saímos de São Paulo pela rodovia Castello Branco, sábado de manhã. Em vez de irmos direto para Bauru,

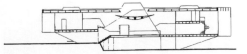

nossa primeira escala, decidi fazer um pequeno desvio e passar por Avaré para conhecer o Fórum (1962) [↙], projeto do Paulo Mendes da Rocha. A visita foi marcante. Antes, ao estudar o programa dos concursos, já tinha eleito, pela semelhança funcional, o Centro de Planejamento da Universidade de Brasília — Ceplan (1960) [↑], do Oscar, como referência obrigatória para a organização dos espaços dos Erplans. Entretanto, foi no fórum, na sua luminosidade controlada, no espaço interno aberto e integrado na praça, tão agradável e adequado ao clima e ao estilo de vida do interior, que pude encontrar o caráter dos edifícios públicos que projetaria logo em seguida. É evidente que o Erplan de Marília, por exemplo, tem sua maior referência no Fórum de Avaré, como em outras obras do Paulo dos anos 1960, principalmente as escolas que ele projetou para o Estado no governo Carvalho Pinto, como o Grupo Escolar em São Bernardo do Campo (1962) [↗].

Depois de passarmos por Bauru e Marília, como já era tarde, resolvemos desistir de Presidente Prudente, muito longe. Seriam então só quatro projetos. De resto, não haveria mesmo tempo para fazer os cinco. Estivemos em Araçatuba, onde dormimos e, no dia seguinte, já voltando, fomos ver o terreno de Ribeirão Preto, o mais bonito de todos:

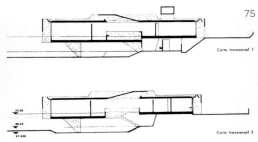

uma praça plana e nivelada, num ponto alto da cidade.

Então, naturalmente, o primeiro projeto que decidimos enfrentar foi o de Ribeirão Preto, depois de termos definido critérios espaciais e de organização do programa que deveriam, sempre que possível, comparecer nos quatro edifícios. Elegemos também uma técnica construtiva simples e adequada, com alguma padronização, que poderia ser usada em todas as construções. Com a liberdade que o terreno de Ribeirão oferecia, logo pudemos chegar à definição do projeto: um volume baixo e alongado, com pátios nas extremidades e áreas pergoladas, à semelhança do Ceplan do Oscar. Por ser o primeiro, foi o mais elaborado dos quatro projetos, o mais bem desenhado e com a maquete mais caprichada [↓]. Depois da entrega, fiquei achando que, se tínhamos alguma chance de ganhar, seria no concurso de Ribeirão Preto.

Entretanto, na solenidade de anúncio dos resultados, iniciado por Ribeirão Preto, tomamos de cara um banho de água fria: não ganhamos nem menção honrosa. Perdi quase toda a esperança. Qual não foi a surpresa quando, logo em seguida, o resultado do concurso de Bauru nos apontou como vencedores. E, surpresa ainda maior, quando, sucessivamente, ganhamos também o de Marília e o de Araçatuba.

Tempos depois, o arquiteto Décio Tozzi, membro do júri, contou-me que o nosso projeto de Ribeirão Preto, apesar de bonito, não foi selecionado por ser excessivamente aberto, obrigando que a circulação funcional entre os ambientes fosse feita por uma praça que atravessava o edifício, um espaço público, sem o devido controle. Já os outros projetos não apresentavam a mesma característica. O de Bauru, também inspirado no Ceplan, apesar de térreo, era organizado em volumes que envolviam um pátio interno bem definido, com acesso público mais controlado. O de Marília, em dois pavimentos, tinha uma espacialidade muito semelhante à do Fórum de Avaré, aberta, mas com acessos bem definidos, controlados pelos desníveis dos pisos que organizavam o programa. Da mesma forma, o projeto do edifício do Erplan de Araçatuba, com três pavimentos em meio-nível, tinha uma gradação entre espaços públicos, semipúblicos e privados ainda mais bem resolvida.

Os projetos dos cinco concursos foram expostos no IAB. Abrahão Sanovicz me disse, logo depois, que tinha ficado satisfeito ao ver que tinham sido premiados projetos sensatos, preocupados com a construção. No nosso caso, ressaltou a correta caracterização dos edifícios com o desenho das estruturas sem nenhum exagero, mas de estruturas tranquilas, o que não era comum nos concursos de arquitetura da época.

Essas preocupações eram, na verdade, uma característica da FAU USP, da maioria de seus professores. De fato nesses concursos, a atitude adotada não foi senão a de projetos correntes que vinha fazendo, como duas casas urbanas construídas em São Paulo. A casa dos meus pais, no Jardim Marajoara (1975) [↙],

térrea, ocupa um lote urbano estreito, através de uma sucessão de vigas apoiadas em paredes de bloco de concreto, com pérgolas pré-moldadas sobre um pátio lateral. A simplicidade da construção, o espaço horizontal, o ritmo das vigas e a luminosidade controlada são semelhantes aos dos Erplans de Ribeirão Preto e de Bauru. E a Residência Jairo Luís Ramos (1976) [↑], sobre pilotis, tem o programa organizado em torno de um pátio central com pé-direito duplo. Tanto o espaço como a luz, o clima e mesmo a estrutura correspondem aos do Erplan de Marília.

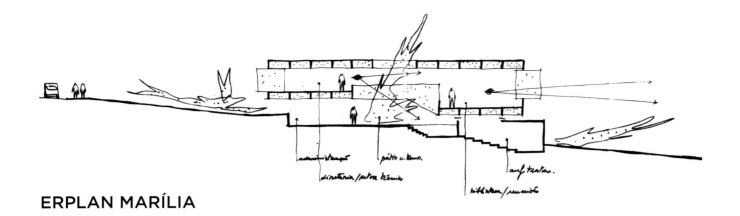

ERPLAN MARÍLIA

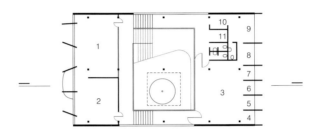

primeiro pavimento
1. biblioteca 2. reuniões 3. estagiários 4. demografia 5. desenho industrial 6. desenho urbano
7. informações 8. supervisão 9. diretoria 10. secretaria 11. copa

0   10m

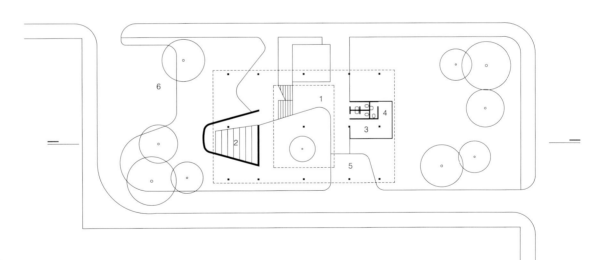

pavimento térreo
1. hall / exposições 2. anfiteatro 3. administração 4. chefe 5. garagem 6. estacionamento

corte longitudinal

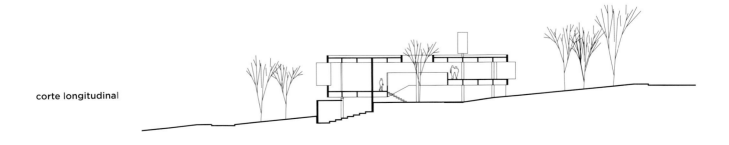

ERPLAN ARAÇATUBA

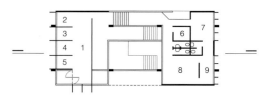

segundo pavimento
1. estagiários 2. inf. 3. demo 4. desenho industrial 5. desenho urbano 6. copa
7. supervisor técnico 8. administração 9. chefe

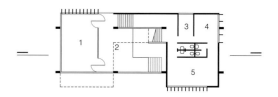

primeiro pavimento
1. biblioteca 2. hall / exposições 3. secretaria 4. diretor 5. reuniões

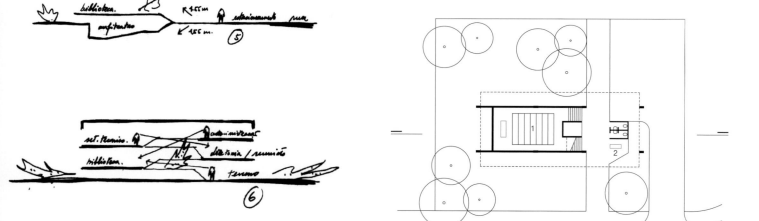

pavimento térreo
1. anfiteatro 2. informações   0 ⊢——⊣ 10m

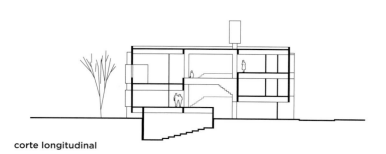

corte longitudinal

ERPLAN BAURU

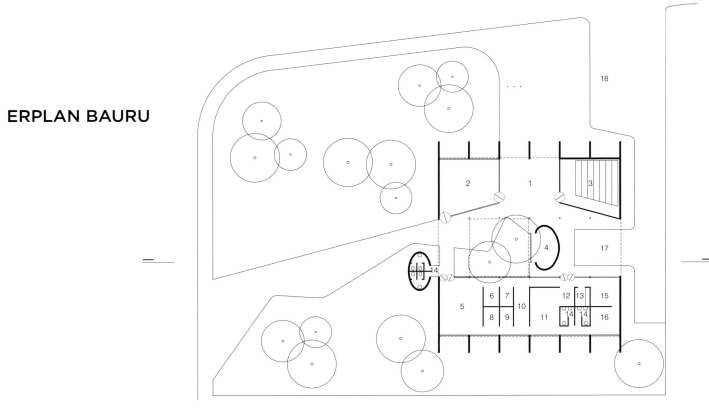

pavimento térreo
1. hall / exposições 2. biblioteca 3. anfiteatro 4. reuniões 5. estagiários 6. Semo 7. informações 8. desenho industrial 9. desenho urbano 10. supervisor técnico 11. diretor 12. secretaria 13. copa 14. sanitário 15. administração 16. chefe 17. veículos oficiais 18. estacionamento

corte longitudinal

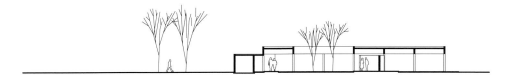

QUIOSQUE NA FAZENDA ARLINA

Local Itupeva, SP
Ano do projeto 1979
Ano da construção 1980
Arquitetos Marcos Acayaba e Flávio Acayaba
Área construída 135m²

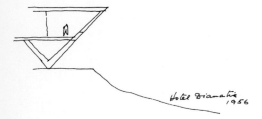

Hotel Diamantina
1956

Foi minha primeira experiência com uma obra integralmente feita de madeira. Os clientes já tinham construído a casa e uma grande piscina. Me pediram um projeto para criar uma área de sombra junto à piscina, um lugar de descanso e de desfrute da paisagem. Uma pérgola e, ao mesmo tempo, um belvedere.

O terreno, com declividade suave, desce a partir da casa. A construção da piscina já tinha obrigado a execução de um talude, sobre o qual foi implantado o quiosque. Com o piso no mesmo nível da piscina, ele se eleva sobre uma estrutura de madeira com apenas dois pontos de apoio no terreno abaixo, para minimizar as fundações e o impacto da obra sobre o jardim existente.

A estrutura que resolveu o problema, dentro das condições preexistentes, conta com pilares e mãos-francesas que continuam além do piso e suportam a cobertura ripada. Esta avança como um grande beiral e garante maior projeção para a sombra solicitada. Oscar Niemeyer, num hotel em Diamantina (1951-1956) [↖], deu uma resposta sintética a questões semelhantes originadas na topografia, na paisagem e na necessária proteção contra o sol.

O desenho da estrutura de madeira do quiosque, com apoios concentrados, mãos-francesas e balanços, antecipou em muitos anos o que tenho feito mais recentemente. Já mostrava o desejo de construir estruturas muito leves, vazadas e com poucos apoios no terreno. Na publicação da minha casa no Guarujá, no livro *Modern House 2*, afirmei que esta atitude representa o desenvolvimento natural de uma característica brasileira, evidenciada principalmente na arquitetura de Oscar Niemeyer, e reconheci "a leveza dos seus edifícios e a forma como ele sempre os caracteriza através da estrutura, seu arrojo, um permanente desafio à força da gravidade" como a minha maior inspiração.

Devo também reconhecer a importância que teve entre nós, alunos da FAU USP nos anos 1960, uma obra de Joaquim Guedes: a Residência Cunha Lima (1958) [↓], *a casa das mãos-francesas*. O desenho da sua estrutura de concreto armado, principalmente nos pilotis, com dois conjuntos com um pilar e três mãos-francesas cada, seu elemento mais característico, não deixa de ser outra referência importante nesse projeto. É, entretanto, curioso lembrar como discutíamos, na FAU, o desenho dessa estrutura. Como teriam sido complicadas suas fôrmas, se não teria sido mais correta sua execução com aço, ou com madeira, desde que as cargas de toda a construção fossem menores, é claro. Ou ainda, se o Guedes não teria naquela obra feito um típico desenho de estrutura de madeira.

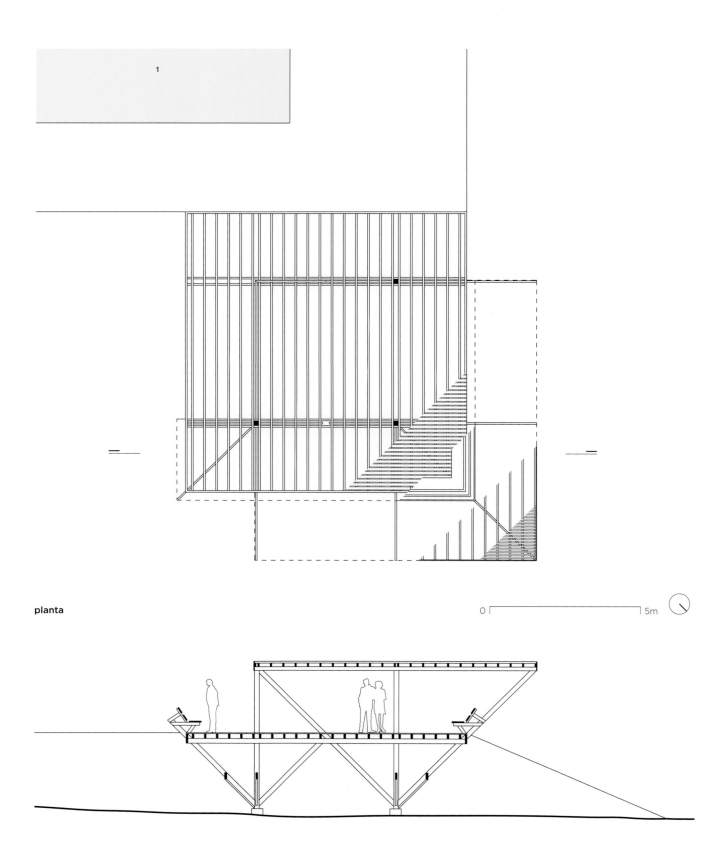

planta

corte

GALERIA
SÃO PAULO

Ano do projeto 1980
Ano da construção 1981
Arquiteto Marcos Acayaba
Coautor Luís Paulo Baravelli
Projetista Rogério Pfutzenreuter
Projeto estrutural [metálica] Zetaflex
[concreto] Aiello G. A. Netto e
Antônio J. Martins
Projeto de paisagismo Reinaldo Cabral,
Sakae Ishii e Plínio Toledo Piza
Construção Marcos Acayaba
Área do terreno 398m²
Área construída 460m²

O artista plástico Luís Paulo Baravelli, meu ex-colega de classe na FAU, ligou para o escritório, numa tarde de novembro de 1980, perguntando se eu estava com muito trabalho e se me interessava fazer um projeto de uma reforma, para transformar dois sobrados geminados [←], que já tinham sido usados como clínica médica, numa galeria de arte [↑]. Perguntei por que ele mesmo não fazia o projeto. O Baravelli, apesar de não ter se formado, já tinha feito bons projetos, alguns construídos, como a Casa-ateliê do Wesley Duke Lee, em Santo Amaro. Me disse que, de fato, era o que lhe tinha sido proposto pela cliente, a Regina Boni. Mas, àquela altura da sua vida profissional, ele não se sentia mais à vontade para assumir um projeto e uma obra. Tinha medo que, por ser uma obra pública, a galeria lhe trouxesse outras encomendas, acabando por desviá-lo do que gostava e do que achava que devia fazer: arte. Diante disso, fiz uma proposta, logo aceita por ele: que fizéssemos juntos o projeto. Além de estar propondo uma boa parceria, criativa — disso eu tinha certeza —, nada melhor que fazer um projeto de uma galeria de arte com um artista plástico, que, ainda por cima, tinha toda a confiança da cliente.

A Galeria São Paulo foi um trabalho que, no início, não passava do projeto para uma pequena reforma. Entretanto, pelo seu papel como edifício de uso público, com uma programação intensa, que perdurou por 22 anos, veio a ser minha obra mais conhecida, pelo menos até o fim da década de 1980.

Como em qualquer reforma, onde a maioria dos problemas encontra suas soluções com a obra já em andamento, na galeria a cobertura do espaço principal, onde antes ficavam os quintais dos dois sobrados, só foi resolvida depois do abandono de duas propostas iniciais. Foi, na verdade, o problema de projeto mais difícil que tivemos de enfrentar. Como a área construída já existente chegava bem próximo ao máximo permitido pela prefeitura, no estudo preliminar propusemos uma pérgola com vigas-calha de concreto e domos corridos de fibra de vidro como cobertura do espaço principal da galeria. Era um expediente muito usado para cobrir uma área externa aprovada como pérgola e incorporá-la à edificação depois do

habite-se. Entretanto, por sorte, era uma proposta inviável. Constatamos que, para suportar as cargas de vigas de concreto vencendo 12 metros de vão livre, diante das condições do solo do local (um brejo), seriam necessárias fundações profundas: obrigatoriamente estacas pré-moldadas, já que o nível d'água estava a apenas 1,5 metro abaixo da superfície. Com o obstáculo das construções existentes, era impossível a entrada do bate-estacas. Em seguida, deixando de lado questões legais e confiando na possibilidade de expedientes ainda menos ortodoxos para a aprovação final, desenhamos uma cobertura muito leve, metálica, com sheds, para ser executada industrialmente. Recebi o orçamento da empresa Fichet e o levei à reunião semanal que tínhamos na obra com a cliente. A Regina, diante do valor proposto, para ela inviável, explodiu, afirmando que eu estava sendo pago para resolver os seus problemas, que tinha um prazo para inaugurar a galeria, e esta ainda não tinha cobertura etc. Assim a segunda proposta não deu certo, por sorte também. Roberto, o mestre de obras, que observava a cena a certa distância, disse, quando me aproximei para pedir fogo: "Doutor, me desculpe se o que eu vou falar for uma besteira, mas será que não dá para resolver com aquele tal de Zetaflex, que abre e fecha, que estão anunciando na televisão?". Foi a solução. Muito econômica e, melhor ainda, dentro da lei. Era normalmente considerada como pérgola pela prefeitura. Quatro módulos padrão de 6m x 6m resolveriam a nossa questão. Usamos apenas uma viga de aço atirantada para apoiá-los, e um domo corrido de fibra de vidro como cumeeira.

Como o Baravelli previra, a galeria me trouxe outros projetos. A Italiamia (1981-1982) [↖], outra galeria de arte e decoração, construída num terreno de 6m x 50m, na rua Bela Cintra, tinha espaços com dimensões e proporções de uma casa. A referência para esse projeto, assim como para o da Galeria São Paulo, foi o trabalho do grande arquiteto mexicano Luís Barragán [↓].

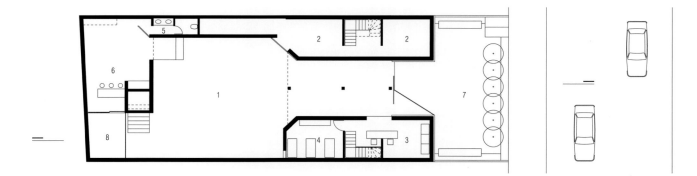

pavimento térreo
1. salão 2. acervo 3. recepção 4. administração 5. sanitário 6. bar 7. praça 8. jardim

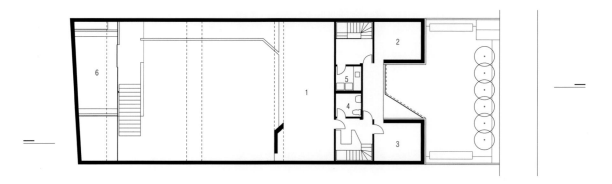

pavimento superior
1. mezanino 2. sala de reuniões 3. diretoria 4. sanitário 5. copa 6. terraço de esculturas

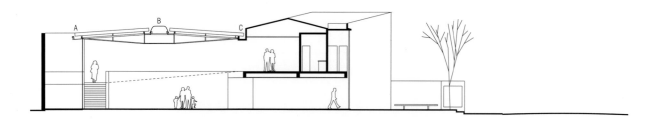

corte

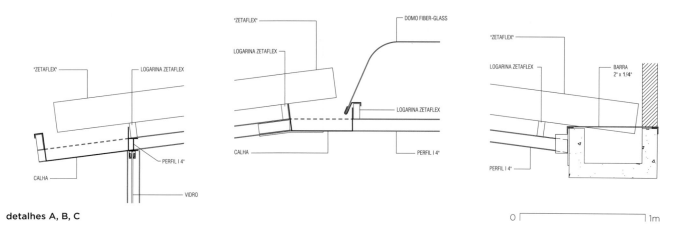

detalhes A, B, C

REURBANIZAÇÃO DO VALE DO ANHANGABAÚ

Local Centro, São Paulo, SP
Ano do concurso 1981
Projeto classificado Menção honrosa
Arquitetos Marcos Acayaba, Edgar Dente e Julio Katinsky

Quando eu era menino, um dos passeios preferidos era dar uma volta na cidade. Assim era como todos se referiam ao centro de São Paulo. Saíamos, de carro, do nosso bairro na Zona Sul, Congonhas, e pela avenida Nove de Julho chegávamos à cidade. Percorríamos o Vale do Anhangabaú [↑]: os grandes edifícios, os viadutos, as palmeiras imperiais e o Teatro Municipal. Sucessão magnífica, desfrutada em movimento. De volta para casa, ficava com uma sensação gostosa de cidadania. Que bonita, generosa e grandiosa era a minha cidade!

Em fevereiro de 1981, a Empresa Municipal de Urbanização — Emurb publicou o edital do concurso público nacional de Reurbanização do Vale do Anhangabaú. A questão fundamental a ser resolvida era a da transposição do vale pelos pedestres, então quase todo ocupado por filas de ônibus das linhas que ali tinham seus pontos iniciais.

Ainda segundo o edital, deveria ser considerado um novo sistema de ônibus elétricos, com linhas diametrais, isto é, que tinham pontos iniciais e finais em extremos opostos da cidade.

Depois de me inscrever no concurso, convidei, para que formássemos uma equipe, dois velhos amigos, Julio Katinsky e Edgar Dente, professores da FAU USP. Concordamos, desde o início, que as características espaciais do Anhangabaú dos anos 1950 deveriam ser recuperadas, com a demolição tanto da passarela construída sob o viaduto do Chá, que comprometia sua silhueta, como do viaduto da Nove de Julho sobre a avenida 23 de Maio, que rompia a simetria do espaço e obrigava a uma entrada meio torta no vale.

A passagem sob a avenida São João, conhecida como o "buraco do Adhemar", com apenas duas faixas em cada sentido, concentrava, naquela época, satisfatoriamente o fluxo de veículos do eixo Norte-Sul. Decidimos, então, usar apenas os vãos laterais do viaduto do Chá com duas vias, cada uma com três faixas de rolamento, para o tráfego de passagem e acesso aos edifícios do Vale.

Os ônibus, daí por diante elétricos e diametrais, passariam por baixo, por uma grande estação de baldeação. Ligada nas extremidades às estações São Bento e Anhangabaú do metrô, essa estação permitiria a conexão de todas as principais linhas de transporte de passageiros da cidade de São Paulo. Com isso, pudemos destinar a faixa central do vale a uma praça linear, plana e nivelada, espaço para a multidão, para grandes eventos, muito adequados ao Anhangabaú, por sua escala e morfologia, sua centralidade e acessibilidade.

O vencedor do concurso fez opções radicalmente opostas, conhecidas por todos, pois anos depois seu projeto foi executado. Quase sempre que por lá tenho de passar de carro, obrigatoriamente por um túnel, sinto a perda do espaço urbano monumental mais significativo e característico de São Paulo.

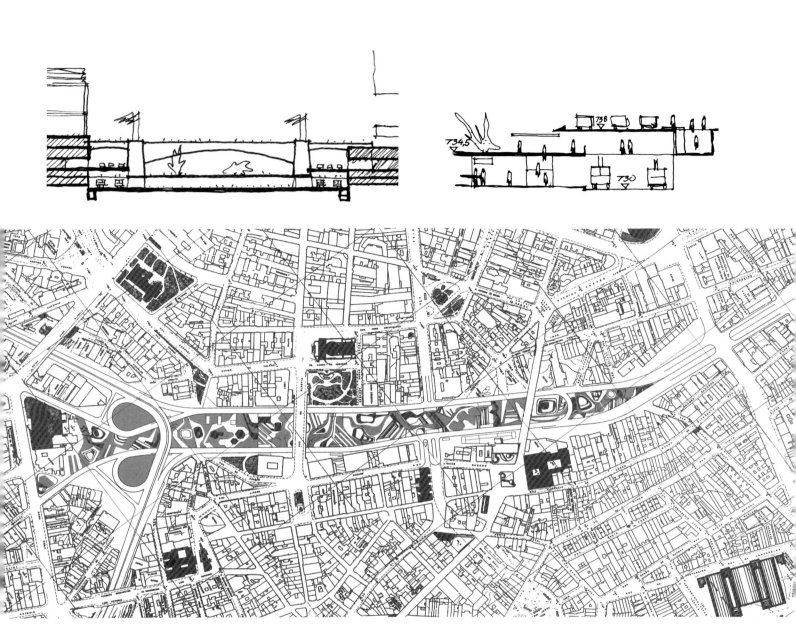

implantação

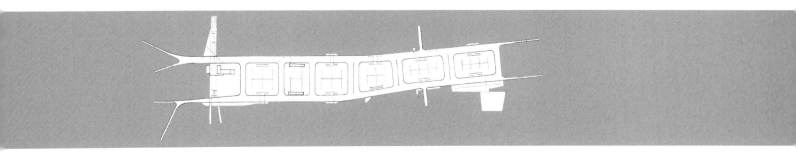

planta nível 730.00 estação central ônibus/metrô

RESIDÊNCIA JANDER KÖU

Local Alphaville, Barueri, SP
Ano do projeto 1981
Ano da construção 1981-1982
Arquiteto Marcos Acayaba
Estagiários Lucilene Tachibana e Emílio Tachibana
Projetista Rogério Pfutzenreuter
Projeto estrutural Antônio J. Martins e Aiello G. A. Neto
Projeto de paisagismo Sakae Ishii e Reinaldo Cabral
Construção Construtora Planus
Área do terreno 1.267m^2
Área construída 623m^2

Um casal de filhos de imigrantes orientais — ele de chineses, ela de japoneses — procurou-me para fazer o projeto de sua casa em Alphaville.

Logo no nosso primeiro encontro, além das informações relativas ao programa de necessidades, para que eu soubesse do que gostavam, abriram a revista *Global Architecture — GA*, n. 43, e me mostraram a foto em página dupla do terraço da Casa Koerfer (1963-1967) [↓], de Marcel Breuer.

A geografia do terreno (topografia, orientação, ventos dominantes e paisagem) me levou a pensar na organização do programa de forma linear, numa planta em "L" ou em "U", criando um pátio voltado para o Norte, a melhor vista, e protegido do vento Sul. O terraço da Casa Koerfer tinha as características espaciais ideais para fazer a transição entre o espaço interno e o pátio: a largura, o pé-direito e aberturas no teto, a correção do excesso de sombra na sala.

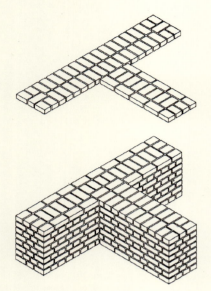

Aceitei, também por isso, a sugestão dos clientes e assumi Marcel Breuer como referência para o projeto. Ao rever as casas com planta binuclear e seus desdobramentos, encontrei na planta da Casa Stillman II (1964-1965) [↘], em "U" e com duas alas de uso noturno opostas, a melhor forma para resolver o grande número de quartos solicitados sem um longo corredor. Na Residência Jander Köu, a planta em "U", modulada em 80cm x 80cm, permitiu a organização do programa em duas alas ligadas pelo bloco de serviços, que dá para a rua, e, em paralelo, por um salão voltado para o terraço e o pátio descoberto. Também na implantação, a referência é a Casa Stillman II. O terreno com um declive suave foi trabalhado em patamares definidos por arrimos de pedra.

Ao contrário de quase todos os meus projetos anteriores, na Residência Jander Köu, o volume regular da construção foi rompido. E, como consequência da diversidade funcional, espacial e volumétrica, usei pela primeira vez em uma obra diversas técnicas e materiais, adequados às solicitações específicas dos elementos que compõem a casa.

No embasamento, usei muros de pedra, como em muitas obras de Breuer. Na ala que se apoia diretamente no terreno, lajes pré-fabricadas apoiam-se diretamente sobre as alvenarias de tijolos à vista. Onde as funções abrigadas exigiram vãos maiores, usei pilares e vigas de aço, com os paramentos de tijolos à vista.

Se, na organização do programa, na planta e na espacialidade resultante, a referência assumida para esse projeto foi Marcel Breuer, na construção, no design e no detalhamento a atitude que adotei vem de Mies van der Rohe. Tinha lido, pouco tempo antes de desenhar essa residência, num precioso livro escrito pelos arquitetos ingleses Allison & Peter Smithson, *Without rhetoric — An Architectural Aesthetic 1955-1972,* uma frase do Mies que me marcou: "A arquitetura começa quando dois tijolos são colocados cuidadosamente lado a lado". E também, dois anos antes, em Nova York, eu tinha comprado um grande caderno espiral com fac-símiles dos desenhos originais do Mies pertencentes ao acervo do Museu de Arte Moderna de Nova York — MoMA. Em seguida, tinha visitado suas obras em Chicago, especialmente as do campus do Illinois Institute of Technology — IIT (1940-1957). Desde então, vinha estudando suas obras e seus detalhes construtivos [↖]. Mas foi numa obra que estava em andamento, projetada por Arnaldo Martino e Eduardo de Almeida, a Residência Belink (1980-1981), no Pacaembu, que pude ver como fazer corretamente a junta articulada entre a alvenaria de tijolos e a estrutura de aço.

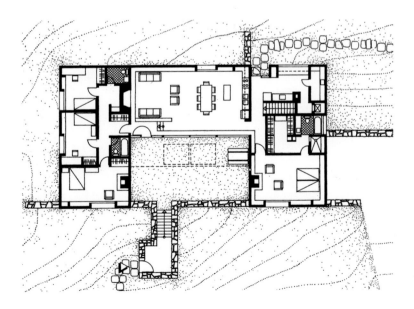

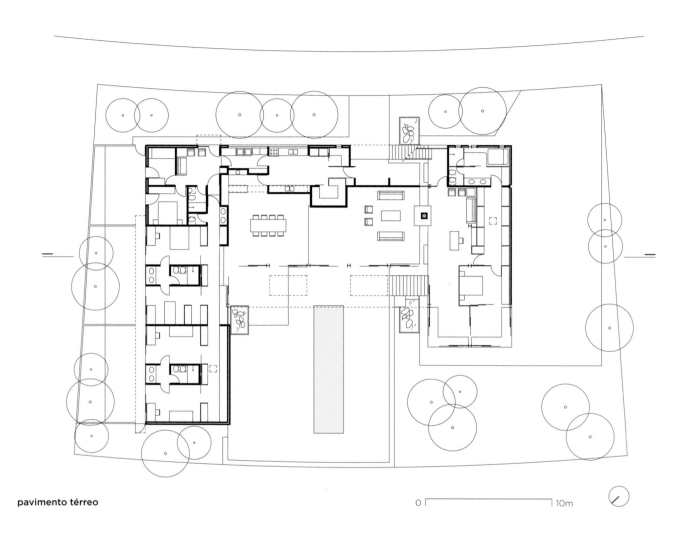

pavimento térreo

0 10m

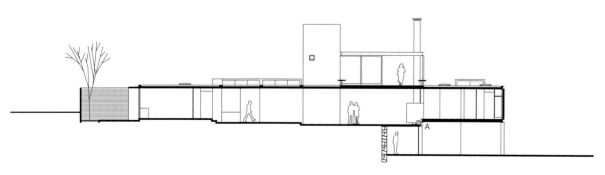

corte

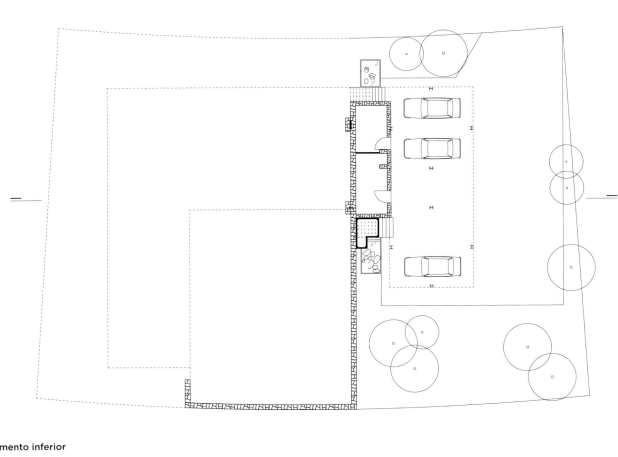

pavimento inferior

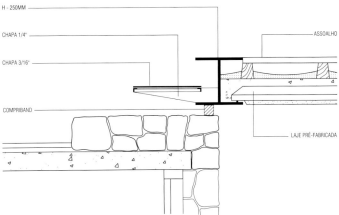

detalhe A

COLISEUM

Local Marginal Pinheiros, São Paulo, SP
Ano do projeto 1982
Arquitetos Marcos Acayaba, Marlene Milan Acayaba e Guilherme Paoliello
Projeto estrutural Projecta Grandes Estruturas
Área construída 5.400m²

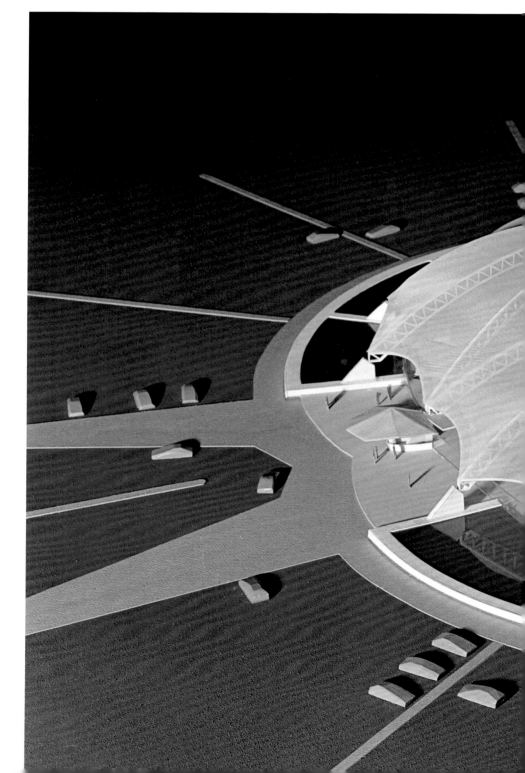

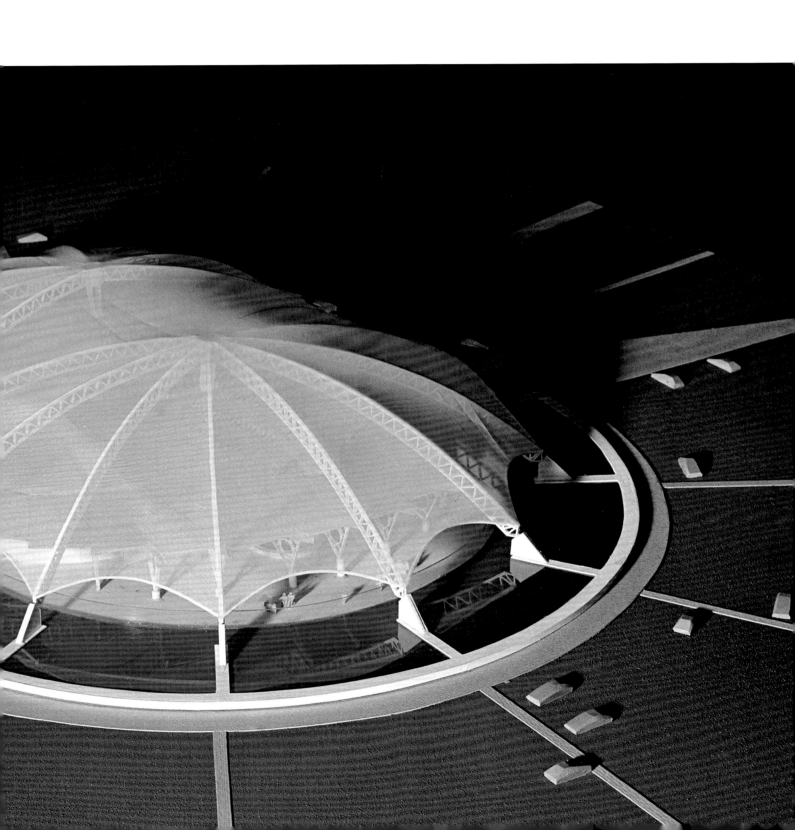

Em 1982, Walter Clark, um dos principais responsáveis, na década de 1960, pela criação da Rede Globo de Televisão, me procurou para projetar um espaço para espetáculos esportivos e musicais. O nome, ele próprio já tinha decidido: Coliseum. Queria produzir espetáculos ao vivo e também vendê-los para as redes de televisão (pensava inclusive na TV a cabo, por assinatura, que, para ele, era o futuro da televisão). Seria, além de ginásio de esportes e anfiteatro, um grande estúdio de TV, que servisse até para a produção de filmes de publicidade. O projeto tinha ainda como condicionante a previsão de eventual desmontagem e transferência do edifício para outro lugar, isso para evitar um grande investimento inicial na aquisição de terreno.

Tudo começou dois anos antes, quando projetei o Centro Cultural e Esportivo Aricanduva [↘], que também era um espaço polivalente de espetáculos para cerca de 8 mil pessoas. O cliente era o senhor João Saad, dono da TV Bandeirantes, que, quando fez o loteamento do Morumbi, ficou com uma grande área junto ao Estádio, reservada para futuro uso comercial. Nos anos 1970, parte desse terreno fora ocupada por uma academia de tênis. Quem a dirigia era seu genro, José Duailibi, que teve a iniciativa de propor, para o resto do terreno, um espaço para espetáculos, com ênfase no tênis, evidentemente. Além de duas quadras cobertas para a academia, o edifício deveria acomodar uma quadra de tênis central, para jogos com grande público.

Contando com uma arquibancada móvel (a menor), o desenho que adotei — uma espiral de setores crescentes, que abrigava adequadamente espetáculos esportivos e permitia a subdivisão e o uso variado do espaço nos mais diversos eventos — era uma evolução da organização circular, boa para espetáculos esportivos, mas com problemas acústicos para espetáculos musicais e de difícil adaptação para demais usos. Encontrei o desenho exato, uma espiral logarítmica inscrita num retângulo áureo, numa interessantíssima publicação, uma espécie de almanaque, *Shelter*, de 1973, que, além de muitas referências, mostrava a construção geométrica da divisão de um segmento em média e extrema razão. Esse foi um dos vários projetos que fiz com a proporção áurea [↖] (antes utilizada na parede central da Galeria São Paulo). A cobertura, uma tensoestrutura, tem como referência os trabalhos de Frei Otto [↗]. Logo na nossa primeira conversa, José Duailibi já havia sugerido o uso de uma cobertura leve, de lona plastificada, então uma novidade entre nós, pois a Sansuy apenas começava a produzi-la no Brasil.

Depois de uma avaliação preliminar do custo da obra, muito maior do que o previsto, o cliente me propôs um novo programa, bem menos ambicioso. O setor administrativo, os cinemas, o bar-restaurante e o teatro de bolso, que tinham sido resolvidos num edifício anexo, em ferradura, foram deixados para mais tarde. Sem comprometer definitivamente o terreno, resumido aos espetáculos esportivos e musicais, o novo edifício deveria ser muito mais simples e desmontável, "como um circo, mas bem equipado e com algum conforto", nas palavras do José Duailibi.

Refeito o projeto do Centro Aricanduva [→], terminei por decidir implantar a plateia diretamente sobre o terreno, aproveitando a sua declividade. Daí o desenho da planta, com uma arena descentralizada, mas com dimensões e uma geometria (superelipse) que garantiriam, com a ajuda de arquibancadas suplementares desmontáveis, a flexibilidade de uso requerida. É uma

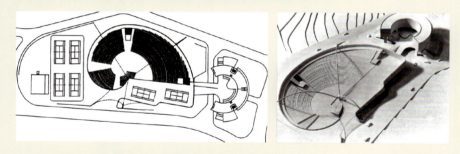

espécie de simplificação da planta do Teatro Total (1926), de Walter Gropius. A forma da cobertura é semelhante a dois guarda-chuvas que se interceptam. Também sua estrutura tem o mesmo princípio de tensão, da membrana de lona, e flexocompressão dos arcos metálicos do guarda-chuva. Pendurada na treliça de travamento longitudinal, propus uma grua móvel com contrapeso, para câmera de TV e seu operador.

Walter Clark conheceu e se apaixonou por esse projeto quando de sua rápida passagem pela Rede Bandeirantes, por volta de 1980. Ao sair da Bandeirantes, contratou-me para fazer algo semelhante, o Coliseum. Com engenheiros especialistas em equipamentos teatrais, cheguei a detalhar grande parte do projeto para ser orçado. O valor estimado de dois milhões de dólares para o total da obra era relativamente baixo, já que todo equipamento estava incluído, e apontava para a viabilidade do empreendimento.

O projeto final previa uma plateia para sete mil espectadores em anfiteatro, para qualquer tipo de show, ou seis mil em arena, para espetáculos esportivos. Por isso, como nos projetos anteriores, procurei evitar um desenho circular ou simétrico da planta; o volume e o espaço interno, nesse caso, seriam consequencia da justaposição de duas cúpulas diferentes (dois guarda-chuvas).

A transformação do espaço seria conseguida por meio de uma arquibancada móvel, com dois mil lugares, com patamares modulares que subiriam ou desceriam apoiados em estruturas pantográficas hidráulicas, como nos palcos de teatro. Com esse recurso, a quadra de esportes viraria plateia, em continuidade à arquibancada fixa, ambas voltadas para o palco, que poderia assumir conformações adequadas aos diversos espetáculos.

A cobertura de lona plastificada seria executada em módulos triangulares e tracionada em arcos treliçados radiais, de aço. Os arcos seriam produzidos industrialmente em trechos adequados ao transporte, até 16 metros, montados no chão, depois suspensos e fixados ao redor de anéis centrais. Aí ficariam os exaustores para a renovação do ar, e seriam instaladas gruas suspensas para câmeras de TV. Pontes para operação e fixação de equipamentos eletroacústicos, de iluminação e elementos cênicos seriam apoiadas em duas treliças longitudinais, de travamento das duas cúpulas.

Além da cena em arena, a área da quadra poderia conter dois palcos diferentes, voltados para anfiteatros opostos de dois mil e quatro mil lugares, para dois espetáculos, em sessões alternadas, num festival, por exemplo.

O terreno para o Coliseum já tinha sido encontrado, na esquina da avenida Presidente Juscelino Kubitschek com a Marginal Pinheiros, no Itaim. A Eletropaulo, sua proprietária, o cederia em troca da renda com o estacionamento. Entretanto, *A Chorus Line*, musical de grande sucesso na Broadway, que o Walter Clark resolveu produzir aqui, foi um grande fracasso de público e o levou à falência, condenando o projeto do Coliseum à gaveta.

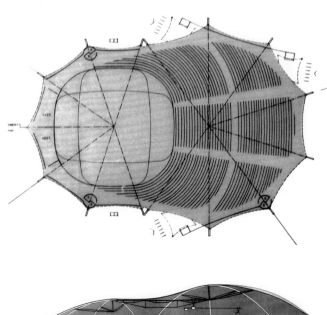

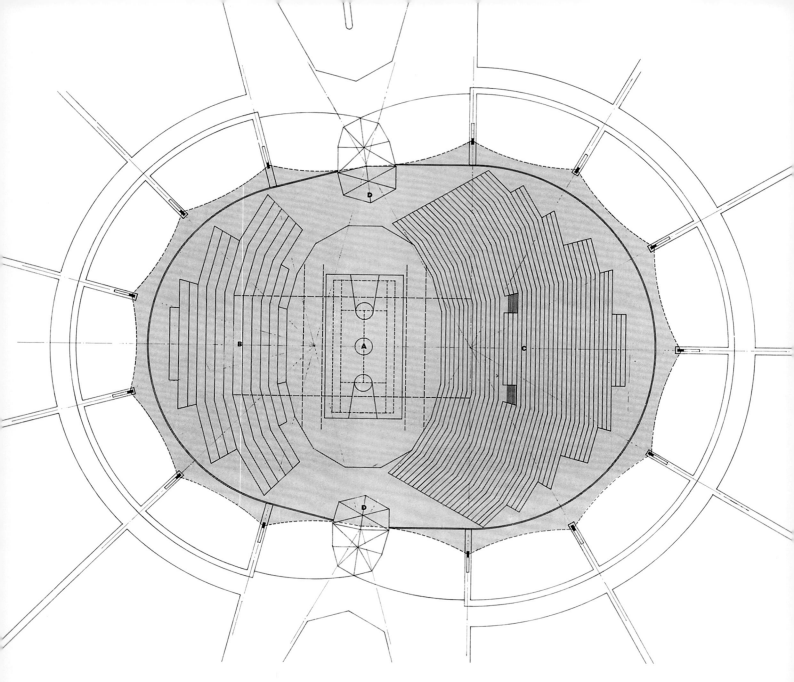

planta [configuração arena]
A. quadra B. arquibancada móvel (1.980 lugares) C. arquibancada fixa (4.030 lugares) D. cabine

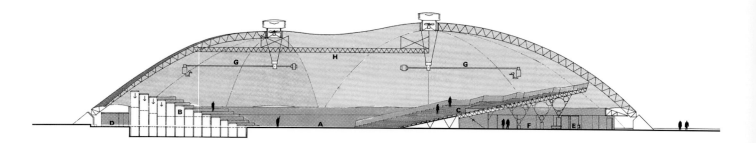

corte longitudinal [configuração arena]
A. quadra B. arquibancada móvel / palco C. arquibancada fixa D. camarins E. bilheterias F. foyer G. gruas para TV H. ponte rolante para luz e som

REURBANIZAÇÃO DA ÁREA DO CARANDIRU

Local São Paulo, SP
Ano de projeto 1983
Arquitetos Marcos Acayaba, Cristina Toledo Piza e Guilherme Paoliello
Área de intervenção 427.600m²

De 1980 a 1982, participei do grupo, composto por profissionais de várias áreas, que elaborou o plano do governo Montoro. Com muitos *notáveis* em suas respectivas áreas, esse grupo acabou sendo chamado pelos jornalistas de "Sorbonne". Integrei a Comissão de Habitação, onde reencontrei a geógrafa Maria Adélia Souza e também Luís Antônio Pompeia, diretor da Empresa Brasileira de Estudos do Patrimônio — Embraesp, entidade privada que fazia as avaliações de imóveis mais respeitadas de São Paulo. Tinham, por exemplo, acabado de fazer a avaliação do patrimônio da Light para sua incorporação à Eletropaulo.

Foi Luís Antônio quem propôs o uso de áreas do patrimônio do Estado para habitação de interesse social. A Fepasa, por exemplo, dispunha das áreas dos pátios ferroviários desativados, em geral no centro das maiores cidades do interior do estado, e mesmo na capital. Acrescentei que essa era uma política estratégica, já que promoveria o necessário adensamento das cidades, o retorno da habitação às áreas centrais, revertendo a sua deterioração. E mais: que essa tese certamente seria endossada pela maioria dos arquitetos.

Em um dos seminários multidisciplinares da "Sorbonne", ficamos sabendo que, para a Comissão de Justiça, uma das prioridades era propor uma solução para o complexo prisional do Carandiru: sua extinção e substituição por estruturas penitenciárias modernas e descentralizadas. Desse

seminário, como proposta conjunta das Comissões de Justiça e Habitação, surgiu a ideia do aproveitamento imobiliário da área do Carandiru para custear a execução de novos presídios. Foi o primeiro projeto do governo Franco Montoro, recém--empossado. A empresa Hidroservice foi contratada para fazer um estudo de viabilidade. Para tanto, além de elaborar os projetos das novas penitenciárias e orçá-las, essa empresa subcontratou a Embraesp para definir o valor imobiliário da área do Carandiru, que, por sua vez, contratou meu escritório para elaborar um plano urbanístico preliminar da área, que incluísse a tipologia das edificações e sua quantificação, elementos necessários para a avaliação. Não era o que eu tinha imaginado antes, na Comissão de Habitação. Pensava que um projeto dessa importância deveria ser desenvolvido por uma equipe multidisciplinar, com os melhores profissionais de São Paulo, contratada pelo Estado, como o que já tinha sido feito para o Conjunto Habitacional da Cecap Zezinho Magalhães Prado (1967), em Guarulhos. Disseram-me que essa decisão, de fazer o projeto com a Hidroservice, era inevitável, afinal vários de seus técnicos tinham sido, por mais de um ano, alocados em tempo integral na "Sorbonne", e Henry Maksoud, o seu dono, tinha sido o maior colaborador financeiro da campanha eleitoral de Montoro.

Convidei, para compor a equipe do projeto, a arquiteta Cristina Toledo Piza,

colega dos tempos de FAU, com quem já havia trabalhado muitas vezes, e o arquiteto Guilherme Paoliello, ex-aluno, grande amigo e frequente colaborador.

Como referência inicial, decidimos, com o Luís Antônio Pompeia, adotar um coeficiente de aproveitamento igual a seis vezes a área bruta do Carandiru. Isso equivale ao índice que prevaleceu em São Paulo até 1972, antes da Lei de Zoneamento, e produziu a volumetria e o espaço urbano do bairro de Higienópolis, por exemplo. Entretanto, havia, no nosso caso, grandes e significativas áreas verdes a preservar: renques de jabuticabeiras centenárias envolvendo as muralhas da penitenciária, belíssimos jardins com alamedas de pau-ferro e, o principal, área remanescente de mata atlântica, com pouco menos de 1 hectare. Isso, somado ao novo sistema viário, tornaria bem maior a densidade efetiva: cerca de oitocentos habitantes por hectare, semelhante a Copacabana, no Rio de Janeiro.

A Cristina pouco antes fizera mestrado em Berkeley. De lá, trouxe uma visão crítica em relação ao urbanismo da Carta de Atenas, com a qual, aqui em São Paulo, sobretudo na FAU USP, já estávamos de acordo havia algum tempo. A partir dessa posição, decidimos, antes de tudo, valorizar o espaço público das ruas, das avenidas e configurá-los com renques de edifícios, organizados em quadras, em torno de pátios elevados, de caráter semipúblico. Cada quadra teria um embasamento que abrigaria no seu perímetro lojas e as garagens no seu

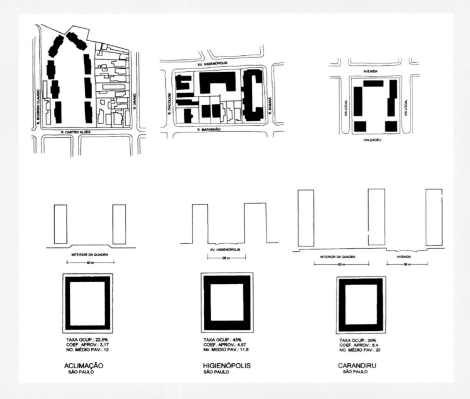

interior [↘]. Procuramos fazer a comparação volumétrica desse modelo com várias áreas urbanas de alta densidade e valor imobiliário elevado, de acordo com dados atualizados, disponíveis na Embraesp [↑]. Nesses exemplos, incluímos um conjunto de edifícios que o Pompeia nos levou para conhecer, construído na Aclimação na década de 1950, cujo coeficiente era também de seis vezes a área do terreno. Com um grande jardim central, muito agradável na proporção, o conjunto foi uma das referências para nosso projeto: tínhamos previsto inicialmente dezesseis andares em média, e nossos pátios teriam, então, quase a mesma proporção.

Como a finalidade primeira do projeto era permitir uma avaliação do valor imobiliário do Carandiru, procuramos compor as massas edificadas a partir de dados de mercado disponíveis na Embraesp. Consideramos o que havia sido produzido em toda a Zona Norte de São Paulo nos sete anos antecedentes. Procuramos reproduzir, no nosso projeto, apartamentos com a mesma variedade tipológica e com os mesmos percentuais quantitativos.

Um grande desenho colorido, mostrando a implantação geral, foi apresentado numa reunião na Embraesp, que contou com a participação do secretário municipal de Planejamento, arquiteto Jorge Wilheim, e do diretor de Planejamento da Emurb, arquiteto Tito Livio Frascino. O Jorge disse que tinha gostado muito, em particular da articulação espacial, com pátios alternados, dos dois lados do calçadão das jabuticabeiras. Sugeriu, então, que cada quadra fosse objeto de um concurso público de arquitetura, para que houvesse diversidade tipológica e enriquecimento do espaço urbano. A unidade seria garantida por um projeto paisagístico geral de toda a área. Depois, cada quadra, com o projeto vencedor do concurso, poderia ser objeto de licitação entre construtoras interessadas. Os colegas da Hidroservice que participavam da reunião logo se manifestaram contra a ideia do concurso, afirmando que demoraria muito, que era inviável etc.

Quando já havia sido feita a primeira avaliação do valor potencial da área do Carandiru e já estávamos finalizando o nosso desenho, veio da Hidroservice a notícia de que, para fechar a operação, ou seja, atingir o custo estimado dos novos presídios e chegar à receita necessária, teríamos de aumentar a área total construída em 25 porcento, ou seja, elevar a altura média dos edifícios de dezesseis para vinte andares.

Foi um sufoco, pois já tínhamos implantado, com dificuldade, todos os edifícios, compondo as quadras de acordo com critérios corretos de insolação e de proporção para os espaços abertos. Num certo dia, na Embraesp, já tarde da noite, eu estava na prancheta à procura de soluções para atender ao volume de construção solicitado, sem a perda da qualidade ambiental que havíamos planejado, quando um dos arquitetos da Hidroservice me disse: "Você não devia estar se esforçando tanto". E me segredou: "Os números do estudo de viabilidade fecharam, com a receita do seu projeto inicial. Mas como acham que a Secretaria de Planejamento vai questionar os índices, a área total construída, decidiram então encaminhar um projeto mais denso, para depois poder negociar e, então, chegar ao pretendido, ao projeto inicial...".

Estivemos depois na Secretaria de Planejamento para discutir o projeto com o Jorge Wilheim e com a arquiteta paisagista Rosa Kliass. Eles já tinham feito uma avaliação crítica do nosso projeto (vi desenhos conferindo a projeção das sombras dos edifícios), e o Jorge nos falou que para eles estava tudo bem, "mas teria dificuldade, na Câmara". Argumentei a favor de sua aprovação comparando o nosso modelo com os exemplos de alta densidade que tínhamos incluído no memorial descritivo. Mostrei, então, os desenhos que acompanham este texto. O Jorge gostou do que viu e disse: "Puxa, como vocês trabalharam a sério nesse projeto!".

No dia da apresentação oficial do projeto, na Secretaria de Estado da Justiça, após uma introdução sobre a operação pretendida, feita pelo secretário da Justiça José Carlos Dias, começou uma projeção de slides, preparada pela Hidroservice, mostrando os projetos dos novos presídios e, a seguir, expuseram o nosso plano. Os desenhos tinham sido reformatados. Nossa autoria omitida. As plantas tinham sido alteradas. Acrescentaram cores, um pouco esquisitas, talvez para facilitar a exposição. Entretanto, quando a apresentação chegou às perspectivas feitas pelo Vallandro Keating, vi que elas também tinham sido alteradas e que estavam muito estranhas. Não resisti e me levantei para ver melhor, mais de perto. Os edifícios tinham sido cortados na altura, em cerca de quatro andares. No vegetal do Vallandro, a parte superior de todos os edifícios fora grosseiramente raspada com gilete. Para disfarçar as rasuras ainda visíveis, aplicaram várias texturas, películas plásticas Letratone, muito usadas naquela época. O resultado era um céu com faixas sinuosas de vários tons. Um céu com estilo psicodélico, de extremo mau gosto. Indignado, perguntei, em voz baixa, ao colega que fazia a apresentação, por que tinham feito aquilo com os desenhos. "É só para não impressionar os leigos com a altura dos prédios", respondeu.

Assim mesmo, com todo esse mascaramento, na discussão que se seguiu, o projeto foi contestado com veemência pelos moradores de Santana, então presentes. Reconheciam que era necessária a remoção do complexo prisional, mas reivindicavam para aquela área um parque, questionando: "Por que a Zona Norte não pode ter seu Parque do Ibirapuera?". E se o Estado não tinha recursos para a construção dos novos presídios, que os procurasse em qualquer outro lugar. Mas não comprometesse para sempre a região. Seria inevitável o congestionamento do sistema viário da área, das pontes sobre o Rio Tietê. Até mesmo o metrô acabaria congestionado. O líder das associações de moradores da Zona Norte, um senhor elegante, corretor de imóveis, aparentando muita experiência (certamente percebeu o mascaramento das perspectivas), questionou os números, o volume total a ser construído. Perguntou, então, se os técnicos presentes, os responsáveis pelo projeto, consideravam correta a densidade que tinha sido proposta. Depois de um dos colegas da Hidroservice tentar responder, pedi a palavra e esclareci que se, por um lado, nosso projeto incluía um considerável parque público, por outro, de fato, a densidade final era muito alta. Nossa proposta original previa uma massa construída 25 porcento menor e uma altura média de dezesseis andares. Mas, como o estudo de viabilidade feito pela Hidroservice não fechou...

Então, mesmo com o apoio da prefeitura, por meio da Emurb e da Secretaria de Planejamento, o projeto, desnecessariamente mantido com a altura média de vinte andares, não foi aprovado na Câmara. Vereadores ligados a Santana o bloquearam, repetidas vezes, com os mesmos argumentos das associações de moradores. Essa atitude permitiu que, depois de vinte anos, Santana ganhasse o seu parque, mas também impediu que se antecipasse a modernização do sistema penitenciário, o que poderia ter evitado, entre tantas outras coisas, o massacre que ocorreu em 1992, na casa de detenção do Carandiru.

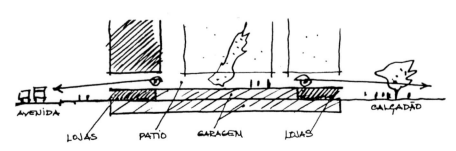

implantação

A. Parque Central (bosque, anfiteatro, capela); B. jardim público (existente); C. Calçadão das Jabuticabeiras; D. Calçadão das Laranjeiras; E. equipamentos sociais (creche, pré-escola etc.); F. centro cultural local (edificação existente); G. escola de 1º grau (edificação existente); H. escola de 2º grau, posto de saúde, pronto-socorro; I. área de comércio e serviços (junto ao metrô); J. metrô Carandiru; K. metrô Santana.

1. Rótula; 2. Avenida Norte; 3. Avenida Sul; 4. Avenida Oeste.

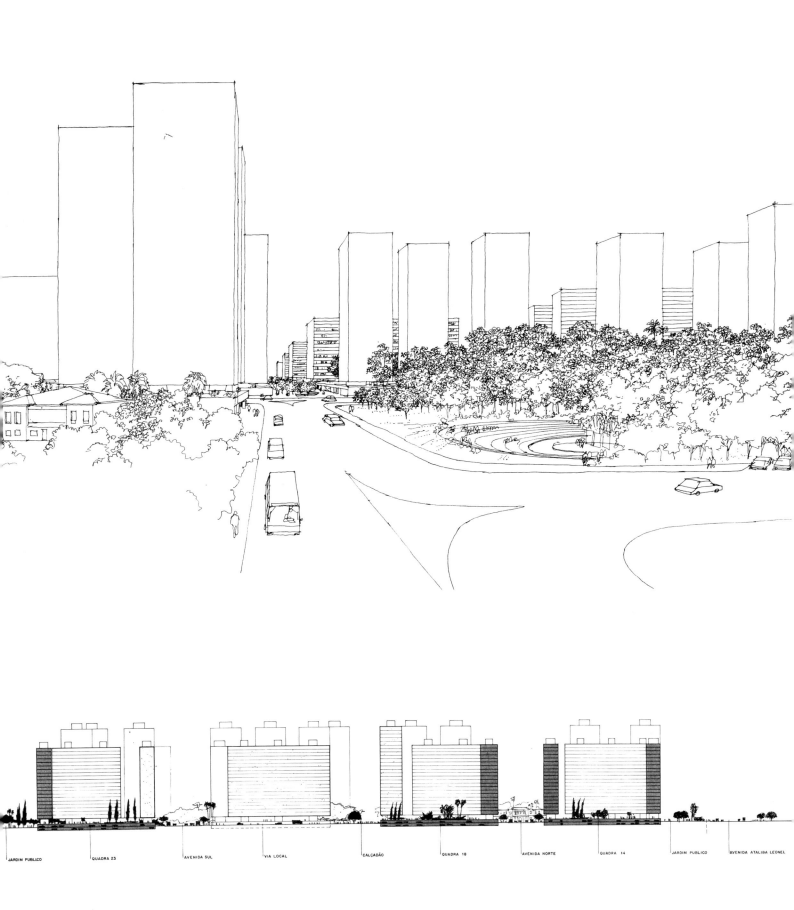

AGÊNCIA BANESPA SANTO AMARO

Local Santo Amaro, São Paulo, SP
Ano do projeto 1984
Ano da construção 1984
Arquiteto Marcos Acayaba
Projetista Domingos Pascale
Projeto estrutural Módulo S.A., Antônio J. Martins e Aiello G. A. Neto
Projeto de instalações Consecta
Construção Construal Engenharia S.A.
Área do terreno 911m²
Área construída 486m²

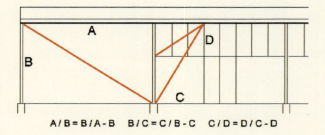

A/B=B/A-B   B/C=C/B-C   C/D=D/C-D

Luís Álvaro Oliveira Ribeiro tinha acabado de deixar de ser sócio de Luís Antonio Pompeia, na Embraesp, para assumir a diretoria de patrimônio do Banespa, convidado pelo seu primo Luís Carlos Bresser Pereira. Foi na própria Embraesp — aonde eu ia quase diariamente, por conta do Plano Urbanístico para a Área do Carandiru (1983) — que um dia soube pelo Luís Álvaro que pretendiam implantar uma nova filosofia para os projetos das agências Banespa. O Bresser, que fizera carreira como diretor do Grupo Pão de Açúcar, queria, como presidente do banco, fazer valer sua experiência com o comércio. Achava, por exemplo, que as agências que o banco vinha construindo eram monumentos arquitetônicos, em geral com recuos excessivos, rampas ou escadarias na entrada que dificultavam o acesso dos clientes. No comércio, todos concordam que a melhor loja é aquela que fica junto à calçada, no mesmo nível, sem soleira de preferência. Pretendiam, portanto, contratar projetos arquitetônicos para uma série de novas agências com novos conceitos, mais simples, mais baratas e, comercialmente, mais eficientes.

Entretanto, foi para atender a uma situação de emergência que o Luís Álvaro me chamou logo em seguida. Em Santo Amaro, a agência existente estava totalmente congestionada pelo grande número de servidores públicos do bairro. O banco tinha um pequeno lote de esquina, próximo à praça central do bairro. Como o projeto que já tinha sido feito para esse terreno não tinha convencido a nova diretoria quanto à sua relação custo-benefício, decidiu-se usá-lo para a construção de uma chamada Agência Banespa "Serve-Serve", exclusiva para servidores públicos. Esta deveria ser construída rapidamente, com um custo muito reduzido para atender à situação emergencial daquele momento, mas sem comprometer o uso do terreno definitivamente, podendo, no futuro, ser demolida ou desmontada, para dar lugar a outra agência, convencional. Essas foram as condicionantes para o projeto desse edifício que, com pequenas alterações, continua lá até hoje!

Decidi fazer inicialmente uma pesquisa sobre construções com estruturas e coberturas metálicas industrializadas. Comecei por ligar para o escritório Maitrejean & Sallouti. Eles vinham fazendo muitos projetos de supermercados e de shopping centers, usando o que havia de mais novo nesse tipo de estrutura. O Georges Salloutti, que, por muito tempo, tinha sido arquiteto do Pão de Açúcar, me atendeu, e diante do que contei sobre o projeto, me respondeu com sua objetividade e simplicidade: "Parece que a solução para o seu caso está aqui na minha frente, estou vendo da janela do escritório. No estacionamento Unipark do outro lado da rua estão montando uma cobertura metálica para os carros, muito interessante, muito leve. Por que você não vem dar uma olhada? O dono da Unipark não é primo da Marlene? Por que você não liga para ele e vê quem está fazendo?".

Quem estava fazendo era a Módulo, montadora de estruturas metálicas de Contagem MG, que trabalhava com chapas de aço da Usiminas. Seu dono, o engenheiro Éber, tinha estudado nos Estados Unidos. De lá, acabara de trazer um novo método de cálculo, por computador, para vigas-caixão de chapas finas dobradas, que permitia que as mesmas, com dimensões

adequadas, vencessem grandes vãos ou suportassem grandes balanços, como os do estacionamento da Unipark, sempre com peso relativo reduzidíssimo.

Numa primeira conversa por telefone com o engenheiro Éber, discutimos critérios para o projeto e predimensionamos a estrutura para os vãos, com as respectivas áreas de influência. Então, como de costume, equacionei o programa pelo desenho da estrutura, composta por pórticos com 13 metros de vão livre — pilares e vigas-caixão de chapas dobradas com 3 milímetros de espessura — espaçados de 7,5 metros. Pude, então, verificar que, com o pé-direito necessário de 4 metros, mais 0,5 metros para estrutura e telhado, a altura do edifício e a largura entre os pórticos estavam numa proporção muito próxima à seção áurea. Como Le Corbusier nos seus traçados reguladores, adotei uma atitude clássica na composição de fachadas, procurando ajustar definitivamente os panos entre os pórticos e a fenestração na proporção áurea [↖]. As alvenarias e as aberturas foram compostas numa sucessão de retângulos áureos e quadrados. As alvenarias foram feitas com blocos de concreto e revestidas, e os caixilhos basculantes em perfis "L" e "T" de ferro, com vidros comuns de 4 milímetros.

Apenas telas repuxadas como veneziana foram superpostas externamente aos caixilhos para filtrar a luz direta do sol.

Reconheço que a atitude compositiva que descrevi, a simetria das fachadas e certos detalhes têm alguma influência do pós-moderno, que partiu de uma atitude crítica em relação à arquitetura moderna e seus cânones. Por exemplo, não teria antes me permitido fazer molduras de argamassa nas alvenarias. Nas construções antigas, elas tinham a função de conduzir a água e proteger os caixilhos. Nesse edifício, sua função é a de evitar que, numa chuva de vento diagonal em relação ao plano da fachada, a água se acumule nas juntas alvenaria-estrutura, necessariamente articuladas e, portanto, permeáveis.

A composição definida pela estrutura, pelos vedos e pelas aberturas, teve também influência do Illinois Institute of Technology (1940-1957) [↓], em Chicago, de Mies van der Rohe, mais especificamente o edifício para biblioteca e administração. A simplicidade da caixilharia equivale à do edifício das químicas do IIT [↖]. Já as aberturas em "T", desenhadas para garantir boa distribuição da luz e alguma vista para fora, na justa medida, eu já as tinha visto em obras de Louis Kahn, como a Casa Esherick (1961) [→].

O projeto básico foi feito com as dimensões da estrutura metálica calculada pelo engenheiro Éber. Quando da concorrência para a definição do fornecedor da estrutura, todas as montadoras, salvo a Módulo, especificaram, para os pórticos, peças "I" de alma-cheia. A estrutura acabou sendo executada pela Módulo, é claro. Ela previa um custo equivalente a um terço do das concorrentes (no custo de estruturas metálicas o peso é fundamental). A obra inteira foi executada em três meses com um custo total equivalente a um terço do custo das construções usuais do banco.

A Módulo forneceu também as telhas de chapas trapezoidais de aço galvanizadas para a cobertura. Para maior economia e rapidez de execução, decidi usar as próprias telhas como forro, formando um colchão de ar para isolamento termoacústico. A aparência despojada do espaço interno, com o teto inclinado, vincado e galvanizado, fez com que essa agência fosse chamada, pelos funcionários e clientes, de barracão de zinco.

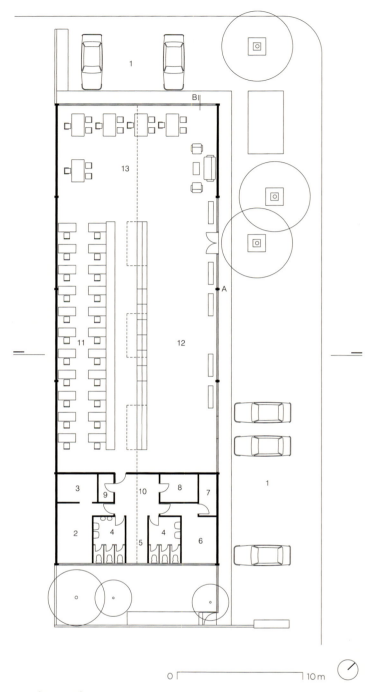

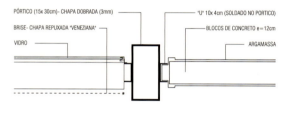

detalhe A

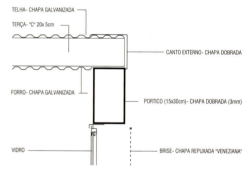

detalhe B

pavimento térreo

1. estacionamento 2. tesouraria 3. caixa-forte 4. sanitários 5. copa 6. C.P.U. 7. baterias 8. almoxarifado. 9. depósito 10. caixa-forte 11. expediente 12. público 13. gerência

corte transversal

PAVILHÃO PINDORAMA

Local Bairro do Jacaré, Cabreúva, SP
Ano do projeto 1984
Ano da construção 1984-1985
Arquiteto Marcos Acayaba
Projeto estrutural Aiello G. A. Neto e Antônio J. Martins
Projeto de instalações Consecta
Construção Construtora Nelson Vittorino
Área construída 155m²

Em 1984, dez anos depois da construção da Sede da Fazenda Pindorama, meus clientes me procuraram para que projetasse uma reforma com aumento de área. Queriam acrescentar à casa uma sala de carteado, uma sala de snooker, uma sala de vídeo e som, saunas seca e úmida. Achavam que esse programa complementar poderia ser resolvido com acréscimos, puxados, prolongamentos da casa existente. Disse a eles que a geometria da planta da casa não facilitava esse tipo de alteração. Por outro lado, o que não faltava era espaço para uma nova construção, que poderia, com autonomia, atender às novas solicitações. Foi assim que decidimos construir um pavilhão, a meio caminho entre a casa e o campo de futebol.

De início, por desenhar um pavilhão, solto num extenso gramado praticamente horizontal, procurei resolver o programa com uma planta circular, um volume com caráter escultórico na paisagem. Entretanto, essa planta impunha sacrifícios funcionais aos espaços internos, sempre setores de círculo, inadequados às funções requeridas. Finalmente, adotei uma atitude para mim inteiramente nova como forma de projetar: desenhar isoladamente volumes variados, com geometria própria, consequência dos espaços internos necessários a cada função, tanto na planta como na altura.

Enquanto desenhava criteriosamente cada um dos volumes necessários, fazia também seus modelos em papelão, na escala 1:100. Em seguida, pintei-os com guache, nas cores primárias [↖].

A sala de snooker foi resolvida com uma planta em superelipse de retângulo, como consequência da própria mesa, e o espaço circundante necessário à movimentação dos jogadores empunhando os tacos. Adotei um pé-direito alto, 4 metros, o que permitia a eventual elevação do taco, exclamação de entusiasmo ou raiva, após uma jogada qualquer. Para fazer contraste com o pano verde da mesa, decidi pintar esse volume com amarelo puro.

A sala de vídeo e som, home theater, tinha uma configuração adequada à reunião de muitas pessoas com atenção concentrada num único ponto, como em um anfiteatro. A forma adotada: uma elipse. Nela, o pé-direito era baixo, 2,4 metros, confortável para quem estivesse sentado. Para reforçar a sensação de aconchego, quase uterino, decidi pintar tudo de vermelho, já no modelo.

As saunas foram resolvidas nas duas extremidades de uma planta retangular com a sala de repouso e vestiário na área central. O prisma resultante foi pintado de azul, por analogia à água concentrada nesse setor.

Para a sala de carteado, com luz natural e alguma vista, decidi fazer uma parede envoltória de elementos vazados, acompanhando a mesa circular. Seu desenho final na planta, semelhante a uma parábola, só apareceu pouco antes do arranjo final de todos os volumes, como elemento de ligação.

Prontos os pequenos modelos coloridos, passei a procurar livremente a melhor articulação entre eles. O arranjo final encontrado acabou por configurar um pátio central, protegido do vento Sul pelo volume das saunas. Para a melhor vista, ao Norte, ficou a área mais transparente, a sala de carteado. Decidi, então, cobrir o pátio central, para maior conforto e para abrigar atividades que não tinham sido previstas: ping-pong, basquete etc. O retângulo da laje de cobertura e o corte transversal do espaço do pátio foram feitos na proporção áurea.

Tanto os volumes com desenho variado como a decisão adotada na construção dos pequenos modelos e na pintura com cores primárias me remeteram ao Convento de La Tourette (1957-1960) [↖], de Le Corbusier, especificamente à capela. Quando percebi a referência, decidi por uma construção que a enfatizasse, adotando paredes de concreto à vista, pintadas nas cores primárias. Os *cannons de lumière* para a iluminação dos espaços fechados e as *chaise-longues* da sala de repouso são citações de Le Corbusier.

Até escrever o parágrafo anterior e procurar a foto ao lado para conferir sua data, quando apresentava o Pavilhão Pindorama em palestras, contava que o projetara pouco depois de ir a La Tourette, que estava com La Tourette na cabeça etc. O que não deixa de ser verdade, apesar de a visita, de fato, só ter acontecido em outubro de 1985 [←], quando a obra já tinha sido executada e até publicada.

Para minha surpresa, no dia em que apresentei os desenhos e o modelo com os volumes coloridos, a família, especialmente as crianças, apoiou com entusiasmo a proposta de um pavilhão com aquele caráter, lúdico e, ao mesmo tempo, escultórico.

Essa obra me permitiu duas experiências interessantes. Para minimizar o volume de concreto e para conseguir o isolamento térmico necessário, decidi fazer as paredes com enchimento de tijolos cerâmicos de 10 centímetros, com 5 centímetros de concreto tanto na face interna como na face externa, com espessura total de 20 centímetros. A cada metro, um pilarete de 20cm x 20cm, e a cada 1,5 metros de altura, uma cinta de amarração. Uma espécie de nervurada de caixão perdido na vertical. Para as cascas de concreto com a pequena espessura de 5 centímetros nas duas faces das paredes, foram necessárias várias concretagens, com altura máxima de 1,5 metro. As fôrmas foram reaproveitadas sucessivamente, e, para evitar que o concreto escorresse sobre as faixas já prontas, foram arrematadas com sarrafos trapezoidais, formando vincos horizontais que revelam as etapas de concretagem e mostram melhor as superfícies curvas.

Outra experiência foi feita com a parede de fechamento da sala de carteado, construída com elementos vazados, industrializados da Neo-Rex, daqueles que têm rebaixos para colocação de vidro, com massa de vidraceiro. A cada duas fiadas de elementos vazados, seja na vertical seja na horizontal, foram colocados dois ferros de 3/16". Apesar de esbelta, 10 centímetros de espessura, a alvenaria armada é capaz de sustentar a laje de cobertura, pois sua superfície curva resolve o problema de flambagem. É uma parede estrutural e luminosa, como nas Usonian Automatic [↓], de Frank Lloyd Wright, uma série de casas dos anos 1950 feitas no sistema construtivo dos *textile blocks*, que ele tinha começado a experimentar na década de 1920, precursor dos blocos de concreto e da alvenaria armada. Ficou o desejo de, um dia, poder aproveitar essa experiência, de forma mais ampla: uma edificação qualquer com formas livres, fachadas sinuosas, estruturais e luminosas.

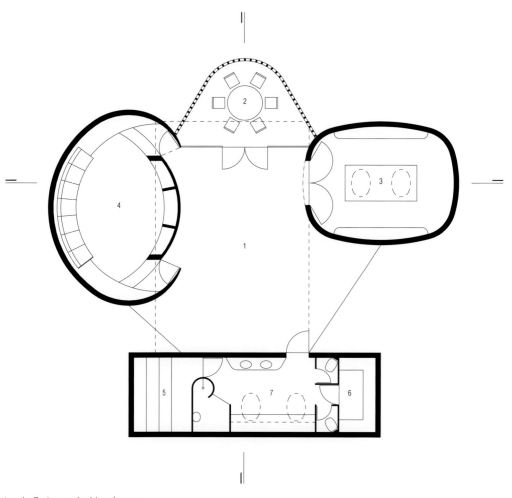

planta
1. pátio coberto 2. carteado 3. sinuca 4. vídeo/som
5. sauna seca 6. sauna úmida 7. sala de repouso/vestiário

0 ⸺ 5m

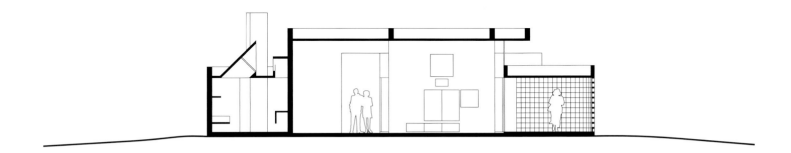

corte longitudinal

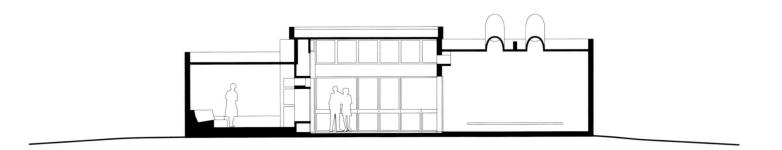

corte transversal

137

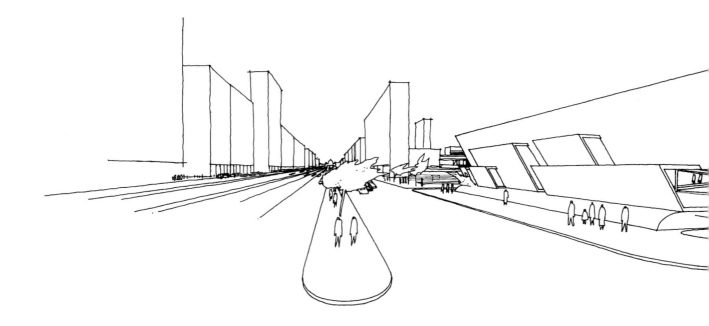

BIBLIOTECA PÚBLICA DO ESTADO DO RIO DE JANEIRO

Local Centro, Rio de Janeiro, RJ
Ano do concurso 1985
Arquitetos Marcos Acayaba e Marlene Milan Acayaba
Área construída 14.110m²

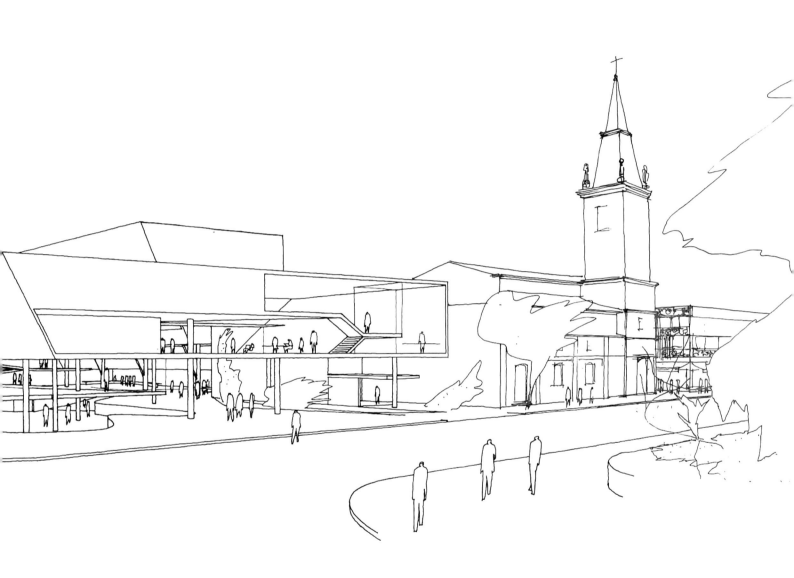

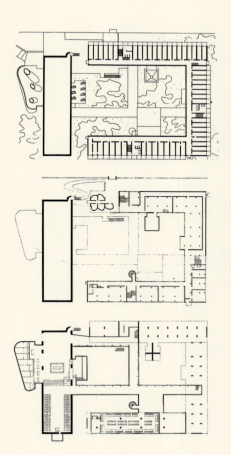

O concurso nacional de anteprojetos para a Biblioteca Pública do Estado do Rio de Janeiro me permitiu elaborar um projeto que, ainda hoje, acho muito interessante. Trata-se da inserção de um edifício com um programa complexo num contexto urbano consolidado e de valor histórico, junto à praça da República, antigo Campo de Santana, e à rua da Alfândega, no centro do Rio de Janeiro.

O programa foi organizado por meio de diversos volumes, adequados às suas funções. Decidi ajustar a altura da grande massa horizontal da construção com o casario da rua da Alfândega e com a criação de duas praças internas, resguardadas do ambiente agressivo da avenida Presidente Vargas. O projeto se caracteriza pela articulação entre esses volumes, especialmente entre o grande volume horizontal, com as áreas de uso público, e o volume vertical, que contém as funções, implantado no centro da quadra. Esses volumes foram articulados por rampas de meio nível e dutos com esteiras rolantes para livros. A referência urbanística, neste caso, foi novamente o Convento de La Tourette [←], de Le Corbusier. Quando era aluno da FAU, ouvi do professor José Cláudio Gomes que "La Tourette teria sido o primeiro projeto do urbanismo espacial", corrente que propôs, a partir do fim dos anos 1950 e durante os 1960, a superação da setorização das funções urbanas, propostas na Carta de Atenas, pela superposição e coexistência espacial das mesmas, com a consequente recuperação da complexidade enriquecedora da vida urbana.

Como em La Tourette, a minha biblioteca caracteriza-se por um conjunto complexo de edificações diversificadas, articuladas por elementos de circulação, com seus significados evidenciados no discurso arquitetônico. Quer dizer, funções articuladas e superpostas, traduzidas em tipologias variadas, recriando um espaço urbano complexo. Seriam muito ricos os espaços franqueados, permanentemente, ao uso público. Percursos alternativos à avenida Presidente Vargas ou à rua da Alfândega, com situações urbanas típicas, como a esquina com o café, junto a um largo, com um palco, à guisa de coreto. Por aí é que se daria a entrada para a biblioteca.

No desenho dos volumes voltados para a avenida Presidente Vargas, com planos inclinados para, ao mesmo tempo, dar entrada à luz indireta e cortar o ruído dos veículos que passam, reconheço como referência o projeto do Museu de Arte Contemporânea da Universidade de São Paulo — MAC USP (1975) [↓], de Paulo Mendes da Rocha.

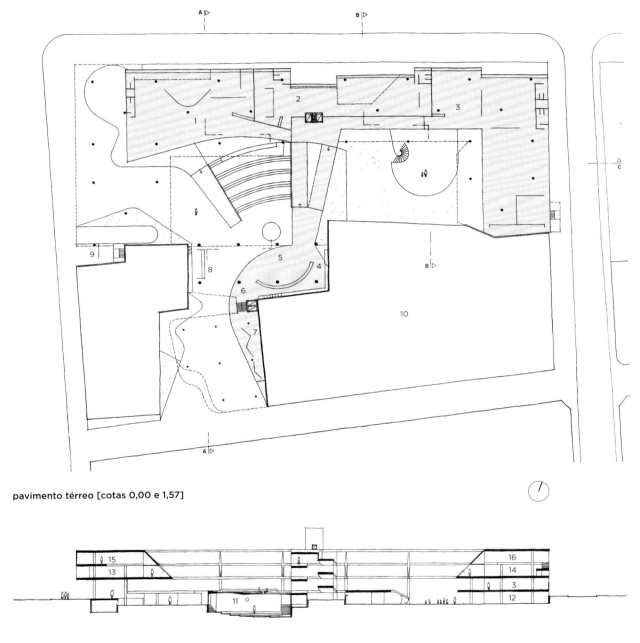

pavimento térreo [cotas 0,00 e 1,57]

corte C

1. seção Rio de Janeiro 2. seção de referência 3. seção de periódicos 4. catálogo geral 5. hall 6. informações 7. vitrine externa
8. café 9. acesso garagem 10. massa edificada existente 11. auditório 12. biblioteca Braile 13. seção de Ciências Humanas
14. seção de Ciências e Tecnologia 15. seção de Língua e Literatura 16. seção de Arte

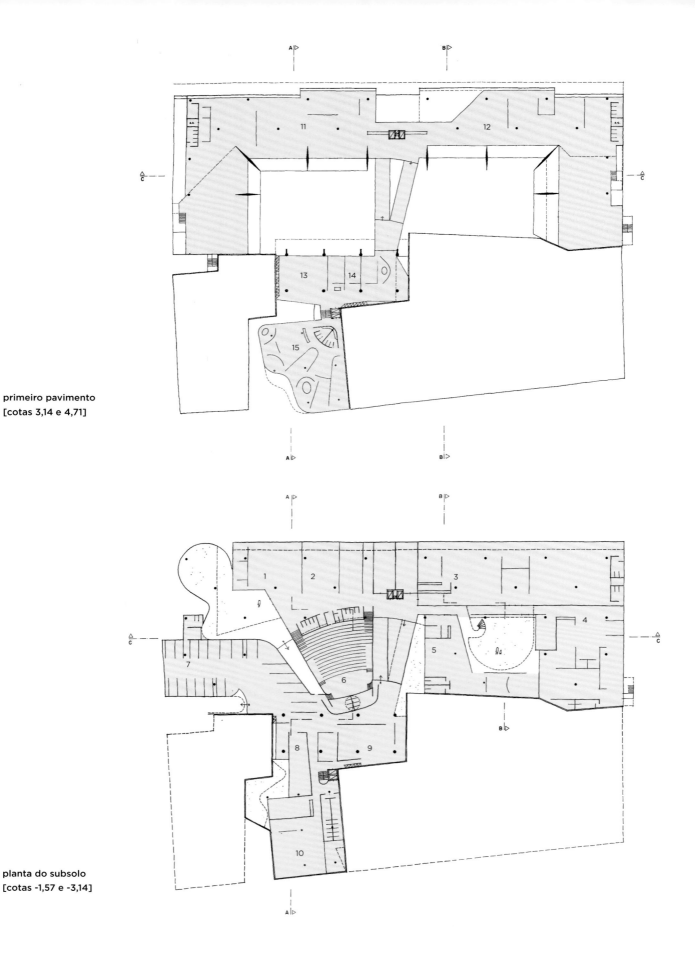

primeiro pavimento
[cotas 3,14 e 4,71]

planta do subsolo
[cotas -1,57 e -3,14]

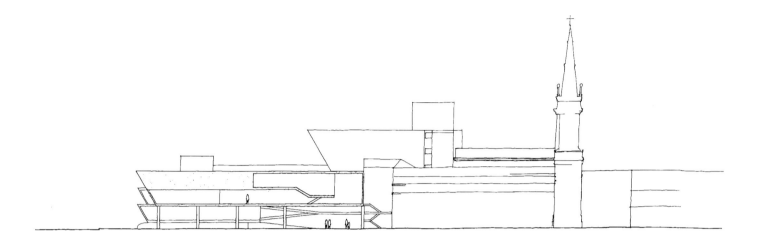

elevação oeste

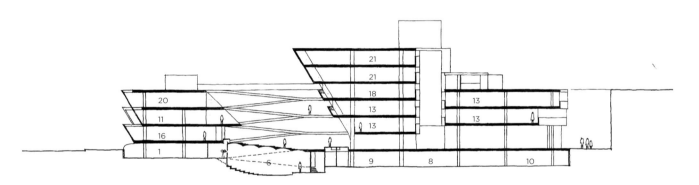

corte A

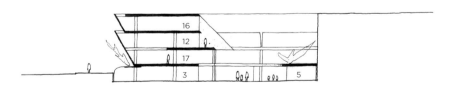

corte B

1. leitura livre 2. múltiplos fins 3. biblioteca de estudantes 4. biblioteca Braile 5. biblioteca infantil 6. auditório 7. estacionamento 8. ar-condicionado 9. oficina 10. depósito de coleções rotativas 11. seção de Ciências Humanas 12. seção de Ciências e Tecnologia 13. seção de aquisição 14. diretoria 15. administração 16. seção Rio de Janeiro 17. seção de referência 18. seção de Arte 19. seção de Língua e Literatura 20. depósito e estanteria

AGÊNCIA BANESPA CAPIVARI

Local Capivari, SP
Ano do projeto 1986
Ano da construção 1986
Arquiteto Marcos Acayaba
Projetistas Charles Pereira Marques e Domingos Pascale
Projeto de fundações Aiello G. A. Netto e Antônio J. Martins
Projeto estrutural Aiello G. A. Neto e Antônio J. Martins
Projeto de instalações Etip
Construção Construtora Barrichello
Área do terreno 1.035m²
Área construída 653m²

Em 1986, a diretoria de patrimônio do Banespa contratou cerca de trinta projetos para novas agências. No começo da sessão de entrega das pastas com os levantamentos aos arquitetos contratados, Luís Álvaro de Oliveira Ribeiro discorreu sobre a nova filosofia do banco para as suas agências. Depois, quando recebi minha pasta, tive uma ótima surpresa. A agência que me coube projetar foi a de Capivari, cidade natal do pai da Marlene, Rachid Milan, que infelizmente não cheguei a conhecer. Quando mostrei a pasta para Marlene, ela exclamou: "Foi meu pai que mandou este projeto!".

No início, para a Agência de Capivari, adotei a mesma atitude daquela de Santo Amaro. Fiz um projeto para ser construído muito rapidamente e com baixo custo, com estrutura metálica, como de um posto de gasolina. Cheguei a apresentar o projeto para a diretoria. Houve opiniões divergentes sobre ele. Prevaleceu a que entendia que, pela localização do terreno, na praça central da cidade, deveria ser construída uma agência com um caráter de edifício público, definitivo. Na verdade, a Marlene já tinha manifestado seu desagrado com o primeiro projeto. O lugar onde passou grande parte de sua infância, a sua praça, merecia coisa melhor, mais nobre. E, para terminar, na esquina oposta, na diagonal da praça central, eu tinha uma importante referência: uma agência bancária do Banco Itaú (1955) [↑], projeto de Rino Levi, o edifício mais bonito da cidade. Solução primorosa para uma esquina.

Tudo isso me levou a pensar, que, além de abrigar as funções propostas pelo banco, a construção deveria assumir claramente o caráter de edifício público, marcante na paisagem urbana. Sua localização e seu porte deveriam permitir pensar em outros usos, no futuro, como uma biblioteca, um espaço para exposições, ou até mesmo um auditório. No projeto definitivo, procurei estabelecer a continuidade entre a praça da igreja matriz e a praça central da cidade e a visualização das mesmas para quem está dentro do edifício. Procurei também, pela geometria da planta, estabelecer uma rotação na esquina, como no projeto do Rino Levi. O chanfro do lote na esquina foi acentuado, e a planta transformou-se praticamente em um quarto de octógono. As fachadas se caracterizam por conjuntos de grandes brises: paredes a 45°, de alvenaria armada e lajes de concreto. Mais uma vez, Le Corbusier é minha referência: mais especificamente, o Carpenter Center (1961-1964) [←], em Cambridge, MA.

A partir da feliz experiêcia do Pavilhão Pindorama, propus inicialmente os brises pintados com as cores primárias [↓], o que não foi aceito. O Luís Álvaro depois me contou: "Sua proposta cromática foi vetada pela diretoria do departamento de pessoal, integrada por membros da liderança do Sindicato dos Bancários, da Central Única dos Trabalhadores — CUT do Partido dos Trabalhadores — PT e, acredite se quiser, vetaram o vermelho, especificamente". Acabei adotando tons de verde, um descanso para os olhos. A Marlene me contou que o verde era a cor preferida pelo pai, médico. Com ele, aprendeu que o verde auxilia na cura. Por isso, era sempre usado em hospitais.

A obra foi muito bem executada pela Construtora Barrichello. Nas reuniões de fiscalização, sempre procurei levar a Marlene comigo. Visitávamos a sua avó, que veio a falecer quando a obra já estava praticamente concluída. Depois da missa de sétimo dia, ao sair da igreja matriz, Marlene, neta de imigrantes libaneses, disse: "Toda a minha família veio a conhecer e admirar este edifício público, que, de alguma forma, torna permanente nossa passagem por esta pequena cidade do interior". Pouco tempo depois, fomos à inauguração, que aconteceu com grande pompa, reunindo toda a cidade, inclusive com a presença do então ministro do Trabalho Almir Pazzianoto, filho ilustre de Capivari.

mezanino
1. arquivo 2. almoxarifado 3. caixa-forte 4. sanitários 5. copa 6. tesouraria 7. C.P.U.

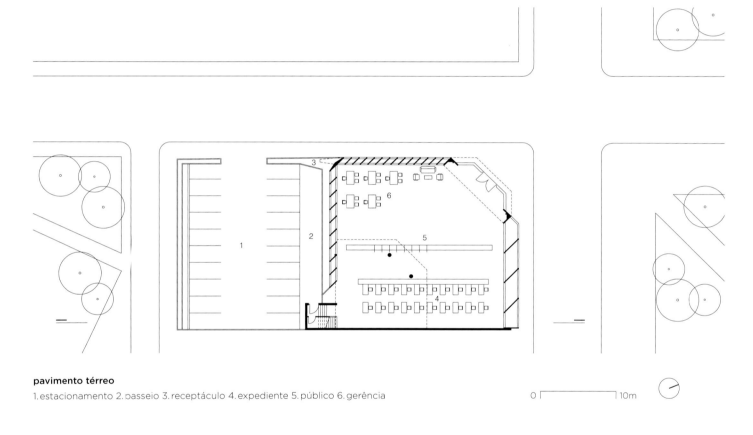

pavimento térreo
1. estacionamento 2. passeio 3. receptáculo 4. expediente 5. público 6. gerência

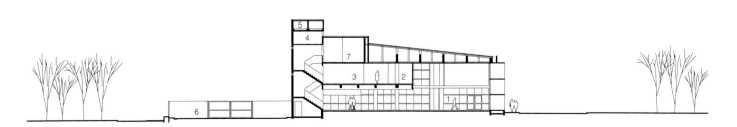

corte
1. salão 2. arquivo 3. copa 4. barrilete 5. caixa-d'água 6. estacionamento 7. serviços

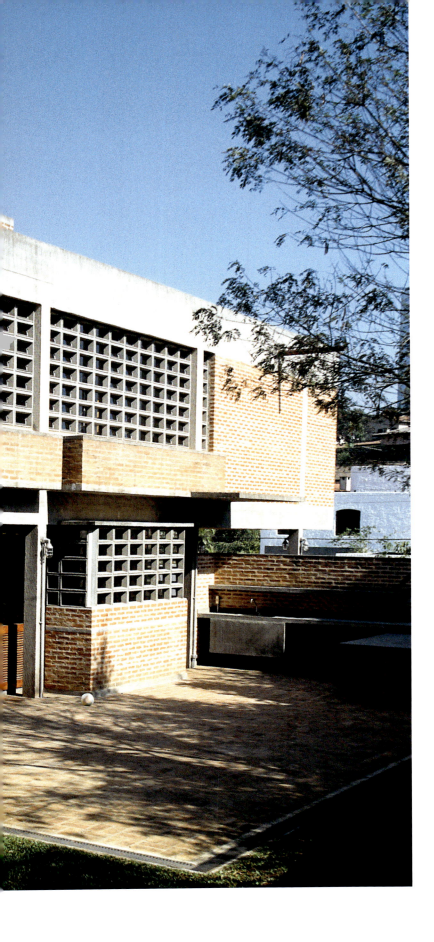

RESIDÊNCIA HUGO KOVADLOFF

Local Morumbi, São Paulo, SP
Ano do projeto 1985
Ano da construção 1986-1987
Arquitetos Marcos Acayaba, Suely Mizobe e Anselmo Turazzi
Projetista Yoshinori Tagushi
Projeto estrutural Aiello G. A. Neto e Antônio J. Martins
Projeto de instalações Etip
Construção Cenpla
Área do terreno 526m²
Área construída 207m²

Em 1985, um ex-colega do Colégio Dante Alighieri, que se tornou designer gráfico, me procurou para fazer a sua casa no bairro do Morumbi. Como em alguns outros projetos, foi necessária a elaboração de um primeiro estudo, apresentado aos clientes, para que pudesse descobrir o projeto correto. Inicialmente, propus uma casa muito simples, com alvenaria de tijolos e telhado de uma água, que parecia uma casa dos anos 1950. No entanto, logo percebi, na expressão um pouco decepcionada do Hugo, que eu deveria de ser mais radical no projeto de sua casa.

No novo projeto, procurei retomar os princípios racionalistas e o desenho conciso das casas de Le Corbusier nos anos 1920. O espaço central, com o pé-direito duplo e a passarela ao longo do pano de vidro, lembra o da Maison La Roche (1923) [↖]. Mas a construção rigorosa, com todos os materiais expostos, lembra o Le Corbusier dos anos 1950, do período brutalista, como nas Maisons Jaoul [↘].

Para acompanhar os desenhos do projeto, resolvi fazer uma carta/memorial descritivo, a exemplo da escrita por Le Corbusier para madame Meyer (1925) [←]. Os croquis explicativos são como os do pequeno e maravilhoso livro *Une petite maison*, onde Corbusier conta toda a história da casa que fez para a sua mãe, à beira do Lac Léman, em 1925.

A Residência Hugo Kovadloff foi a oportunidade que tive de fazer meu projeto mais paulista, dentro dos princípios da escola paulista: uma estrutura e uma construção rigorosas, a verdade construtiva como preocupação.

O arquiteto italiano Francesco Santoro, na publicação dessa casa na revista *L'Architettura* afirma que "A aproximação simples e direta para a organização racional dos vários aspectos da projetação, da escolha de materiais apropriados, à organização dos espaços internos, recorda a experiência fecunda das Casas Usonianas de Wright, na sua simplicidade construtiva e sinceridade estrutural". Relendo agora esse texto, lembro-me de que, pouco antes de projetar essa casa, comprei o primeiro da série de livros com obras de Wright que tenho hoje: *Frank Lloyd Wright's Usonian Houses: the Case for Organic Architecture*, de John Sergeant. Reconheço a referência mencionada na solução compacta da cozinha e sua articulação tanto com a sala como com o pátio. Também os elementos vazados de concreto usados na fachada Nordeste da casa e, principalmente, o volume que dela sobressai remetem às Usonian Automatic [↑], de Wright.

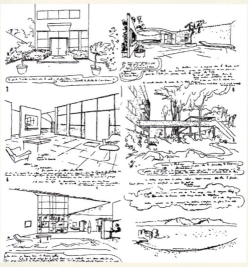

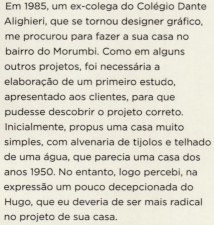

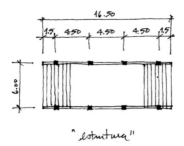

Carta de apresentação do projeto aos clientes

Meu caro Hugo,
fruto do nosso último encontro, das observações da Beth e suas sobre o primeiro estudo, das minhas intenções e propostas para a casa e das condições geográficas (topografia, orientação, paisagem e subsolo) do terreno, aqui vai o segundo estudo:

1. Uma estrutura econômica — o subsolo de fundo de vale, com lençol d'água pouco profundo, como vocês já sabem, vai obrigar o uso de estacas de 10 metros de comprimento. As mais econômicas são as pré-moldadas de concreto. Seu transporte e as manobras necessárias para colocá-las em pé e cravá-las fazem com que, com este comprimento, tenham uma seção de 20cm x 20cm. Esta corresponde a uma resistência para vinte toneladas. Por outro lado, a área prevista no programa de vocês obriga que tenhamos ao menos oito estacas destas para suportar a sua carga. Assim, procurei equacionar esse dado com a vontade de resolver a obra com vãos sensatos (6 metros no máximo) e elegi o seguinte esquema estrutural:

Serão oito pilares de concreto de 20cm x 20cm, que correspondem às oito estacas necessárias e sustentam duas vigas longitudinais com 4,5 metros de vão e 1,5 metros de balanço [↑]. Sobre estas se apoiam lajes nervuradas com 6 metros de vão fundidas sobre tijolos cerâmicos (caixões perdidos). Tudo parece bem razoável e econômico.

2. Uma implantação adequada no terreno — o retângulo resultante da estrutura (16,5m x 6m), se implantado no lado Sul do terreno (respeitado o recuo lateral obrigatório de 2 metros), deixa para o Norte espaço mais que suficiente para a insolação e conveniente para a vida ao ar livre em extensão da casa, bem como para Leste uma área para um generoso jardim arborizado. Para Oeste, o lado da rua, dá a distância necessária para a rampa que vai levar os carros junto à cota do piso térreo, elevado 2 metros acima da calçada (providência necessária em face das enchentes eventuais e ao nível alto do lençol d'água subterrâneo). Como vocês desde o início queriam, a área ocupada vai ser pequena (106 metros quadrados) e corresponde a apenas um quinto do terreno (526 metros quadrados) [↙].

3. Uma organização lógica do programa — a área de uso coletivo (estar, jantar e estúdio) orienta-se para Nordeste, o sol da manhã, para que durante todo o dia esteja bem iluminada e que até parte da noite mantenha-se aquecida no inverno, quando o sol passa mais baixo nesta face. Já os dormitórios (contíguos como vocês pediram), se voltados para Noroeste, pegarão o sol da tarde e guardarão o calor noite afora. Serão aí, entretanto, necessárias precauções contra o sol poente de verão na proteção das janelas [↓].

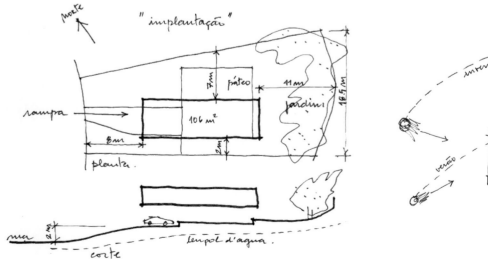

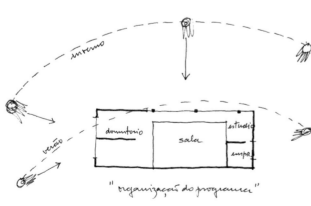

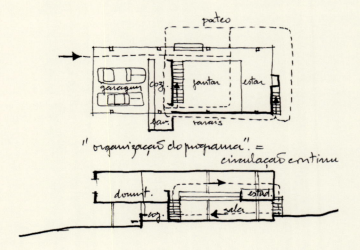

A área de serviço (cozinha e lavanderia) deve ocupar posição contígua à garagem para facilitar o transporte das compras que chegam, a visão e o atendimento ao portão. Igualmente contígua é sua relação com a sala de jantar e a escada que sobe para o piso superior. Assim, a área de serviço vai ficar entre a garagem aberta, na frente, e a sala, no fundo, e será linear (mais eficiente) de lado a lado da casa, recebendo o sol de Nordeste, com vista para a rua, e constitui um canal para a ventilação cruzada Sul-Norte. Pelo recuo lateral Sul (com varais junto à lavanderia), a empregada chegará à escadinha externa que sobe para as suas dependências no piso superior. Estas abrem também para o interior, para o estúdio/dormitório de hóspedes. Assim, ainda que independente agora, a área de empregada poderá mais tarde ter outra ocupação: fazer parte de uma ala com acesso próprio e completa (dormitório, banheiro e estúdio) para o André, quando crescer. Desde já fica estabelecida uma circulação contínua (superior/inferior, interior/exterior, social/serviço) através das duas escadas, o que tanto é prático no uso diário da casa como estimulante para uma criança que gosta de correr [↑].

As áreas que correspondem às funções do pavimento térreo — garagem (30 metros quadrados), cozinha (15 metros quadrados), sala (55 metros quadrados) — somadas (105 metros quadrados) excedem em 30 metros quadrados a soma (75 metros quadrados) das áreas do piso superior — dormitórios (35 metros quadrados), banheiros e circulação (20 metros quadrados), estúdio (10 metros quadrados) e dependências da empregada (10 metros quadrados). A diferença de 30 metros quadrados corresponde a um vazio para o pavimento superior, pé-direito duplo para a sala, a integração entre as funções dos dois pavimentos, e, fundamentalmente, o espaço por meio do qual o sol de Norte e Nordeste banha praticamente toda a casa. Esta vai, portanto, abrir-se francamente para o lado Nordeste deixando que se constitua uma grande sala com piso atijolado, a soma do espaço interior com um pátio devidamente equipado com churrasqueira, pia e mesa para refeições ao ar livre [↙].

4. Uma obra simples e econômica — a construção poderá ser bem despojada. A estrutura de concreto e a alvenaria de tijolos de barro não serão revestidas nem retocadas, mas totalmente pintadas segundo cores diversas que poderemos ensaiar em maquete. As instalações hidráulicas (salvo o banheiro de empregada) estarão concentradas

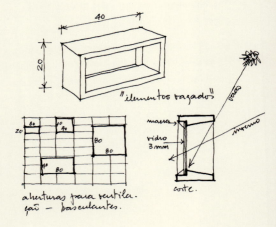

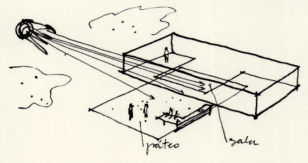

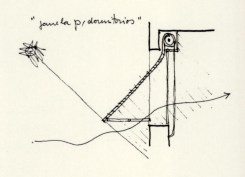

numa prumada (caixa-d'água na cobertura, banheiros no piso superior e cozinha e lavanderia no térreo). As instalações elétricas e hidráulicas, já que não haverá revestimentos, deverão ficar aparentes.

As aberturas, ainda que sejam relativamente amplas, não são onerosas: para a quase totalidade da face Nordeste, elementos vazados pré-fabricados de concreto para colocação de vidros simples (3 milímetros), além de permitirem, pelo seu desenho, apenas a entrada do sol de inverno, são o elemento plástico necessário à correta constituição do espaço interno desejado.

Esses elementos vazados terão na obra uma utilização quase genérica, a ventilação sendo resolvida através de basculantes neles inseridos.

As janelas dos dormitórios devem ser do tipo de veneziana de enrolar, daquelas que podem também, quando empurradas, ficar inclinadas para fora, arejar e, ao mesmo tempo, sombrear, o que será necessário no verão como alertamos antes. [↙]

Já sei que temos algumas dúvidas quanto ao piso do andar superior (carpete? tacos?), mas os banheiros e a cozinha já sabemos que podem ser de cimento queimado com pigmentos coloridos (e até mesmo nas suas paredes).

Espero ter conseguido, junto dos desenhos, explicar a casa de vocês. Como qualquer outra, ela não deixará de corresponder a seus donos. Neste momento, como procuramos desde o início, eu a vejo simples, verdadeira, luminosa, alegre e acolhedora. [→]

Um abraço,
Marcos

Memória posterior

As alvenarias de tijolos ficaram muito bonitas, o que nos impediu de pintá-las.

No piso do andar superior e na sala foram assentados tacos grandes, antigos, de demolição. Cozinha e banheiros com piso de cimento queimado e paredes de epóxi branco.

A solução inicial proposta no anteprojeto, conforme o texto anterior, foi alterada já durante a construção da casa: a área destinada ao quarto de empregada e seu banheiro no pavimento superior foi ocupada por um estúdio, lugar de trabalho para o casal. O quarto e o banheiro de empregada foram construídos no fundo do lote, como edícula.

Posteriormente (1991), com o crescimento dos filhos, foi necessária a transformação do estúdio em dormitório, com um banheiro para o filho maior. Um novo estúdio foi construído, então, junto ao quarto de empregada no fundo do terreno.

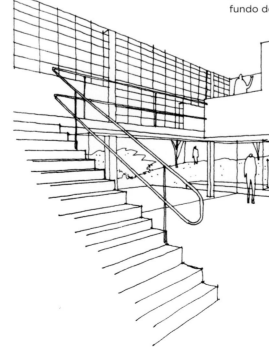

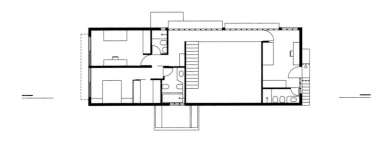

pavimento superior

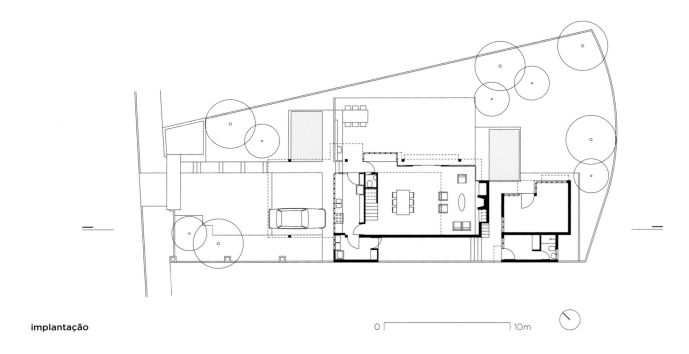

implantação

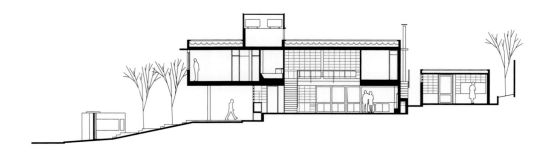

corte longitudinal

MUSEU BRASILEIRO DA ESCULTURA

Local Jardim Europa, São Paulo, SP
Arquiteto Marcos Acayaba
Ano do concurso 1986
Projetista Yoshinori Tagushi
Projeto estrutural Vicente Destefano
Área do terreno 6.861m²
Área construída 8.075m²

Na noite de um domingo de dezembro de 1986, voltando de viagem, encontrei um recado do arquiteto Roberto Saruê, pedindo que eu lhe telefonasse, urgente. Queria vir ao escritório, para me convidar para um projeto: o Museu Brasileiro da Escultura – MuBE.

Na manhã seguinte me contou que, como presidente da Sociedade Amigos dos Jardins, depois de muita briga, conseguira impedir que a prefeitura aprovasse a construção de um shopping center na esquina da avenida Europa com a rua Alemanha. O prefeito Jânio Quadros tinha, finalmente, concordado em desapropriar a área para a construção de um museu, mas com a ressalva de que o projeto fosse apresentado ainda naquele ano, antes do Natal; do contrário, ele voltaria atrás e aprovaria o shopping.

O Museu Brasileiro da Escultura teria o seu projeto escolhido num concurso fechado, organizado às pressas pela Sociedade Amigos dos Museus em conjunto com a Sociedade Amigos dos Jardins, e contaria, como acervo inicial, com a coleção da família Brecheret. O programa que o Saruê me transmitiu era vago, quanto aos ambientes e funções, e impreciso, quanto à área a ser construída. Tinham sido convidados doze escritórios, entre os quais, Croce, Aflalo & Gasperini; Ruy Ohtake; Siegbert Zannettini; Ubyrajara Giliolli; Pedro Paulo Saraiva; Cândido Malta Campos Filho, que convidou o Eduardo de Almeida; e Paulo Mendes da Rocha, que viria a ser o vencedor do concurso. Soube também que a Lina Bo Bardi recusou-se a participar.

Fui o último a ser convidado, já que estava viajando. A entrega dos projetos seria na quinta-feira seguinte daquela mesma semana. Só pude dizer ao Saruê que achava impossível fazer um projeto como aquele, naquele prazo; que eu tinha outros compromissos no escritório; e que, por isso, ele não deveria contar comigo.

Entretanto, na quarta-feira, o Saruê voltou a me ligar dizendo que o Jânio tinha concordado em receber o projeto na terça-feira seguinte, véspera do Natal. O prazo para o concurso tinha, então, ficado para a próxima segunda-feira. Me perguntou se assim, com mais prazo, não daria para eu fazer o projeto. "Vou tentar", respondi.

Procurei, em seguida, escrever um texto preliminar, para estabelecer uma intenção para o projeto de um museu da escultura. Seria depois o começo do memorial descritivo. O parágrafo que consegui escrever serviu como bússola para orientar a concepção desse projeto:

Arquitetura não é escultura. Obra de arte, seja, o edifício deve sempre servir. Neste museu servirá à escultura, como sua base. Nesse papel não deverá, entretanto, anular-se como uma base neutra, descomprometida, mera função de apoio, abrigo ou pano de fundo. A arquitetura deve aqui procurar assumir o papel de complemento dialético que Brancusi conferia às bases de suas esculturas: atribuía significado aos materiais que as ligavam à terra, associando-os às mesmas [↓].

No dia seguinte, durante um longo e maçante telefonema de um cliente, que discutia uma cobrança de honorários, enquanto eu ouvia a sua lenga-lenga, fui desenhando e, quando desliguei o telefone, estava com a solução para o projeto do museu. Tinha equacionado os elementos principais do programa dentro de uma temática geométrica que vinha ocupando minha cabeça fazia algum tempo: a seção áurea, o retângulo áureo e seus desdobramentos.

A solução espacial encontrada me levou a uma estrutura extremamente arrojada, cuja viabilidade só pude verificar no dia seguinte, com a visita do engenheiro calculista Vicente Destefano. Enquanto trocávamos ideias, em cima dos croquis que já havia feito na minha prancheta, Yoshinori Tagushi, a alguns metros de distância, só ouvindo o que falávamos, foi estabelecendo com precisão o design final da estrutura. Foi o que, agradavelmente surpreso, vim a encontrar depois da saída do Vicente. O Nori foi o melhor projetista com quem já tive oportunidade de trabalhar. Graças a ele, desenhando diretamente em pranchas de papel Schoeller, montadas em cartão, já que sabia que não teria tempo nem para tirar cópias heliográficas, nem para montá-las, é que foi possível entregar o projeto na segunda-feira à tarde. Eu também fiz, a

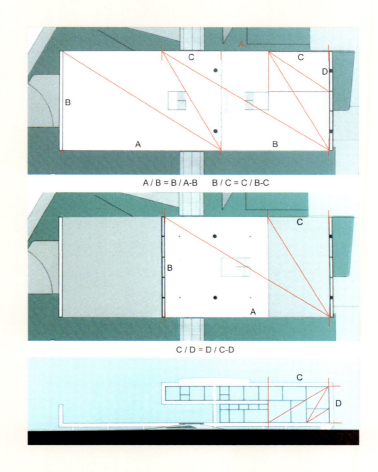

A / B = B / A-B   B / C = C / B-C

C / D = D / C-D

nanquim, direto nas pranchas finais [→], as perspectivas exatas do edifício.

Estabelecido o design final do projeto, na sexta-feira decidi encomendar uma maquete com o Takeshi, que tinha me atendido muito bem, tanto com a maquete do Coliseum, como na da Agência Banespa de Capivari. Passei para ele a parte já definida do projeto, ou seja, o edifício, e só no dia seguinte, no sábado à tarde, pude levar a implantação, o terreno. Entretanto, como tinha um compromisso no domingo, foi só na segunda-feira de manhã que ele pegou a maquete para fazer.

Enquanto isso, depois de passar todo o fim de semana desenhando noite e dia, na segunda à tarde acabei entregando as pranchas em cima da hora. Já desistira da maquete. Mais tarde, o Takeshi me ligou, dizendo que a maquete tinha ficado pronta. Exausto, não quis nem ver, e pedi a ele que tentasse entregá-la direto, onde o concurso estava sendo julgado, que talvez a aceitassem. Foi uma loucura, a maior imprudência. Cinco dias depois, já sabendo o resultado do concurso, quando fui buscar o meu material, vi no que se transformara meu projeto na maquete. Tudo torto e, pior, meio fora de escala.

Meses depois, na inauguração da exposição do concurso na sede do IAB, para onde mandei apenas as pranchas, Jon Maitrejean, que foi do júri, me contou que, no início do julgamento, as minhas pranchas estavam sendo muito apreciadas, que estavam gostando muito do meu projeto. Quando apareceu a maquete, entregue atrasada, foi um banho de água fria. Me disse que percebeu que havia qualquer coisa de errado com ela, fora de escala talvez. Propôs que fosse colocada de lado, que não fosse considerada. Entretanto, acho que, de certa forma,

qualquer apreciação favorável que pudesse estar havendo para o meu projeto acabou aí, naturalmente.

Continuo gostando muito deste projeto. É exatamente o oposto do projeto escolhido, quase todo em subsolo, com uma grande marquise que aflora perpendicular à avenida Europa. Ao contrário, procurei, com um pavilhão aberto, um pouco elevado, paralelo à avenida, fazer do edifício uma base para valorizar as esculturas expostas, torná-las bem visíveis para quem passa mesmo na velocidade do automóvel ou do ônibus. Como uma grande vitrine. Para despertar o interesse, seja pelas exposições que ali seriam montadas, seja pelo próprio acervo do museu.

Tudo foi feito às pressas, no concurso do MuBE. O prefeito Jânio Quadros, que provavelmente tinha interesse na construção do shopping, acedeu à proposta do museu e do concurso porque achava que, com aquele prazo, ninguém conseguiria apresentar um projeto. Quem conseguiu trabalhar com maior prazo, o fez com três semanas, no máximo. O programa, apenas uma sugestão do Saruê, acabou ficando por conta da interpretação de cada um dos arquitetos. Da mesma forma, não foi possível uma análise mais aprofundada dos projetos. O julgamento foi feito numa única noite. Por essa origem, fundamentalmente por seu programa não ter sido devidamente amadurecido, é que esse museu continua sem acervo até hoje e não conseguiu ainda desempenhar o papel que dele poderia se esperar na cidade de São Paulo.

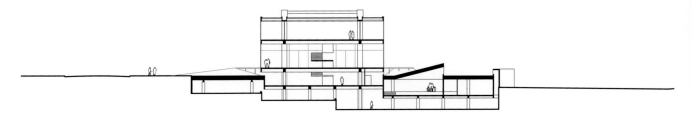

corte transversal

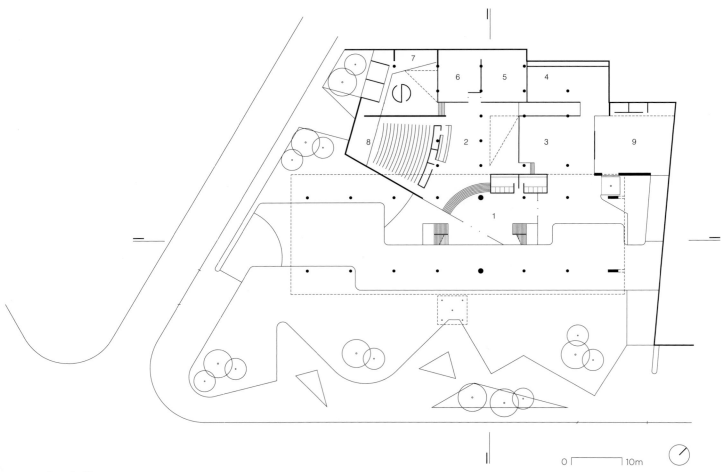

pavimento térreo
1. recepção 2. cafeteria 3. oficina de restauro 4. depósito 5. CPD 6. consulta 7. administração 8. auditório 9. pátio de carga e descarga

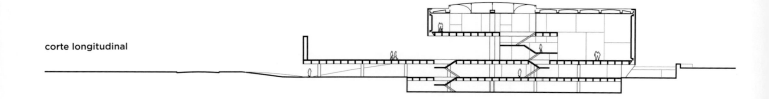

corte longitudinal

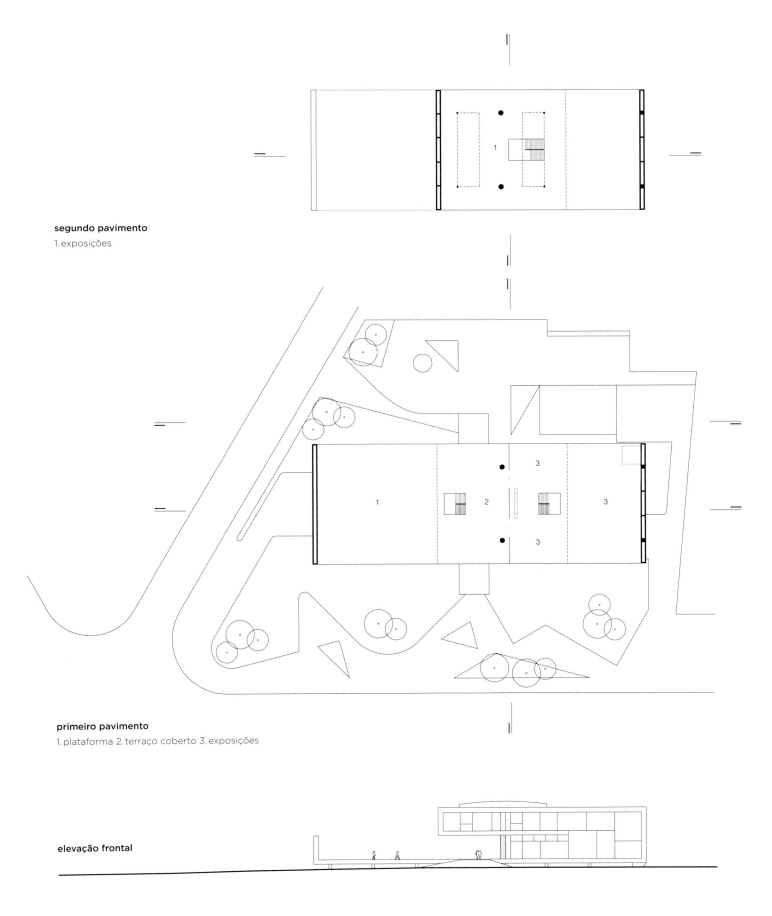

segundo pavimento
1. exposições

primeiro pavimento
1. plataforma 2. terraço coberto 3. exposições

elevação frontal

EDIFÍCIO H. STERN

Local Itaim Bibi, São Paulo, SP
Ano do projeto 1987
Arquiteto Marcos Acayaba
Projetista Yoshinori Tagushi
Desenhistas Koiti Kashiwai
e Tomaso Vicente Lateana
Projeto estrutural Vicente Destefano
Projeto de instalações Sandretec
Projeto de ar-condicionado Thermoplan
Maquete Siegfrido Ruiz
Área do terreno 1.190m²
Área construída 9.029m²

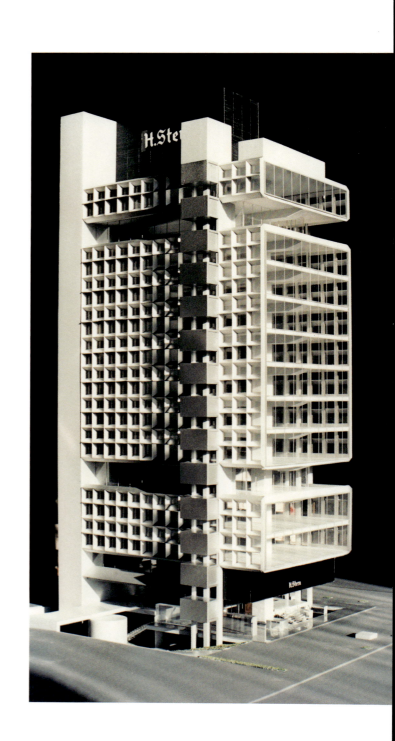

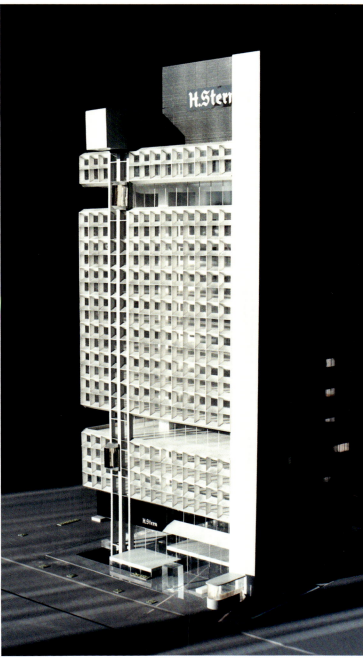

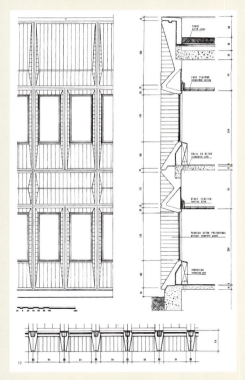

A H. Stern organizou um concurso fechado para escolher o projeto do seu edifício-sede em São Paulo. Convidaram os arquitetos Ruy Ohtake, Roberto Loeb, Aflalo & Gasperini, Pedro Paulo Saraiva, Paulo Mendes da Rocha e eu.

Todos fomos visitar a sede da H. Stern no Rio de Janeiro, em Ipanema, onde, além da loja e das áreas administrativas, havia uma área de produção, para demonstrar o processo de fabricação das joias, e por onde se podia fazer uma interessante visita guiada que desembocava na loja. Os turistas, que chegavam de ônibus em grupos acabavam, no fim, inevitavelmente comprando alguma joia. A área e o programa de necessidades propostos para São Paulo eram equivalentes.

Decidi caracterizar o edifício [→] por volumes sugeridos pelo programa: além da loja no térreo, do salão de eventos na cobertura, do bloco administrativo e da área de produção, separados por andares com terraços (restaurante abaixo e diretoria acima). Seriam andares corridos apoiados em fachadas portantes e nas torres com as prumadas verticais. As fachadas portantes, grelhas equivalentes a vigas Vierendell, venceriam os vãos entre as torres e seriam concretadas in loco em peças pré-moldadas de alumínio fundido. Estas, além de funcionarem como brises, trariam já instalados os contramarcos dos caixilhos. Seria uma versão preciosa — adequada ao caráter sofisticado do edifício — dos elementos de fachada pré-moldados de concreto, criados por Marcel Breuer, nos anos 1960 [↖].

Como havia uma boa remuneração para o anteprojeto, definida pela tabela do IAB, e como o contrato previa a entrega de uma maquete em escala 1:100, decidi confiá-la a Siegfrido Ruiz, o melhor maquetista que já conheci. Ruiz vem de uma família de maquetistas espanhóis. O pai tinha aprendido o ofício nas prisões do generalíssimo Franco. Seu irmão caçula é hoje um dos mais importantes maquetistas espanhóis. Em 1992, quando o visitei, em Madri, na principal parede da sua oficina, pude ver uma grande foto em que aparecia cumprimentando o rei Juan Carlos, na apresentação oficial da maquete que tinha feito para o Pavilhão da Espanha na Expo de Sevilha (1992). Siegfrido Ruiz chegou ao Brasil nos anos 1950. Teve como clientes, entre outros, os arquitetos Jacques Pilon, Giancarlo Palanti, Abelardo de Souza e Oscar Niemeyer, para quem fez, segundo me disse, a maquete do Edifício Eiffel (1956). Muito criativo, Ruiz, além de ter ganhado o concurso público para o monumento que foi construído no começo da rodovia Castello Branco, inventou e patenteou o prisma de identificação dos carros nas oficinas autorizadas. Foi, por muito tempo, o único fabricante no território nacional. Na pequena fábrica que tinha em Pinheiros, além dos prismas, fazia de tudo, de maquetes a *displays* publicitários. Foi lá, com toda a sofisticação que seu maquinário permitia, que foi feita a maquete da H. Stern, de acrílico e alumínio. As peças das fachadas com seção triangular foram usinadas e depois anodizadas. Ficou uma beleza. Preciosa. Dias depois da entrega do projeto, eu mesmo fui fazer fotos no escritório da H. Stern, pois temia que a maquete fosse destruída no transporte para o Rio de Janeiro. No fim, foi somente o que me restou da melhor maquete já feita de um projeto meu.

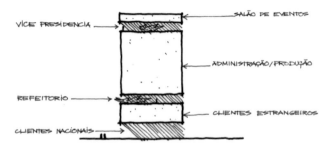

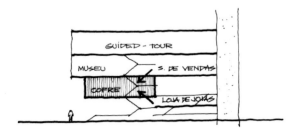

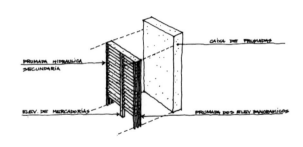

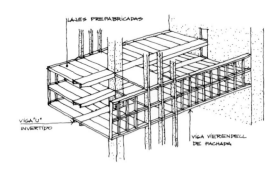

Depois de passar por um julgamento inicial dos diretores da H. Stern de São Paulo, quando foram selecionados três projetos, o do Loeb, o do Ruy Ohtake e o meu, foram agendadas para um mesmo dia as apresentações, pelos próprios arquitetos, para o senhor Hans Stern e demais diretores, no Rio de Janeiro. Quando lá cheguei, meia hora antes da apresentação, encontrei duas secretárias ajoelhadas no chão sobre a minha maquete quase toda destruída, tentando, em vão, colar as peças de alumínio com cola branca Tenaz. Na apresentação anterior à minha, a do Ruy, um dos diretores, ao retirar sua maquete da mesa em que todas estavam, perdeu o equilíbrio e acabou derrubando a minha maquete no chão. Não era para menos. A maquete do Ruy Ohtake era pesadíssima, um enorme bloco maciço de acrílico turquesa. Ele optou por uma torre em pano de vidro, um volume lapidado, como uma pedra preciosa, apoiado numa base em forma de pirâmide. Foi o projeto inicialmente escolhido.

O desenvolvimento do executivo foi contratado e o orçamento feito levou a empresa a desistir de construí-lo. Contrataram, então, o projeto executivo do Roberto Loeb, que tinha uma torre altíssima na cobertura, como elemento mais marcante. Também não o construíram. Algum tempo depois, decidiram vender o terreno e abandonaram a ideia do edifício de São Paulo.

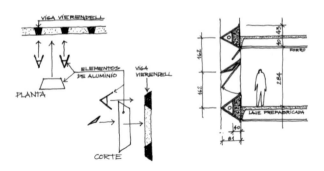

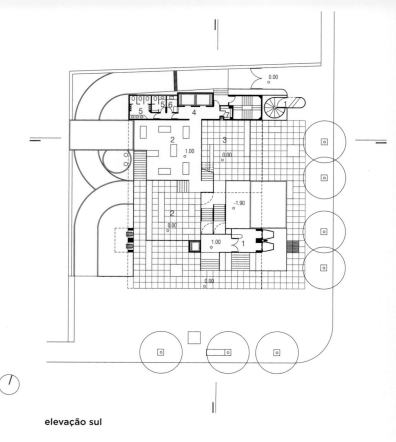

pavimento térreo

1. portaria 2. loja de joias 3. loja de presentes 4. hall 5. sanitários 6. copa 7. instalações

0 ⌐⎯⎯⎯⎯⌐ 10m

elevação leste

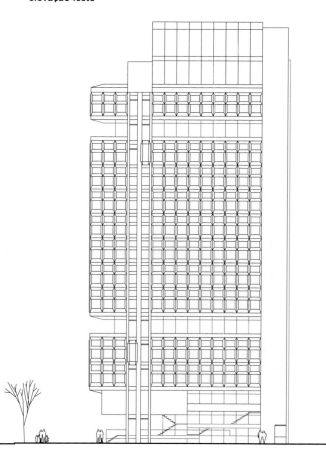

elevação sul

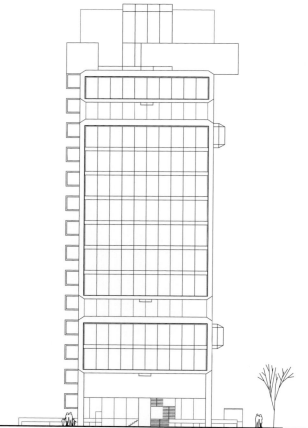

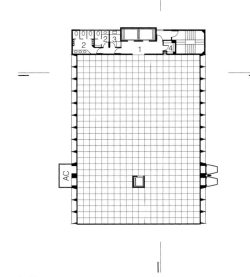

pavimento tipo
1. hall 2. sanitários 3. copa 4. instalações

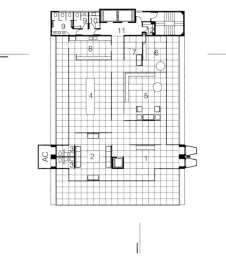

oitavo pavimento (presidência)
1. recepção e espera 2. estar 3. sanitários 4. reunião
5. vice-presidente 6. diretor-geral 7. secretária
8. cozinha 9. sanitários 10. copa 11. hall 12. instalações

corte transversal

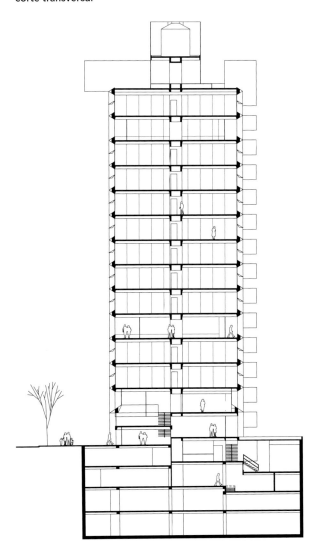

corte longitudinal

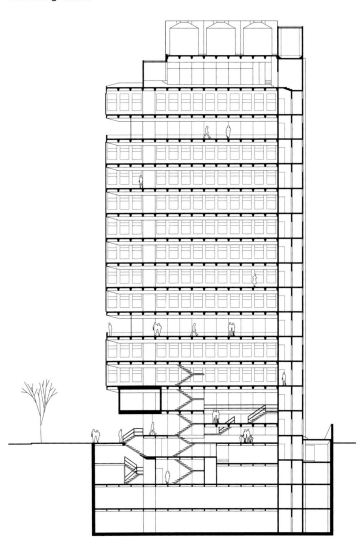

RESIDÊNCIA HÉLIO OLGA

Local Jardim Vitória Régia, São Paulo, SP
Ano do projeto 1987
Ano da construção 1987-1990
Arquitetos Marcos Acayaba e Mauro Halluli
Estagiários Tânia Shirakawa e Edison Hiroyama
Projeto de fundações Zaclis Salvoni
Projeto estrutural [concreto] Zaclis Salvoni e [madeira] Hélio Olga de Souza Jr.
Projeto de instalações Hélio Olga de Souza Jr.
Construção Hélio Olga de Souza Jr.
Área do terreno 900m²
Área construída 220m²

Em 1986, o arquiteto Guilherme Paoliello contou que um ex-colega seu do Colégio Santa Cruz, Hélio Olga, engenheiro civil da Escola Politécnica da Universidade de São Paulo — Poli, estava fazendo estruturas de madeiras industrializadas muito interessantes, que tinha montado uma fábrica e que eu precisava conhecê-lo. Pouco tempo depois, por coincidência, esse engenheiro, Hélio Olga, veio visitar a minha casa com um grupo de arquitetos franceses, num sábado à tarde.

Naquele meio-tempo, tinha aparecido o primeiro de uma série de projetos de casas de praia — a Residência Oscar Teiman (1986-1987) [↓], no Sítio São Pedro, Guarujá. Eram obras que envolviam questões ecológicas, natureza a preservar, e também com dificuldade de mão de obra. Por isso, nesse primeiro projeto eu já tinha decidido trabalhar com estrutura industrializada de madeira e procurar o Hélio Olga.

Para aprender a *falar uma nova língua*, a da estrutura de madeira modulada e padronizada, aproveitei para realizar o antigo desejo de fazer uma casa japonesa. Afinal, desde o século 11, senão antes, os japoneses fazem uso de estruturas de madeira moduladas, padronizadas e produzidas em série.

Oscar Teiman apoiou esse caminho depois de ter ficado durante uma semana com dois livros meus de arquitetura japonesa tradicional, um do Palácio Imperial do Katsura em Kioto [↗], e o outro, um precioso levantamento de arquitetura popular japonesa, com construções rurais e vilas de camponeses e de pescadores.

A minha antiga admiração pela arquitetura japonesa, a simplicidade, as proporções, a leveza, a transparência e a continuidade espacial, só aumentou quando a minha amiga e colega da FAU, Sakae Ishii, por volta de 1975, me emprestou um livro do arquiteto alemão Einrich Engel. Foi nele que eu aprendi a essência dessa arquitetura e, por que não dizer, dessa cultura. Para as filosofias orientais, em geral com origem no Tao, como o budismo, por exemplo, espaço e tempo constituem uma única entidade. Ao contrário da visão ocidental, que distingue espaço de tempo. Por isso, na arquitetura japonesa tradicional, com exceção dos templos, o volume construído jamais se traduz numa planta de geometria simples, numa forma acabada, num quadrado ou num retângulo. A um espaço acabado corresponde um tempo igualmente acabado. Para que o tempo possa ter o seu transcurso, o espaço deve ensejá-lo, ou seja, não pode ser acabado. Daí as plantas irregulares, inacabadas, das casas japonesas. Por exemplo, quando da chegada de um filho, o dono da casa, vai ao armazém da esquina, com o desenho modulado no tatame, que ele mesmo fez, e compra as peças necessárias, para que ele mesmo acrescente à sua casa o espaço que a chegada do novo membro requer. Da mesma forma, mais tarde, quando o filho se casa e vai embora, alguma parte da casa é transformada, ou suprimida. É a concepção orgânica da arquitetura, que fascinou Frank Lloyd Wright, entre muitos ocidentais, no fim do século 19 e no começo do século 20. Na minha compreensão, a casa como organismo compõe-se de células, os tatames, que permitem inúmeros arranjos, cada qual com nome, significado. São os órgãos, ambientes que constituem a casa, o organismo. São espaços diferenciados, intercambiáveis, com funções diversas, com vida. O desenho do todo sempre pode ser mudado. Um novo elemento, com significado, pode ser acrescido, transformado ou suprimido. O significado do todo, a casa, que corresponde à vida da família, como sua extensão, transforma-se continuamente, naturalmente.

Como já disse, trabalhava comigo nessa época o projetista Yoshinori Taguchi, nascido no Japão, aluno da FAU USP desde 1972. Sua colaboração na Residência Oscar Teiman foi fundamental. Foi o seu excepcional desenho a lápis que organizou, sistematizou, traduziu, dentro da modulação exigida pelo sistema construtivo, as minhas ideias. Neste caso, me dediquei mais ao equacionamento do programa e à implantação.

Com a obra da Residência Oscar Teiman em andamento, o Hélio me contou que estava fazendo um projeto para a sua casa. Ele já tinha construído a casa onde estava morando, projeto do Zanine Caldas (1980-1982), com quem trabalhara. Uma outra obra do Zanine em São Paulo o iniciara na construção em madeira.

O Hélio Olga tinha comprado um terreno quase que em frente à sua casa, no jardim Vitória Régia. Uma pirambeira, com mais de cem porcento de declividade, para o fundo do lote. Como ele passava todos os dias na frente desse terreno, semanas depois percebeu que chegava material, era um começo de obra. Parou, para conversar com um senhor que dirigia

os serviços. Este lhe disse que pretendia construir naquele terreno uma casa térrea e, para tanto, estava começando a erguer no fundo muros de arrimo, com os gabiões que estavam chegando. Pretendia nivelar o terreno. Aterrá-lo até o nível da rua. Algumas semanas depois, o Hélio notou que o movimento da obra parara e, curioso, procurou conversar com o senhor sobre o que acontecera: "Desisti de construir nesse terreno, não presta para nada". "O que, então, o senhor vai fazer?" "Estou vendendo o terreno." "E por quanto?" "Se me pagarem o que eu já gastei no muro de arrimo lá embaixo, está ótimo." "Quanto?" "Dez mil dólares". Foi assim que o Hélio comprou um terreno com 900 metros quadrados, num excelente bairro, por uma pechincha. É claro que ele sabia que poderia construir ali, pois dispunha da tecnologia necessária para isso.

Tinha decidido fazer ele mesmo o projeto. Me contou que estava tendo alguns problemas e me perguntou se eu não podia dar uma olhada, para ajudar a resolvê-los. Para minha surpresa, o projeto estava muito bem desenhado, tinha muitas virtudes. Entretanto, na discussão dos problemas que o Hélio tinha mencionado, foi ficando claro que aquele não era o melhor partido. A implantação do volume da casa paralelo à rua, além dos problemas que o Hélio já havia encontrado, trazia questões mais sérias, principalmente de insolação. Num certo momento da conversa, o Hélio me interrompeu e perguntou se eu poderia fazer um projeto para ele. Se ele assumisse a aprovação na prefeitura, eu faria apenas o anteprojeto, e depois o orientaria na elaboração do projeto executivo. Propus um valor baixo para remunerar o anteprojeto, o menor possível, e ele topou.

Pensei, logo em seguida, em trabalhar numa hipótese de implantação radicalmente oposta, ou seja, com o volume da casa perpendicular à rua. Com isso, a casa teria uma orientação muito melhor. Como ilustração, para fazê-lo entender o que eu estava dizendo, mostrei-lhe, no livro do arquiteto Craig Ellwood, a Casa Smith (1955-1958) [↙]. Gostava desse arquiteto desde os meus anos de FAU. Via sempre, com admiração, os seus projetos, publicados nas revistas americanas. Comprei o livro com suas obras na Bienal de Arquitetura de 1975, no Ibirapuera. O Hélio ficou muito impressionado e depois pediu o livro emprestado várias vezes. A Casa de Fim de Semana (1964-1968) [↑], também do Ellwood, uma casa contida entre duas treliças, é outra referência importante para o projeto da casa do Hélio. Craig Ellwood, um arquiteto miesiano, levou às últimas consequências uma hipótese projetual formulada por Mies van der Rohe, em 1934: a Casa de Vidro em Hillside [↙], um croqui famoso, frequentemente publicado. Lembro-me de o professor Abrahão Sanovicz dizer, mais de uma vez, ao mesmo tempo em que desenhava o croqui da Casa de Vidro, que o Mies abriu um campo enorme para a arquitetura quando pensou uma casa assim, solta do terreno, e caracterizada pela estrutura que o permitia.

Trabalhei nessa hipótese, a casa como uma ponte, dentro de treliças, por um mês inteiro, ininterruptamente, até chegar à solução, ao equacionamento geométrico da organização do programa, da estrutura e do seu próprio sistema de montagem. A aparência final é muito simples. Fiquei muito contente quando, ao apresentar o projeto, o Hélio gostou, disse que achava tudo muito sensato. Eu tinha medo de que ele achasse exatamente o contrário: uma loucura. Recentemente, ele me confessou que, na verdade, foi o que pensou logo de cara. Mas que, depois de refletir, pesar os prós e os contras, chegou à conclusão que, de fato, o projeto era muito sensato, muito lógico, e era a melhor solução. Em entrevista recente para a revista *Projeto* relatou, com certo orgulho, que nada foi mudado em relação ao estudo inicial que eu apresentei.

Entretanto, para que fosse possível pensar melhor o trabalho da estrutura, foi necessário um modelo da mesma. O próprio Hélio o fez. Passamos vários meses discutindo, em cima do modelo e de desenhos, hipóteses de solução para os nós, para a composição dos tramos das treliças, para o contraventamento etc. O design final dessa casa foi feito a quatro mãos, fruto da discussão sobre a estrutura, principalmente.

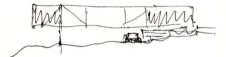

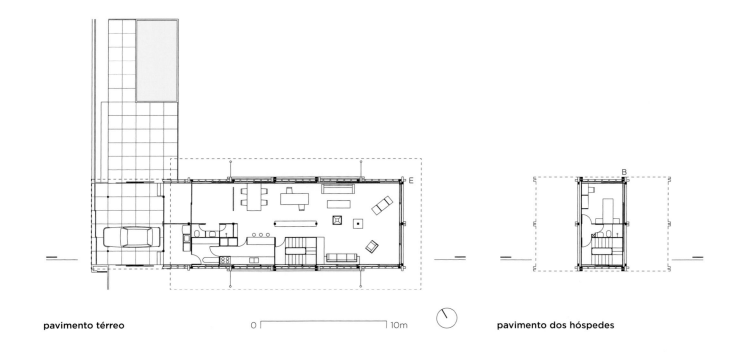

pavimento térreo 0 ⊢─────┤ 10m   **pavimento dos hóspedes**

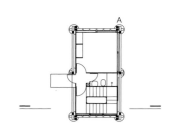

pavimento dos dormitórios **pavimento da sala de brinquedos**

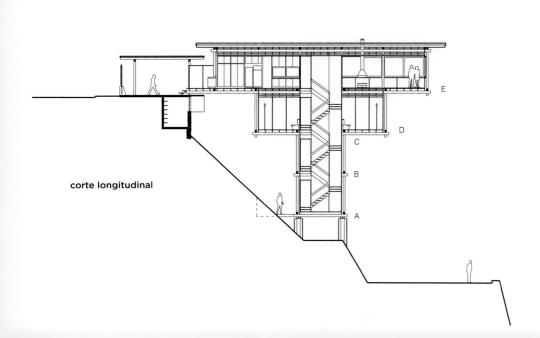

corte longitudinal

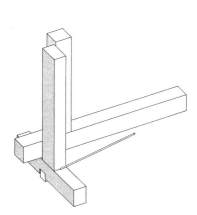

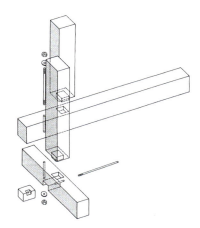

detalhe E

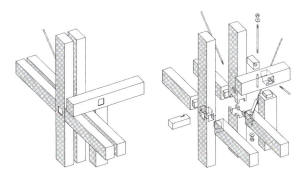

detalhe C

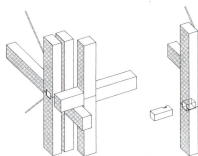
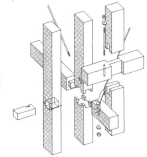

detalhe B

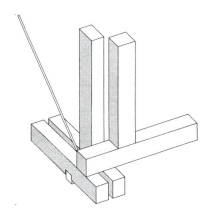
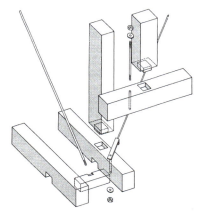

detalhe D

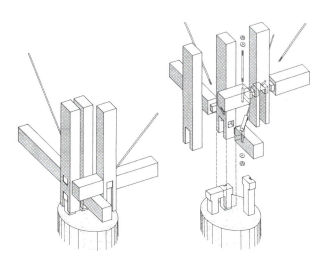

detalhe A

182

PAVILHÃO DE SEVILHA

Local Sevilha, Espanha
Ano do concurso 1991
Projeto classificado Menção honrosa
Arquitetos Marcos Acayaba, Adriana Aun, Suely Mizobe, Mauro Halluli e Jorge Hirata
Coautora Carmela Gross
Área do terreno 1.750m²
Área construída 3.521m²

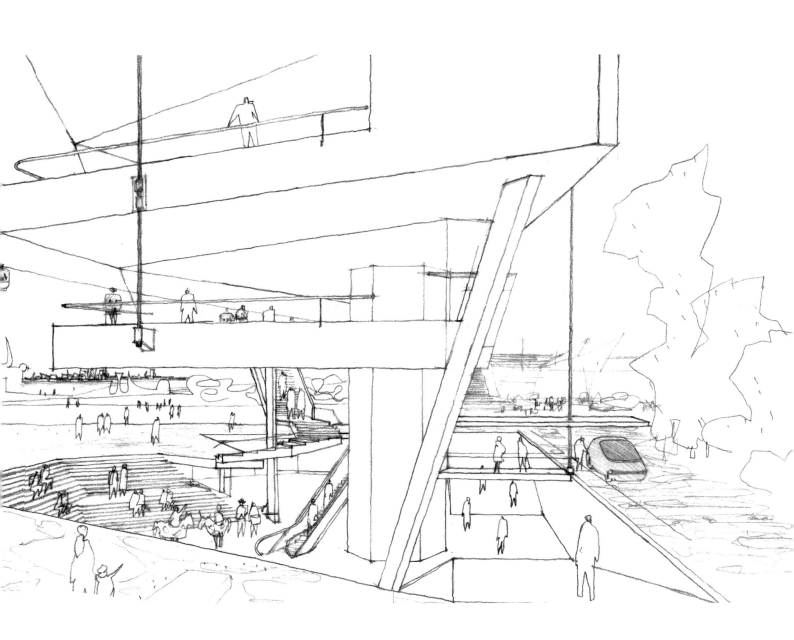

O governo Collor acabou decidindo, na última hora, que o Brasil teria seu pavilhão da Expo 92 em Sevilha. Para sua construção, promoveu, por meio do Ministério das Relações Exteriores, um concurso nacional de anteprojetos, organizado pelo IAB.

Uma das principais condicionantes desse projeto era o reduzidíssimo prazo para a execução da obra, cinco meses no máximo. O clima de Sevilha, na época da exposição, muito quente e seco, também era uma questão importantíssima a ser considerada no projeto. O terreno do pavilhão brasileiro era muito bem localizado, na esquina da principal avenida da exposição, o Camiño de los Descubrimentos, com a praça do Palenque, o grande palco para eventos públicos ao ar livre. Um contexto urbano a ser explorado e valorizado pelo projeto.

Tinha me inscrito no concurso desde o seu lançamento, mas foi apenas dez dias antes da entrega que decidi de fato participar. Só então achei que estava num bom momento para enfrentar um projeto que exigiria muita concentração, dedicação e criatividade.

Em 1969, para fazer o concurso do Pavilhão do Brasil para a Expo de Osaka, Paulo Mendes da Rocha convidou, para compor sua equipe, além de alguns arquitetos e o professor Flávio Motta, os artistas plásticos Marcelo Nietsche e Carmela Gross. Para Sevilha, convidei a Carmela, de quem tinha ficado amigo dois anos antes.

Antes de sair para uma rápida viagem de trabalho, deixei com a Carmela o material do concurso, para podermos começar em seguida. Voltei com uma ideia na cabeça: um pavilhão com o mínimo de apoios no solo, um volume que crescesse para cima, com planta triangular, para ajustar-se ao lugar. Um tripé, como aqueles banquinhos populares com três pés e assento de couro, conhecido como banco chapéu-de-vaqueiro [←]. Seria um edifício que criaria uma sombra sobre a praça de acesso, algo desejável diante do clima de Sevilha. Nesse partido, que pode ser resumido numa pirâmide invertida, a referência mais uma vez é Oscar Niemeyer. O Museu de Caracas (1956) [↓] é um dos projetos mais geniais que já vi.

O partido entusiasmou a equipe e o projeto começou a se definir. Inicialmente, tentamos resolvê-lo com uma estrutura básica semelhante ao banquinho, com três elementos de apoio, treliças espaciais metálicas que conteriam escadas rolantes. Logo essa solução se mostrou construtivamente muito complexa, além de impor dificuldades funcionais. Decidimos, então, por uma estrutura mais simples. Apenas um dos elementos básicos de apoio conteria uma longa escada rolante, a principal circulação vertical. Funcionaria como mão-francesa, biarticulada. O apoio principal, uma torre central com planta hexagonal, conteria, além dos elevadores, os sanitários de cada andar. O terceiro apoio seria um pórtico, conjugado a uma escadaria.

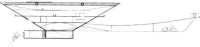

Para se adequar ao contexto urbano e fazer fluir o espaço ao redor da esquina, o edifício assumiu a forma de um triângulo, com o vértice mais agudo na direção da área do Palenque. Na bissetriz desse ângulo, a peça que conteria a escada rolante ganhou a feição de uma quilha, e o nosso pavilhão foi ficando com cara de embarcação. Um achado, já que a exposição comemoraria os quinhentos anos do descobrimento da América. Por acaso, o rumo da proa da nossa nau era precisamente o de Sevilha para Porto Seguro. Nesse momento, me lembrei de uma notícia que acabara de ler no jornal: a indústria naval brasileira, depois de um longo período de crise e produção reduzida, contraíra uma enorme dívida com o Banco Nacional de Desenvolvimento — BNDES e não tinha como pagá-la. Daí a ideia de produzir o pavilhão para Sevilha em um ou mais estaleiros. Assim, além de começarem a amortizar a dívida, o prazo para a execução do pavilhão poderia ser cumprido mais facilmente, e a mão de obra empregada seria predominantemente brasileira. Apenas a montagem e o embasamento dependeriam de uma construtora espanhola. Decidimos, então, consultar um professor da engenharia naval da Poli, que, além de concordar com a nossa hipótese, pois achou tudo viável, nos ajudou a estabelecer o design final com o dimensionamento das peças e chapas de aço que comporiam o edifício, para poder produzi-lo em estaleiros.

A complexidade estrutural desse edifício, e a falta de tempo para, com calma, elaborar melhor o projeto, acabou por impor vários sacrifícios à apresentação final, como o de uma maquete inacabada, com a estrutura incompleta. O pórtico conjugado à escadaria externa, pela dificuldade da execução desta, não foi montado. A escadaria produzida à parte não se encaixou no corpo da maquete, e não houve tempo para refazê-la. Na verdade, os desenhos da escadaria que mandamos para o maquetista Siegfrido Ruiz estavam errados. O volume do nosso pavilhão impunha, para sua representação, operações relativamente complexas de geometria descritiva. Tudo foi desenhado na prancheta, na maior correria. Se já usássemos computadores, com o software de arquitetura que adquiri dois anos depois, o Archicad, que constrói modelos, esse processo teria sido mais rico, mais ágil e preciso. De qualquer forma, fui mais uma vez imprudente no final do processo de um concurso. Anexamos ao material do concurso fotos da maquete, incompleta, capenga. Soubemos depois que um engenheiro que participou da comissão julgadora decretou: "Isso não pára em pé". E propôs que nosso projeto fosse excluído.

No fim, a Carmela incumbiu-se da execução do piso da praça, do paisagismo mineral, um jardim de pedras brasileiras. O mosaico que fez, a partir de uma variedade de pedras xerocadas, ficou muito bonito e foi aplicado na maquete [↖].

O Pavilhão de Sevilha foi o segundo projeto em que adotei a geometria baseada em uma trama modular de triângulos equiláteros. Pouco antes, em 1991 mesmo, projetei o Edifício Giverny [↓], com uma planta relativamente livre, mas modulada em triângulos equiláteros com

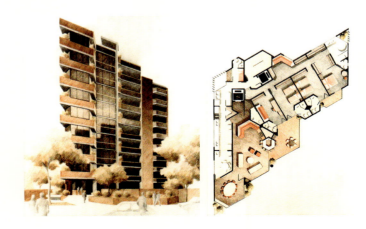

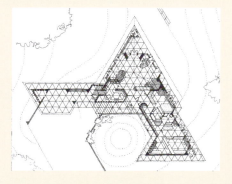

1 metro de lado. Essa geometria foi adotada para resolver questões específicas do entorno do terreno e da sua orientação. As divisas laterais do lote, paralelas, e a de fundo, a 60 graus, amarraram o desenho da planta. A fachada principal, composta por uma sucessão de planos articulados com ângulos de 120 graus, desenvolveu-se ao longo da diagonal do terreno, voltada para o Norte, para escapar das sombras dos edifícios vizinhos já construídos, muito mais altos. Nessa época, vinha estudando as obras de Frank Lloyd Wright. Em 1987, comecei a comprar a sua coleção de monografias, os doze volumes produzidos por Yukio Futagawa e Bruce Brooks Pfeiffer. Já no livro sobre as Casas Usonianas, de John Sergeant, tinham chamado a minha atenção obras como a Casa Hanna (1936) [↑], modulada em hexágonos, ou a Casa Palmer (1950), em triângulos. Depois de ter usado em várias obras a modulação hexagonal, a partir do início dos anos 1940, Wright passou a optar pela trama triangular, muito mais flexível. São obras com uma geometria diferente da usual: em vez de 90, 60 ou 120 graus. A combinação de três direções, no lugar das duas da geometria ortogonal, oferece mais opções, mais alternativas formais de ajuste, de harmonização com a natureza, ou mesmo de inserção em contextos urbanos, como no caso do Edifício Giverny. Ainda com uma construção rigorosa, modulada, as plantas são mais livres, mais orgânicas.

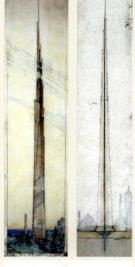

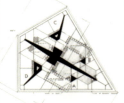

À procura de obras com essa geometria, para incluir suas imagens nesta crônica, no livro com textos e projetos de Frank Lloyd Wright, *In the realm of the ideas*, revi Mile High, The Illinois (1956) [↙], edifício com uma milha (1,61 quilômetro) de altura, que tem a estrutura resolvida nas bissetrizes da planta, como nosso Pavilhão de Sevilha. Sobre esse projeto, Wright escreveu que "de todas as formas de estrutura vertical, a mais estável é o tripé: pressões sobre qualquer lado são imediatamente resistidas pelos outros dois". E que "o Illinois emprega o já testado [na torre da Johnson Wax] sistema de fundação da raiz principal [*tap-root*] descendo até o leito da rocha". Os subsolos desse arranha-céu têm o perfil de um casco de embarcação, e a fundação da quilha (ou a bolina) de um veleiro. Quer dizer, é um engaste da torre, que para resistir à ação do vento se comporta, nas palavras de Frank Lloyd Wright, como a "lâmina de uma espada com o punho firmemente cravado no solo".

O projeto do Pavilhão de Sevilha foi um momento de mudança e de abertura para várias outras experiências interessantes. E estabeleceu uma ponte, ou continuidade, entre o que tinha sido esboçado para o Quiosque na Fazenda Arlina e projetos mais recentes: o desejo de construir, a partir de poucos pontos de apoio no solo, edificações com andares sucessivamente maiores, fazendo, para tanto, uso de mãos-francesas.

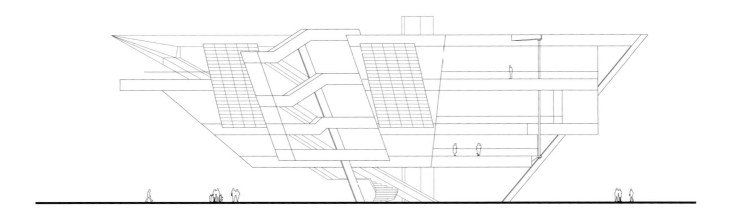

elevação leste

0 ▭▭ 10m

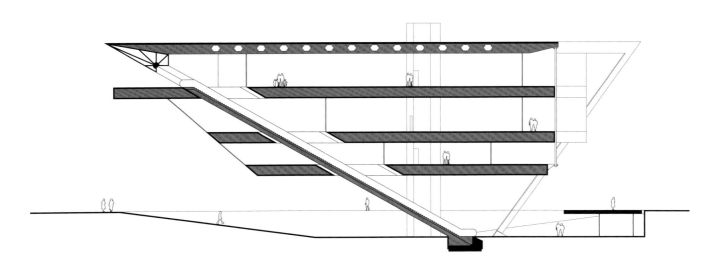

corte longitudinal

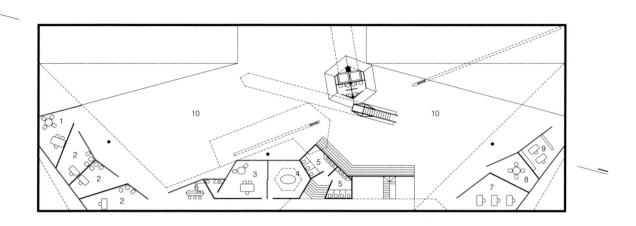

praça rebaixada
1. administração 2. assessores 3. sala vip 4. reunião 5. sanitários 6. copa 7. imprensa 8. espera 9. secretárias/atendimento 10. átrio foyer

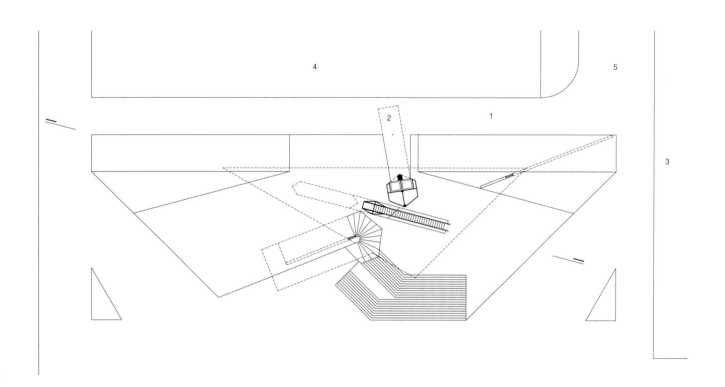

pavimento térreo
1. acesso veículos 2. marquise 3. Pavilhão de Portugal 4. Pavilhão de Santa Fé 5. via de serviço

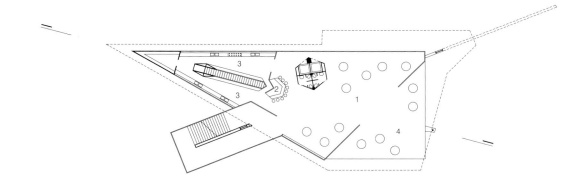

primeiro pavimento
1. restaurante 2. bar 3. cozinha 4. terraço

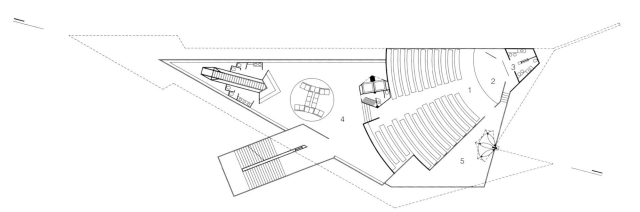

segundo pavimento
1. auditório 2. palco 3. camarim 4. foyer 5. terraço

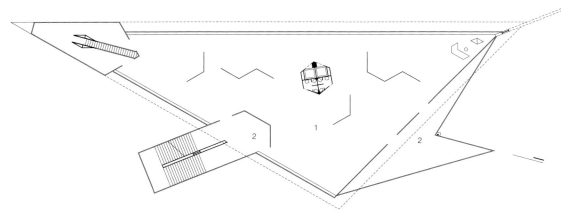

terceiro pavimento
1. exposição 2. terraço

RESIDÊNCIA BAETA

Local Iporanga, Guarujá, SP
Ano do projeto 1991
Ano da construção 1992-1994
Arquitetos Marcos Acayaba e Adriana Aun
Estagiários Fernanda Barbara e Tânia Shirakawa
Projeto estrutural Hélio Olga de Souza Jr.
Projeto de instalações Sandretec
Construção Ricardo Baeta
Área do terreno 1.200m²
Área construída 267m²

O arquiteto Leslie Murray Gategno, ex-colega de classe da Marlene na FAU USP e responsável pela implantação do condomínio de Iporanga, certa vez me confessou gostar muito da Residência Calabi (1989-1991), projetada por mim, por ter sido implantada sem agredir a natureza e preservando o terreno. Raquel e Ricardo Baeta eram amigos seus e me chamaram para fazer o projeto de uma casa na praia. O engenheiro Ricardo Baeta já conhecia meu trabalho por ter acompanhado a construção da casa de seu irmão, com uma estrutura de madeira, executada pelo Hélio Olga. Portanto, já conhecia a casa do Hélio.

Na primeira conversa que tive com eles, depois de me mostrarem fotos do terreno e me contarem do seu programa de necessidades, disseram que sua intenção era de, se possível, não cortar árvores. E, além disso, ter a vista para o mar garantida. Para tanto, tinham imaginado uma forma triangular. Fiquei surpreso com essa colocação, um formato pouco usual. Era um casal muito jovem, já com quatro filhos, ele surfista e ela muito interessada em paisagismo, tanto que mais adiante acabou fazendo, como ouvinte, algumas disciplinas de paisagismo na FAU USP.

Quando comecei a trabalhar no projeto, deixei de lado a ideia da forma triangular proposta pelos clientes, apesar de ter ainda muito fresco na cabeça o projeto do Pavilhão de Sevilha. Entretanto, depois de alguns ensaios de implantação e de organização do programa sobre o levantamento topográfico com as árvores existentes, percebi que a melhor geometria para esta obra resultaria do uso de uma trama composta por triângulos equiláteros. A partir da dimensão do painel de vedação, mais o montante, defini o módulo de 1,25 metros para a construção de uma grelha triangular. Desenhei a malha triangular em papel-manteiga e a superpus ao levantamento. Logo percebi que seria vantajoso organizar o programa numa planta composta por hexágonos, com pilares nos vértices. Estes, sob o piso inferior, seriam sustentados por mãos-francesas, que conduziriam as cargas para um pilar central [→]. Como uma árvore.

O arranjo final da planta da Residência Baeta, com seis hexágonos e um pátio central, ao redor de duas grandes árvores existentes, resgatou a forma de embarcação do Pavilhão de Sevilha. A proa, mais especificamente.

Durante o desenvolvimento do projeto, falei várias vezes com o Hélio Olga sobre a viabilidade de sua produção na fábrica, sobre montagem da estrutura, com a geometria triangular, e também sobre seu dimensionamento. Na apresentação aos clientes, acompanhada de uma perspectiva exata da casa, a última que fiz manualmente, mostrei que, além de garantir a preservação das árvores e a vista para o mar, estava, com toda a segurança, propondo a construção mais racional, diante das condições do terreno. Era a forma de construir uma casa de 200 metros quadrados, num terreno íngreme, com o menor impacto ambiental sobre o mesmo. Graças a um sistema construtivo industrializado, com pequenas peças, relativamente leves, que podiam ser transportadas manualmente morro acima.

A estrutura foi montada em apenas dois meses, e a cobertura foi feita em seguida. O pessoal da montagem achou o sistema, com a geometria triangular, muito eficiente. Tudo ia se encaixando perfeitamente, sem a preocupação de ter que pôr no esquadro, e nem precisava travar.

O fechamento da casa, quase que só caixilhos, demorou a ser feito. Os clientes tinham outros compromissos a cumprir, e também o orçamento da caixilharia, inicialmente detalhada de forma convencional, folhas de correr de vidro ou veneziana, com montantes, acabou resultando superior em 25 porcento ao próprio custo da estrutura. Por sorte, tivemos tempo para repensar a caixilharia e encontrar uma solução extremamente econômica. Compõe-se de vidros de 1,25m x 1,25m fixos no centro dos panos, e vidros sem montantes de 0,54m x 1,25m nas laterais que correm sobre sulcos cavados nos peitoris, como nas janelas dos ônibus. Para sua execução, o próprio Hélio forneceu os peitoris e os montantes básicos, que foram colocados por um carpinteiro da equipe de montagem da estrutura. O serviço foi concluído pelo vidraceiro.

Depois de quase três anos de obra, realizada em várias etapas, de acordo com os recursos disponíveis, no mês de dezembro de 1994, tive o prazer de encontrar toda a família trabalhando junta, finalizando a casa. O Ricardo e seu pai executavam as tubulações hidráulicas, aparentes, em PVC. A Raquel e as crianças, de acordo com a idade, tinham tarefas diversas, como arremates de vedações, acabamento de equipamentos incorporados como camas, gabinetes e mesas. Os menores, com quatro ou cinco anos, no terraço da frente lixavam peças de madeira que comporiam os quadros para as telas mosquiteiros. Todos já estavam instalados, acampados na casa, terminando-a para a temporada de verão.

Talvez pelo fato de a estrutura ter ficado durante um bom tempo à vista, sem nenhum fechamento, talvez por sua implantação, envolvida totalmente pelas árvores e pelo seu desenho, essa casa acabou sendo chamada, pelo povo da região, de casa do Tarzan.

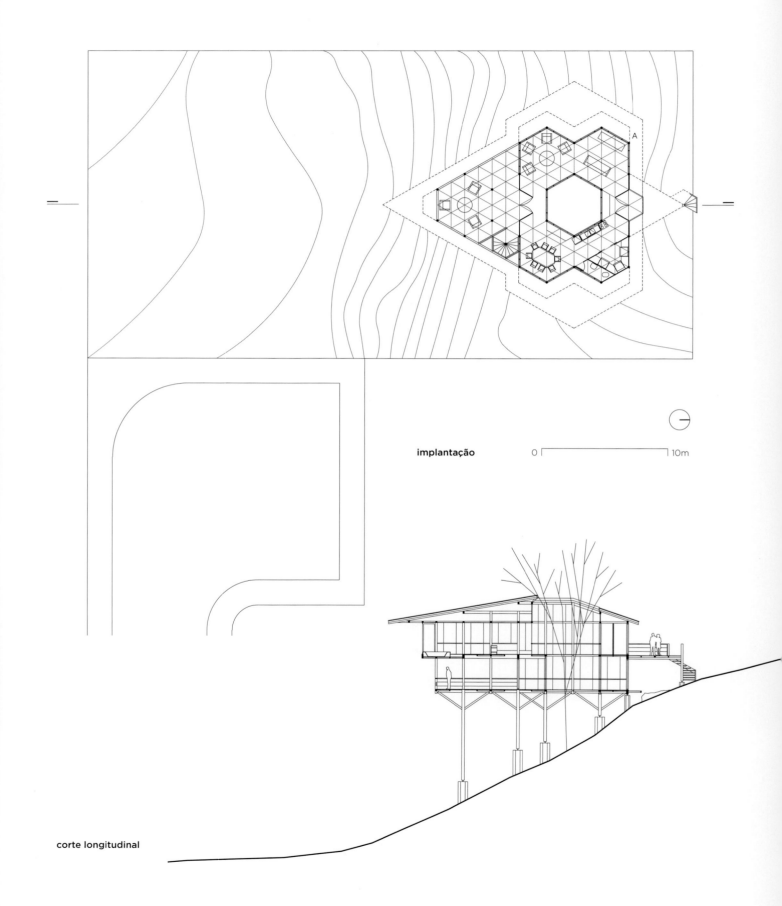
implantação 0 10m

corte longitudinal

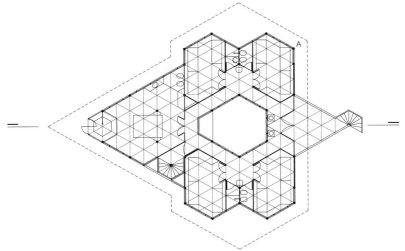

pavimento superior

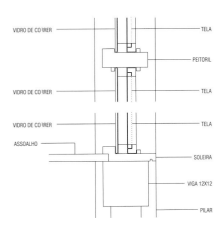

detalhe B

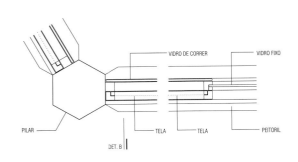

detalhe A

0   10cm

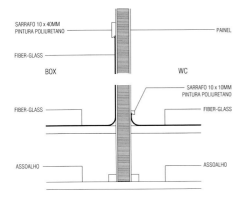

detalhe C

RESIDÊNCIA MARCOS ACAYABA

Local Tijucopava, Guarujá, SP
Ano do projeto 1996
Ano da construção 1996-1997
Arquitetos Marcos Acayaba, Suely Mizobe, Fábio Valentim e Mauro Halluli
Projeto de fundações Luis F. Meirelles Carvalho
Projeto estrutural Hélio Olga de Souza Jr.
Projeto de instalações Sandretec
Construção Ita Construtora e Marcos Acayaba
Área do terreno 1.963m²
Área construída 251m²

Durante o seu longo período de obra, a Residência Baeta acabou por despertar interesse, principalmente de estudantes de arquitetura, e também chamar a atenção de vizinhos, como o publicitário Mário Demasi, que, em 1993, me procurou para construir uma casa no terreno que tinha no Sítio São Pedro, morro acima da Residência Baeta.

Quando comecei a estudar o projeto de Ricardo Baeta, decidi fazer uma casa para minha família no terreno que havia comprado sete anos antes em Tijucopava, condomínio contíguo ao Sítio São Pedro.

Tanto o lote do Demasi como o meu estão à meia encosta da serra do Guararu, coberta pela mata atlântica. Depois de ter feito várias casas na região, algumas com estrutura de madeira, concluí que já dispunha da técnica adequada para construir num terreno muito acidentado e com vegetação densa, como o meu. Senti-me, portanto, seguro para fazer uma casa nessas condições, com o dinheiro que então podia dispor. Por isso, estavam abertos na mesa os dois levantamentos topográficos, com as árvores existentes.

Já decidira usar a mesma grelha triangular modulada em 1,25 metro, que tinha dado ótimo resultado na Residência Baeta. Também já tinha percebido, pela performance dessa estrutura, que ela poderia suportar a mesma área construída com menos apoios. Desde que fosse mais compacta, sem o pátio interno, por exemplo. Além disso, na Residência Baeta, a planta recortada obrigou que seis pilares fossem suportados por duas mãos-francesas cada, o que não deixa de ser uma redundância. Com esses parâmetros, depois de algum trabalho, encontrei uma estrutura muito mais simples, simétrica, com apenas três pontos de apoio no terreno. De cada um deles, além de um pilar central, sairia um conjunto de seis mãos-francesas que suportariam três hexágonos, que, por sua vez, suportariam um hexágono central. O desenho final da planta corresponderia a um hexágono irregular, composição de 33 triângulos equiláteros com 2,5 metros de lado.

Essa estrutura, com "pilares-árvore" hexagonais, que suportam tramos secundários com o mesmo desenho em planta, é, conceitualmente, idêntica à da cobertura do terceiro aeroporto de Londres, o Stansted (1981-1991) [↓], projetado por Norman Foster. Seu elemento principal, e mais marcante, denominado por Foster árvore estrutural, além de suportar as cúpulas da cobertura, concentra todas as instalações para

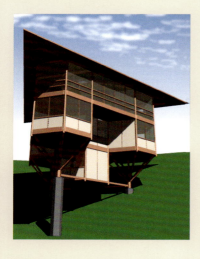

iluminação artificial, climatização e informação.

Depois de vários ensaios, a planta com malha triangular foi a que melhor se encaixou nos dois terrenos, sendo resolvida com apenas três pontos de apoio no solo — equação mais eficiente para qualquer topografia acidentada, e para resistência ao vento. Infelizmente, a Residência Demasi não foi construída. Tivemos problemas com sua aprovação, pois estava acima da cota 50 metros, área que acabara de ser tombada pelo Conselho de Defesa do Patrimônio Histórico, Artístico, Arqueológico e Turístico — Condephaat. Entretanto, ele tinha fechado o contrato e pago ao Hélio a primeira parcela da estrutura, que foi detalhada e começou a ser produzida na fábrica. Quando saiu a aprovação do projeto, só dois anos depois, meus clientes já tinham se separado e decidido vender o terreno. Em 1996, comprei a parte da estrutura que o Hélio já

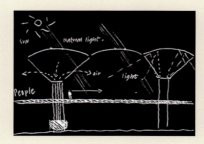

produzira e estava estocada na fábrica, para fazer a minha casa, que acabou por assumir algumas características próprias. Tive liberdade, mesmo com boa parte das peças da estrutura já feita, para introduzir novos elementos, o que demonstra sua flexibilidade. Ficou comprovado seu caráter de protótipo pela capacidade de atender a demandas diversas, em terrenos diversos.

Em 1993, decidi apresentar na Bienal de Arquitetura de São Paulo as melhores experiências que até então realizara com estrutura de madeira industrializada, as casas Hélio Olga e Baeta. Para complementar a exposição e mostrar um desenvolvimento dessas experiências, decidi apresentar como síntese, com caráter genérico, uma casa de veraneio com 170 metros quadrados, o Protótipo [↖]. Era como a Residência Demasi, sem a piscina, implantado em um terreno genérico, um plano inclinado.

Desenvolvemos o protótipo no computador e também produzimos um modelo físico da estrutura. O próprio Hélio Olga forneceu as peças de madeira para a sua construção, na escala 1:15, a menor escala que permitia a execução das vigas e dos pilares hexagonais em jatobá, com as máquinas da fábrica. Forneceu também gabaritos para o corte das vigas nos ângulos de 60 graus, solicitados pela arquiteta Ana Paula Pontes, que, ainda aluna da FAU, encarregou-se da produção do modelo. Com este modelo, que ficou maravilhoso, as imagens de computador, as peças já fabricadas para a Residência Demasi, os nós principais apoiados sobre uma bancada de fábrica, e um módulo da grelha de piso, além dos desenhos e das fotos das obras executadas (Hélio Olga e Baeta), a exposição ficou muito interessante [↑]. Tive grande prazer de, por vários momentos, ver estudantes, às vezes em grupo, examinando, fotografando e desenhando as peças expostas.

O projeto da minha casa é consequência de um processo que teve início na Residência Hélio Olga, passou pela Residência Baeta, e depois pelo Protótipo (1993), que teve seu desenho aplicado e testado na estrutura da Residência Valentim (1993-1995). A Residência Marcos Acayaba tem precisamente a mesma estrutura do protótipo apresentado naquela bienal, tendo sido acrescidos apenas os terraços em balanço, junto à sala e o terraço-jardim, na cobertura, sugestão da Camila, minha filha mais velha, que defendeu a existência de uma área descoberta para tomar sol. A área do terreno, que ficaria muito abaixo, com acesso difícil e cheia de borrachudos, foi descartada. Concordei com a sugestão também porque imaginei que um terraço na cobertura seria um ponto privilegiado, com vista garantida para o mar, acima das copas das árvores.

A construção dessa casa foi uma experiência muito rica. Não tinha nunca, até então, me envolvido numa obra de forma tão intensa. Também pudera, foi a primeira casa que fiz para mim mesmo. Além de comprar os materiais e contratar os serviços, durante toda a execução não deixei de estar lá ao menos duas vezes por semana, para dirigir a obra. O Hélio Olga ajudou muito. Além de ter feito a estrutura a preço de custo, disponibilizou a secretária da sua firma, Linda Kubota, que fazia as cotações de materiais e providenciava as entregas. Eu precisava apenas negociar preços finais e fechar as compras, quase sempre pelo telefone. O Hélio ainda fez a gentileza de me ceder seu melhor empreiteiro de montagem das estruturas de madeira, Valquido Pereira dos Santos, que empreitou também o resto da obra, salvo as instalações elétricas e hidráulicas. Para estas, contratei dois profissionais do Guarujá mesmo. Fernando Evangelista executou as instalações hidráulicas; e Domingos de Jesus Manoel, as instalações elétricas, ambas aparentes.

No dia 24 de maio de 1996, levei o Hélio e o Valquido para conhecer o terreno, que já estava limpo e com os piquetes de locação das fundações. Tínhamos feito um orçamento de um barracão, para alojar o Valquido e seus três ajudantes, e servir de depósito. Como prevíamos seis meses de obra, no máximo, ficou mais barato alugar um alojamento móvel, instalado numa estrutura de contêiner, com banheiro e rede elétrica. Muito mais confortável e higiênico. Para instalá-lo junto à rua, foi necessário executar o estacionamento previsto para a casa, para servir de base. Por sorte, um vizinho que tinha acabado de construir cedeu seu barracão para o pessoal ficar alojado, enquanto fazíamos a base para o contêiner e dávamos início à escavação dos poços dos tubulões. O contêiner chegou na carroceria de um caminhão com um pequeno guindaste, no dia 12 de junho. A operação para descarregá-lo foi delicada, pela forte inclinação da rua e pelos fios, muito baixos. O futuro estacionamento serviu também como local para descarregar materiais e como canteiro de obra.

O engenheiro Luís Fernando Meirelles Carvalho projetou as fundações. Apesar de a sondagem indicar um subsolo excelente, e as cargas serem relativamente reduzidas, tivemos de fazer fundações profundas devido à forte declividade

do terreno. Dois poços para os tubulões foram cavados até 6 metros de profundidade, quando atingiram uma camada com grande resistência, suficiente para as cargas previstas. No terceiro poço, encontramos rocha a 3 metros de profundidade. O próprio Meirelles desceu para conferir e recomendou que se alargasse a base do poço para 2 metros de diâmetro, e que a rocha fosse nivelada nesse ponto. Isso foi feito com pólvora introduzida nas frestas da rocha, ativada por um rastilho. Um operário teve de acendê-lo, no fundo do poço, e sair bem rápido, antes da explosão. Fogacho é como chamam esta técnica. No dia 22 de junho, os três pilotis foram concretados nas fôrmas hexagonais que vieram prontas da fábrica do Hélio. Nos seus topos foram deixados abertos *cálices* para a colocação dos aparelhos de apoio de aço. São três apoios simples. E não foram necessárias vigas, nem baldrames, para travamento. Depois da concretagem do dia 22 de junho e de mais uma semana para cura do concreto, a obra deslanchou. Quando, no dia 23 de julho, a montagem da estrutura chegou na altura do terraço da cobertura, pude, com certa emoção, confirmar a vista maravilhosa, que antes apenas imaginara. No dia 27 de julho, chegaram as peças pré-moldadas de concreto leve, que decidimos usar nas lajes de cobertura. Foram adotadas para minimizar a manutenção dos grandes beirais, de difícil acesso. Ficaram tão boas que depois me arrependi de não as ter usado na casa toda. Os outros pisos, feitos sobre barrotes e forro de madeira, com argamassa isolante de vermiculita, mais assoalho, acabaram se tornando a maior fonte de críticas da casa, pelo ruído das pessoas andando. É uma questão de massa e de rigidez. Os pisos de madeira são muito leves, e a estrutura fica flexível, ao contrário das lajes feitas com placas pré-moldadas. No dia 14 de setembro, foi feita a impermeabilização da cobertura, muito rapidamente, com manta da Alwitra, importada da Alemanha.

No começo de novembro, quando a maioria dos painéis divisórios já estava colocada, e a previsão de terminar a obra até o fim do ano era mais do que viável, o Hélio teve de levar o Valquido e seus ajudantes para terminar uma etapa da obra da casa do Marcelo Aflalo, por conta da liberação de uma parcela de financiamento. Tive de me resignar a ficar dois meses com a obra praticamente parada, apenas adiantando os serviços de instalações. Em janeiro de 1997, com a volta do Valquido e equipe, a obra retomou o ritmo anterior. Passei a ficar pelo menos quatro dias por semana no Guarujá, dormindo no apartamento que tínhamos no centro e indo todos os dias a Tijucopava, para trabalhar. Além de orientar a colocação dos painéis divisórios, dos vidros e os serviços das instalações, ajudei a terminar as janelas, iguais às da Residência Baeta. Montei quadros com telas-mosquiteiros, que correm junto às janelas, com a ajuda da minha filha Camila. Fiz as escadas no terreno, misturando massa e assentando grandes pedras, degrau por degrau. Foi uma prova a que submeti a minha saúde, depois de ter passado por uma cirurgia cardíaca dois anos antes, e, ao mesmo tempo, uma oportunidade de realizar na prática o ideal do arquiteto operário.

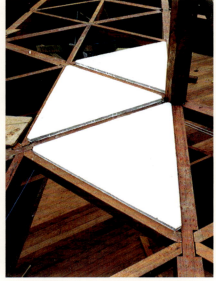

Para executar o equipamento previsto, armários da cozinha, gabinetes para pias dos banheiros, prateleiras e gaveteiros para as roupas, nos quartos, chamei o senhor Hans, o melhor marceneiro com quem já trabalhei. Pude, por isso, realizar a ideia da sala de estar da Marina, minha filha mais nova, então uma estudante do colegial que nem sequer cogitava ser a promissora arquiteta que é hoje. De início, eu pensava equipar a sala apenas com poltronas, mas a Marina argumentou que na praia as pessoas ficam mais deitadas, conversando, lendo, ou dormindo.
"É muito melhor um sofá em 'L'". "Mas não dá, filha, a sala é um hexágono."
"Então faz em 'U', aberto, vai ficar legal".
Passei a limpo o design da Marina, o desenho executivo do sofá. O senhor Hans produziu-o primorosamente. Com o estofamento muito bem-feito pelo Itamar, tornou-se o melhor móvel da casa, uma delícia, muito bonito e integrado no desenho geral.

A obra ficou pronta em 1997, mas, em 2005, foi necessária uma reforma significativa. Uma das vigas da ponte que ligava a casa à rua apodreceu e desabou em 2004. Isso porque ficava exposta à chuva e na sombra de árvores. Além disso, o desenho da ponte era um pouco forçado: as mãos francesas eram pouco inclinadas, e, assim, a compressão nos pilares centrais era enorme, o que ajudou a deterioração da madeira. Ao refazer a ponte, decidi resolver os dois problemas de uma só vez: fazê-la coberta e com uma estrutura mais bem desenhada, com as mãos-francesas bem mais inclinadas. Além de resolver as questões de estrutura e manutenção, a nova ponte deu muito mais conforto à casa.

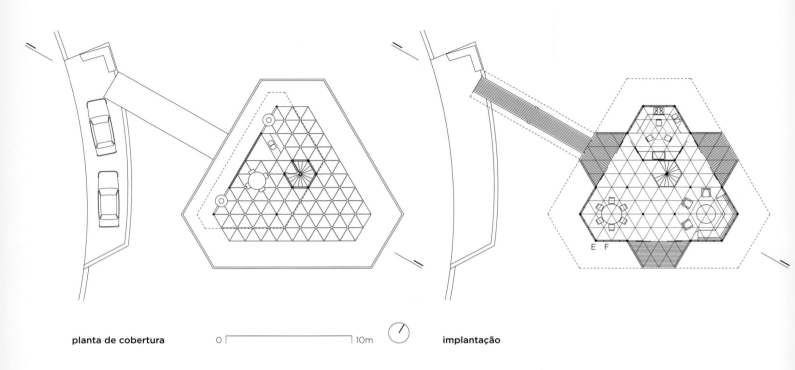

planta de cobertura　0 ⊢──────⊣ 10m　　implantação

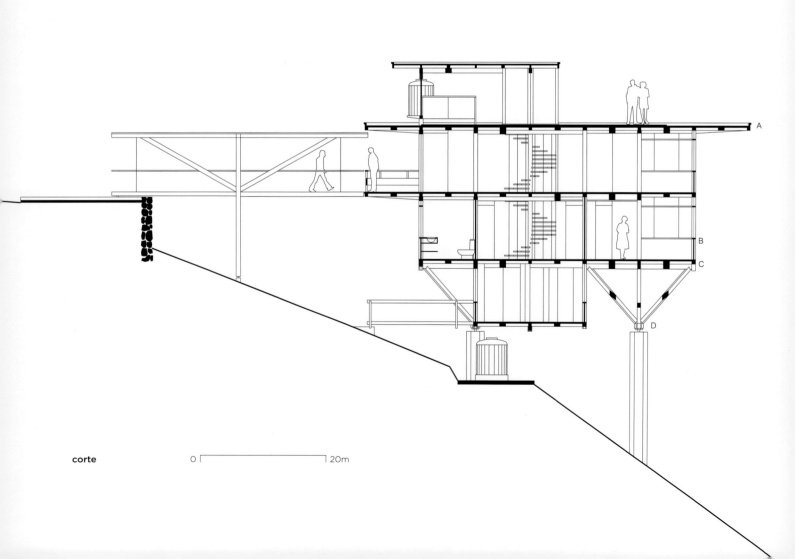

corte　0 ⊢──────⊣ 20m

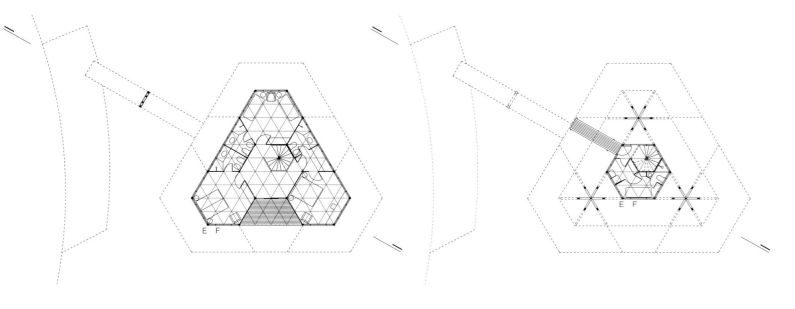

pavimento intermediário (dormitórios)   pavimento inferior (serviços)

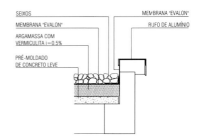

detalhe A

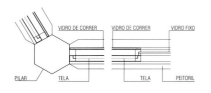

detalhes E e F

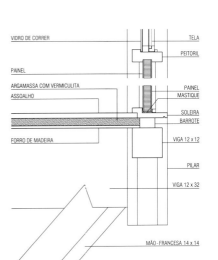

detalhes B e C

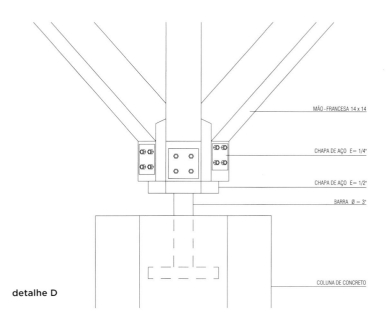

detalhe D

NOVA SEDE DA FAPESP

Local Jaguaré, São Paulo, SP
Ano do concurso 1998
Projeto classificado 4º lugar
Arquitetos Marcos Acayaba, Suely Mizobe e Francesco Santoro
Estagiários Mariana Nakiri, Henrique Bustamante e José Eduardo Baravelli
Projeto da estrutura de concreto França e Associados
Projeto da estrutura metálica Engebrat
Projeto de instalações Sandretec
Projeto de ar-condicionado Thermoplan
Projeto de paisagismo Sakae Ishii
Maquete Kenji Furuyama
Área do terreno 24.198m²
Área construída 10.947,80m²

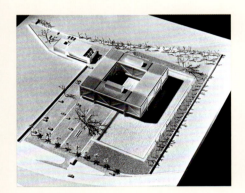

A Fundação de Amparo à Pesquisa do Estado de São Paulo — Fapesp, na gestão do engenheiro e professor da Poli Francisco Romeu Landi, decidiu promover um concurso público de arquitetura para sua nova sede. O terreno, muito bem localizado junto à avenida Escola Politécnica, defronte ao campus da USP, tem uma grande área plana, com cerca de 24 mil metros quadrados, e faz frente também para a avenida Torres de Oliveira. O extenso programa de necessidades era composto, na sua maior parte, por áreas administrativas. O edital previa que elas deveriam ter grande flexibilidade para absorver quaisquer transformações futuras.

Um dos estagiários do escritório, o aluno da FAU USP, José Eduardo Baravelli, era bolsista da Fapesp. Por isso, costumava frequentar a sua sede e sabia mais ou menos como ela funcionava. Sua participação foi fundamental para a compreensão do programa, das relações entre os setores, e para a adoção do partido que as resolvia melhor. A partir da análise que fizemos, concluímos ser preferível uma solução mais horizontal, com andares corridos dispondo de área suficiente para os grandes setores previstos no programa. Com três andares, constituindo cerca de 3 mil metros quadrados, o edifício poderia ser alongado e implantado paralelo à maior dimensão do terreno, ou ser resolvido numa planta retangular com seção áurea, por exemplo. A solução linear alongada teria andares com mais de 120 metros de comprimento. O retângulo, com andares mais compactos, resultaria em grandes áreas no centro dos andares, distantes das janelas e sem iluminação natural. Depois de termos ensaiado, com as áreas do programa, essas duas hipóteses, encontramos um desenho para resolver os problemas mencionados: uma planta quadrada em anel, em torno de um pátio [←]. Esse anel, com 15 metros de largura, teria seus espaços sempre bem iluminados e todos os postos de trabalho estariam perto das janelas. A planta final, um quadrado de 65m x 65m, com um pátio central de 32,5m x 32,5m, teria uma circulação contínua com percursos alternativos, reduzindo as distâncias entre os pontos extremos dos andares. O programa seria resolvido em três andares e sobre pilotis, parte com o estacionamento coberto solicitado. Os pilotis atenderiam também à necessidade de concentrar as cargas da estrutura em poucos apoios, pois o terreno com subsolo muito difícil, um aterro sobre um brejo, requeria fundações profundas. Chegamos, por tudo isso, a uma estrutura em aço, com treliças nas fachadas internas e externas, apoiadas sobre apenas doze colunas de concreto. O desenho tem como referência o Centro de Convenções de Chicago (1953-1954) [↓], desenhado por Mies van der Rohe,

 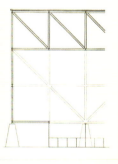

também com planta quadrada e grandes treliças metálicas nas fachadas, apoiadas em colunas de concreto. Porém o nosso desenho, numa escala maior, corresponde conceitualmente ao da Residência Mendes André (1966) [↓], de Artigas. Sobre a casa, ele escreveu: "O projeto partiu do princípio de que a estrutura, quando resolvida, não interviria na utilização do espaço interno da casa, permitindo sua inteira adaptação ao programa. Assim, o andar superior é uma única estrutura, como se a casa se distribuísse dentro de uma grande viga, pois tem a cobertura e o piso atirantados. Isso também permitiu apoiar a casa em quatro colunas para dar sensação de leveza ao conjunto". Quer dizer, exatamente o mesmo que pretendíamos, conceitualmente e na prática.

O concurso previa duas fases. Para a segunda fase, foram classificados cinco, entre cerca de oitenta projetos entregues. Depois da solenidade em que foram anunciados os classificados, o professor Landi, presidente da Fapesp, amigo e colaborador (seu escritório fez projetos de instalações para várias obras minhas), me disse que ouviu do júri um comentário sobre o meu projeto: "É o único, entre os escolhidos, em que todos os espaços de trabalho teriam luz natural". Pensei, depois, se isso seria vantagem, ou, pelo contrário, a única virtude do projeto, já que nada mais foi dito pelo Landi. Os autores dos projetos selecionados foram remunerados para desenvolver o projeto básico, durante um mês. Nessa etapa, além de aprofundar as soluções técnicas de estrutura, fundações e instalações, decidi fazer a maquete com o Kenji. Ficou ótima.

O edital do concurso previa que, no fim da segunda fase, os autores dos projetos classificados os apresentassem pessoalmente para a comissão julgadora, toda composta por amigos meus: Jon Maitrejean, Abrahão Sanovicz, Pedro Paulo Saraiva, César Bergstron e José Carlos Ribeiro de Almeida. A comissão recebeu as cinco equipes classificadas, sucessivamente num mesmo dia, no auditório do antigo prédio da Fapesp.

No início, propus não fazer a apresentação formal do projeto, já que todos o conheciam, e, para aproveitar o tempo, passar direto às perguntas. O projeto foi contestado primeiro pelo Pedro Paulo, argumentando que numa forma pura, até miesiana, as torres dos banheiros e da circulação vertical aflorando na cobertura seriam uma violência, uma contradição. Respondi que, por serem necessidades técnicas e funcionais, não via nenhum problema, inclusive não me incomodavam em nada. Para ajudar o Pedro nessa questão, o Abrahão referiu-se a um projeto do Mies van der Rohe, o Teatro de Mannheim (1952-1953) [↗], que teria chocado a todos que admiravam a obra do Mies. Exatamente porque, numa forma pura, onde ele resolvia o vão livre com grandes treliças aparentes, a grande massa da caixa do palco aflorava na cobertura, exatamente como no meu caso. Contou então que, em função desse estranhamento, em algumas publicações do projeto, fotos da maquete foram retocadas para eliminar a caixa de palco. De fato, ao procurar imagens desse projeto do Mies, para ilustrar esta crônica, encontrei duas versões da mesma foto da maquete. No livro de Werner Blaser para a coleção Studiopaperback, sem a caixa de palco. Mas um livro muito mais sério, a biografia crítica do Mies feita por Franz Shulze, em associação com o arquivo de Mies van der Rohe do Museu de Arte Moderna de Nova York — MoMA, inclui a foto da maquete com a caixa de palco. Diante do que levantei sobre essa obra do Mies, cheguei à conclusão de que ela só reforçava e justificava a atitude que adotamos no nosso projeto. O teatro do Mies é mais bonito com a caixa de palco.

Outra questão foi levantada por Maitrejean, com relação à estrutura. Disse que não concordava que conceitualmente a estrutura fosse composta por treliças, mas sim por vigas atirantadas. Lembrou o projeto da Sede do Hong Kong & Shanghai Bank Co. [→], de Norman Foster, em Hong

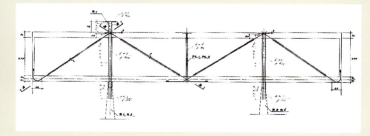

Kong, que tem vigas atirantadas que sustentam até sete andares pendurados. Procurei explicar melhor a nossa estrutura, o trabalho da viga superior da treliça e o da inferior: os pisos intermediários ou são apoiados, ou pendurados na treliça, através de pilares secundários. Ou seja, o segundo andar é apoiado e o terceiro pendurado pelo mesmo pilar, que vai do banzo inferior ao superior da treliça, ou da viga atirantada, que seja. Então, o Abrahão me interrompeu e perguntou, um pouco irônico: "Se a parte inferior do pilar é comprimida e a parte superior é tracionada, a parte do meio como é que fica, comprimida ou tracionada?". Expliquei que, nesse trecho, o pilar poderia até ser interrompido, mas era importante a sua continuidade para o travamento dos pisos e para resolver a flambagem dos pilares do trecho inferior. Também evitaria a flambagem se pendurasse o segundo e o terceiro andares, mas isso sobrecarregaria a viga superior. Esqueci-me de passar a bola para o engenheiro Romão Ribka, que tinha me assessorado no projeto da estrutura metálica e estava presente. Depois de terminada a sessão, ele me disse, a respeito dessa discussão, que, como nossa estrutura trabalhava nas duas direções ortogonais, conceitualmente era espacial, o que explicava melhor seu comportamento.

O resultado anunciado no dia seguinte foi uma surpresa. Mesmo com as manifestações contrárias ao projeto durante a sua apresentação, eu tinha certeza de que ganharia, porque o projeto era muito bom, e, na arguição, só foram levantadas questões secundárias, de terminologia, ou relativas a pormenores. Não contestaram o partido: o edifício em anel sobre pilotis. Bom, fiquei em quarto lugar, e logo fui procurar saber como era o projeto vencedor. "É um projeto muito simples", me disse o Maitrejean, "um edifício comprido com três andares, perpendicular à avenida Politécnica". Comentei que tudo acabava ficando muito longe num prédio como esse, o qual deveria ter pelo menos 120 metros, e era aquilo exatamente o que eu tinha procurado evitar. Ao que ele retrucou, já um pouco irritado: "É, mas para dar a volta no seu anel, somando todos os lados do seu pátio, acaba dando a mesma distância". Expliquei que ninguém teria de dar a volta inteira. Ou vai por um lado, ou vai pelo outro, escolhe o caminho mais curto, na pior das hipóteses dá meia volta. Percebi então, pela crítica do Maitrejean, que na arguição tinham levantado questões relativamente secundárias apenas para não ter de questionar frontalmente a arquitetura do nosso projeto, o nosso partido. Este sim foi perdedor.

Na sequência de experiências que vinha realizando, de construções caracterizadas por suas estruturas, leves e soltas do chão, a Nova Sede da Fapesp seria a evolução natural, em outra escala, numa obra pública, com outro significado. De qualquer forma, nove anos depois, com o distanciamento que o tempo permite, ainda considero esse trabalho muito significativo dentro do conjunto da minha obra.

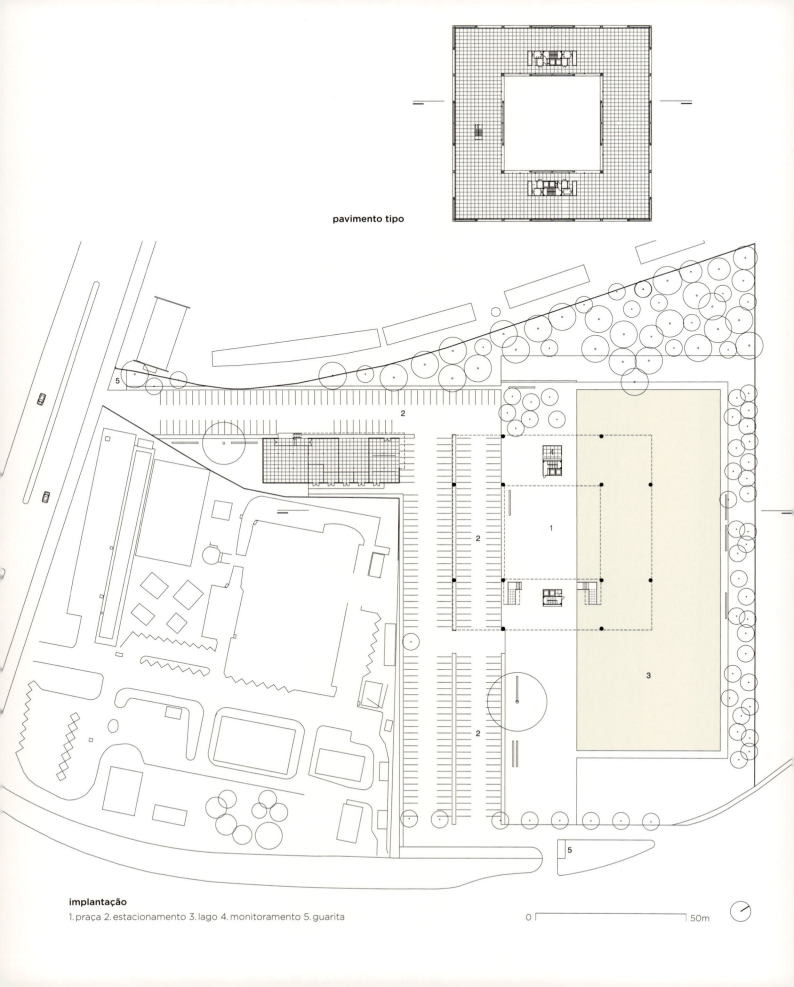

pavimento tipo

implantação
1. praça 2. estacionamento 3. lago 4. monitoramento 5. guarita

0　　　50m

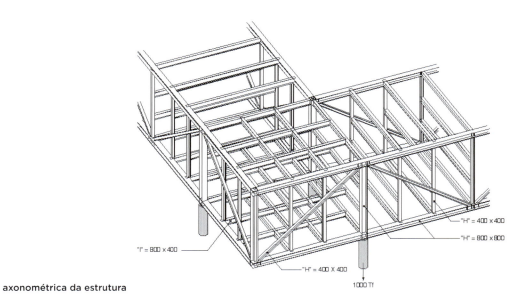

axonométrica da estrutura

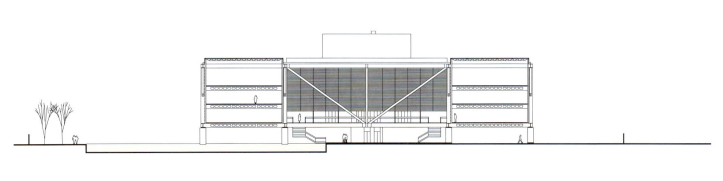

corte

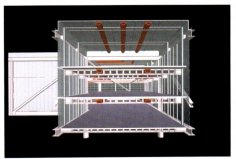
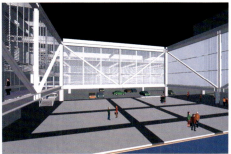
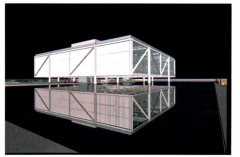

SEDE DO PARQUE ESTADUAL DE ILHABELA

Local Ilhabela, São Sebastião, SP
Ano do projeto 1998
Arquitetos Marcos Acayaba e Francesco Santoro
Estagiários Mariana Nakiri, Henrique Bustamante e José Eduardo Baravelli
Projeto estrutural Hélio Olga de Souza Jr.
Projeto de instalações Sandretec
Área construída 500m²

Em 1997, a arquiteta Vera Severo, da Secretaria de Estado do Meio Ambiente, me propôs um projeto. Era um conjunto de edificações para o Colégio Arquidiocesano, numa península coberta por Mata Atlântica, no município de Ubatuba. O programa previa alojamentos para professores e alunos, e vários laboratórios, o principal deles de biologia marinha. Já haviam apresentado um projeto, que fora recusado pela secretaria por não atender aos critérios de preservação ambiental.

Um engenheiro de Ubatuba, encarregado pelo colégio para fazer a obra, estava recebendo propostas para o projeto. Fui ao Colégio Arquidiocesano conversar com o padre diretor, que me expôs o interessante e ambicioso programa que pretendiam implantar em Ubatuba. Em seguida, ao fazer a proposta de serviços profissionais, adotei, para os honorários, a tabela do IAB, sem considerar os percentuais adicionais relativos à complexidade do projeto, especialmente as instalações dos laboratórios. Mesmo assim, o resultado da concorrência, que considerou apenas a remuneração dos arquitetos, me deixou em último lugar, para minha surpresa. Um dos colegas chegou à metade do que eu tinha proposto, e um outro, a 30 porcento.

Algum tempo depois, a Vera me chamou novamente à secretaria, para conversar sobre outro projeto: a Sede do Parque Estadual de Ilhabela. Pediu-me que levasse fotografias das minhas obras na Mata Atlântica, para mostrar ao secretário, na época, o deputado estadual Fábio Feldman. Levei, além das obras já publicadas, fotos da minha casa, quase pronta. O Fábio gostou do que viu, concordou com a indicação da Vera e marcou uma viagem para Ilhabela, quando escolheríamos o local da obra.

Viajamos num helicóptero da empresa imobiliária Scopel, com dois de seus diretores. Estavam muito interessados no caso, pois cinco anos antes tinham feito um loteamento no Sul da Ilhabela, no começo da encosta, que, quando ficou pronto, inclusive com as ruas já asfaltadas, foi embargado por causa do tombamento de toda a área da ilha, acima da cota 50 metros. Naquele momento, estavam negociando com a Secretaria do Meio Ambiente uma solução para o caso: abririam mão da área mais alta do loteamento, acima da cota-limite do tombamento, e a doariam para a instalação da sede do parque; promoveriam a construção e pagariam o projeto.

Estivemos no magnífico local proposto para a sede do parque, o Mirante da Ilha, um outeiro que aflora na encosta abrupta que contorna praticamente toda a Ilhabela. Antes de voltarmos a São Paulo, o sobrevoamos de helicóptero, e também a um outro local alternativo, ao Norte da ilha, para comparar. Não restou qualquer dúvida: o local proposto pela Scopel era infinitamente melhor.

Considerando as recomendações feitas tanto pelo secretário como pelos diretores da Scopel, preocupados com o custo e o prazo da obra, cheguei a um estudo preliminar muito simples: um galpão para múltiplos usos, com planta hexagonal, que ocupava quase a metade da área mais plana do topo do outeiro. Vera Severo, acompanhada de mais dois arquitetos da Secretaria do Meio Ambiente, veio ao escritório para ver o estudo. Disse que gostou. Entretanto, duas horas depois de ter saído, ligou e me falou que, apesar de ter achado o projeto correto, sensato e bonito, não era o que tanto ela como o Fábio esperavam. Segundo ela, era muito comum e não tinha o impacto necessário nem o caráter didático quanto à preservação da natureza que pretendiam dar à sede do parque. Eu deveria procurar alguma outra solução na linha do que vinha fazendo e que tinha entusiasmado o Fábio. Concordei com ela e disse que, enquanto conversávamos, me ocorrera uma ideia sugerida pela geografia do lugar: construir um edifício-ponte, que ligasse a estrada existente ao outeiro e o deixasse livre, como uma praça pública, um belvedere. Enquanto falava ao telefone, fiz o croqui [↓]. Depois de a Vera ter me dito que achava a ideia interessante, desliguei e contei a conversa para o pessoal do escritório. Mostrei o croqui, e a nova hipótese para o projeto animou a todos.

O desenho final da sede do parque acabou correspondendo ao risco feito ao telefone. Na verdade, esse desenho estava na minha cabeça havia muito tempo. Essa foi a oportunidade de realizar uma hipótese projetual que tinha visto pela primeira vez no livro do arquiteto Craig Ellwood, que já mencionei. Trata-se da Casa Ponte (1968) [↗], desenvolvimento da Casa de Fim de Semana, à qual me referi na Residência Hélio Olga.

O programa de necessidades foi naturalmente atendido nos dois andares da ponte: entre as duas varandas de aceso ao belvedere, primeiro uma loja, em seguida um grande espaço para usos variados, como exposições temporárias, conferências, festas etc., e finalmente um

bar voltado para a praça; no andar inferior, a administração, além de espaço para uma exposição permanente.

Apresentei o estudo preliminar da sede do parque para o secretário Fábio Feldman e os diretores da Scopel, numa reunião, na secretaria. O Fábio ficou entusiasmado e, logo depois, meu escritório foi contratado pela Scopel para fazer o projeto completo. Começamos o projeto básico, depois de conversar com o Hélio Olga, que pré-dimensionou a estrutura com madeira de reflorestamento, exigência da secretaria. E logo encaminhamos os desenhos para a aprovação nos vários órgãos ambientais e na Prefeitura de Ilhabela. Para minha surpresa, o processo ficou rodando indefinidamente, em repartições do governo. Por exemplo, entrou e não saiu mais do Instituto Florestal. Parece que não havia vontade política para aprová-lo. No fim do primeiro mandato do governo Covas, o Fábio Feldman não foi reeleito deputado e, por isso, não foi reconduzido à Secretaria do Meio Ambiente. O novo secretário, o deputado Ricardo Trípoli, ignorou o projeto já feito e em aprovação. Chamou outro arquiteto para fazer um novo projeto. Há cerca de três anos, soube que este projeto também não foi executado, e que, até então, nada tinha sido feito no Parque Estadual de Ilhabela.

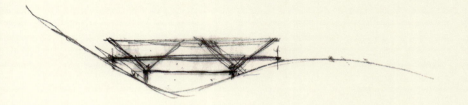

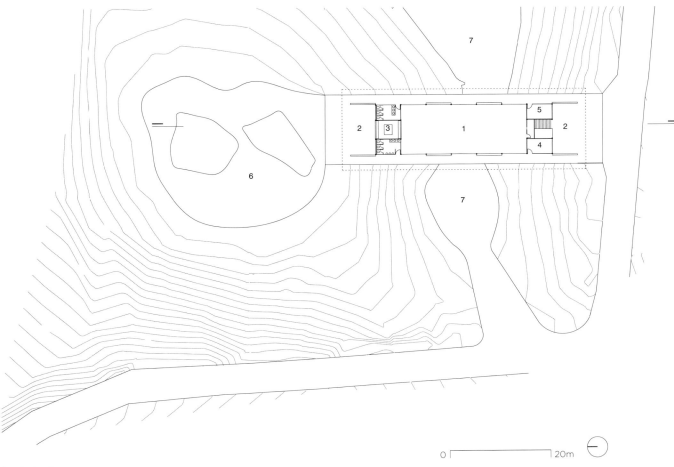

implantação

1. salão para múltiplos usos 2. terraço 3. bar 4. loja 5. depósito 6. belvedere 7. estacionamento

pavimento inferior

1. exposições 2. administração/recepção

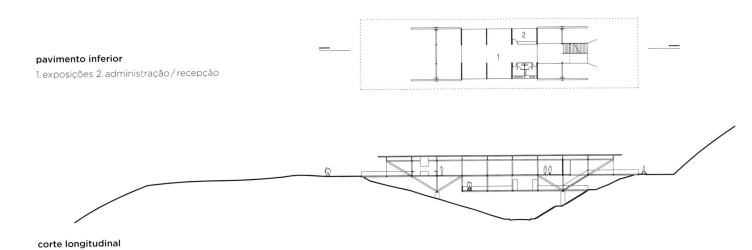

corte longitudinal

VILA BUTANTÃ

Local Vila Pirajussara, São Paulo, SP
Ano do projeto 1998-2004
Ano da construção 1998-2004
Arquitetos Marcos Acayaba e Suely Mizobe
Projeto de fundações Meirelles Carvalho
Projeto estrutural [alvenaria armada] Meirelles Carvalho [laje nervurada madeira/concreto] Helio Olga de Souza Jr., Pedro Afonso Oliveira Almeida e Péricles Brasiliense Fusco
Projeto de instalações Sandretec
Projeto de luminotécnica Claudio Furtado
Projeto paisagístico Benedito Abbud
Construção Ita Construtora
Área do terreno 4.439m²
Área construída 2.879,04m²

A Vila Butantã foi construída em terreno de 4.439 metros quadrados, na encosta do Morro do Querosene, à margem esquerda do Rio Pirajussara, no limite a Oeste da bacia hidrográfica de São Paulo.

As principais condicionantes para o projeto foram: a topografia acidentada do terreno (declividade média de 45 porcento, na encosta); a orientação e a vista para a paisagem; a racionalização da obra, para reduzir seu custo; e a produção de uma casa tipo flexível e adequada ao mercado.

Optamos por reduzir as áreas externas privativas e privilegiar as áreas comuns, com o que evitamos quintais e seus muros, difíceis na topografia do terreno. Para bem orientar e garantir a melhor vista às principais aberturas das casas, estas foram implantadas em dois renques que acompanham as curvas de nível. As casas, geminadas aos pares, têm seus pavimentos junto ao solo desnivelados de 3 metros. O pavimento intermediário dá para a rua, e o pavimento inferior para o jardim. Os muros de arrimo de alvenaria armada entre esses pavimentos travados pelas empenas laterais são o principal elemento para a contenção da encosta, ao longo dos renques. O escalonamento horizontal e vertical entre as casas destaca-as entre si e garante às suas aberturas principais a necessária privacidade. O trecho plano do terreno, ao fundo, foi destinado ao lazer, com piscina, quadra e salão. A racionalização da construção, além de instalações hidráulicas aparentes ou visitáveis, contou com o novo sistema de lajes nervuradas, mistas de concreto e madeira [↘], testado e patenteado pelo Departamento de Estruturas da Escola Politécnica da Universidade de São Paulo. Compostas por barrotes de 6cm x 20cm de jatobá, e laje de concreto de 4 centímetros de espessura, com vãos livres de 6 metros, foram fundidas, sem cimbramento, apoiadas nas empenas de alvenaria armada e blocos pigmentados.

implantação

corte

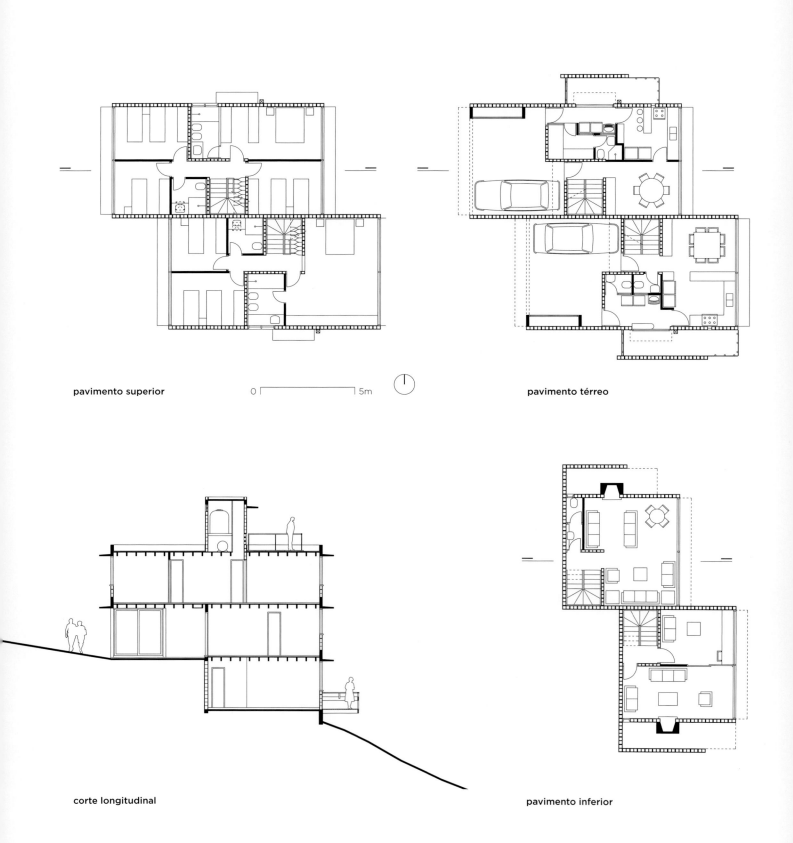

239

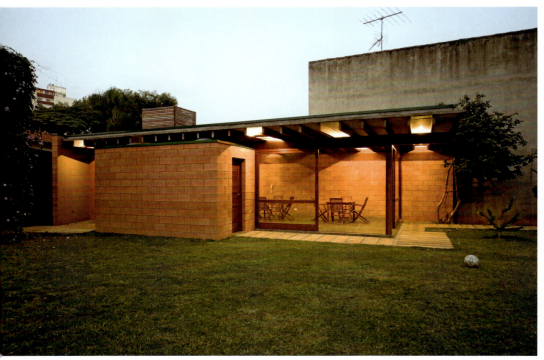

ESCOLA ESTADUAL JD. BELA VISTA I

Local Jardim Bela Vista, Mogi das Cruzes, SP
Ano do projeto 2004
Ano da construção 2004-2005
Arquitetos Marcos Acayaba, Camila Lisboa, Fernanda Neiva, Fernanda Palmieri e Mariana Alves de Souza
Consultor de fundações Zaclis & Salvoni
Consultor de estrutura Kurkdjian & Fruchtengarten
Projeto estrutural Ruy Bentes
Projeto de instalações Sandretec
Coordenadores de projeto [FDE] Naide Correia e Sergio de Paula
Coordenador de obra [FDE] Affonso Coan
Construtora Lopes Kalil
Maquete Edison Hiroyama
Área construída 3.033m²

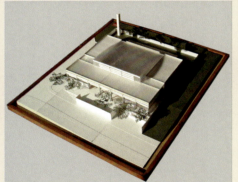

A Escola Estadual Jardim Bela Vista I foi implantada em área institucional, junto à área verde e à área de lazer que compõem o *cuore* de um conjunto habitacional construído em Mogi das Cruzes pela Companhia de Desenvolvimento Habitacional e Urbano — CDHU, do Estado de São Paulo.

A área e a topografia do terreno, praticamente plano, permitiram a solução do projeto por meio de um volume horizontal, com apenas dois pavimentos (térreo e superior), e planta retangular (50,4m x 37,8m) na modulação da estrutura pré-moldada de concreto adotada pela FDE. Considerando a orientação, a volumetria e os alinhamentos dos edifícios existentes, a implantação do volume da escola ensejou, além de pátios descobertos nos recuos de frente e de fundo, a criação de uma área pública junto à esquina, acesso principal para os alunos e lugar de encontro dos moradores locais.

O programa de necessidades foi organizado em três blocos estruturalmente independentes, com planta em "U", configurando o espaço da quadra coberta. A articulação entre os blocos foi feita por duas escadarias opostas. O pavimento superior foi ocupado pelas salas de aula. No térreo, um dos blocos contém as salas de recuperação e o centro de leitura, franqueado aos moradores nos fins de semana. No bloco oposto, com entrada de serviço a partir da rua, a cozinha abre-se para o refeitório, com acesso para os alunos através de galeria que passa pelo grêmio. No bloco maior, na entrada da escola, o conjunto de direção/administração encontra-se numa extremidade e o volume com sanitários e cantina na outra, ladeando o galpão. Assim, essa organização do programa/estrutura garante a continuidade espacial, o percurso livre e variado, que parte da praça junto à esquina, passa pelo pátio de entrada, depois pelo galpão, pela quadra coberta e, finalmente, atinge o pátio posterior.

Além da estrutura em pré-moldado de concreto dos três blocos, essa escola tem como elemento marcante a cobertura metálica da quadra. São quatro treliças arqueadas que vencem o vão livre de 27 metros, com apoios nos pilares de concreto desnivelados de 4,5 metros, configurando um grande shed voltado para o Norte. Este, combinado à abertura oposta, junto ao pátio posterior, proporciona a desejável iluminação lateral para a quadra.

A iluminação natural de toda a escola é controlada, refletida e distribuída por brises horizontais pré-moldados de concreto, que também cumprem a função de vigas de travamento. Os pilares do sistema de estrutura pré-moldada foram dimensionados para a eventual construção de escolas necessariamente verticalizadas, com até quatro andares. Nessa escola, os pilares suportam apenas um pavimento elevado e a cobertura. Portanto, podem facilmente absorver a carga dos conjuntos de brises. Além disso, a preocupação com o custo e a dificuldade de manutenção de brises metálicos indicaram a solução adotada para o controle da iluminação natural. Incorporada na produção e montagem à estrutura, acabou por ter o custo extremamente reduzido, e ainda veio a enfatizar a horizontalidade, característica maior da expressão plástica desse edifício escolar.

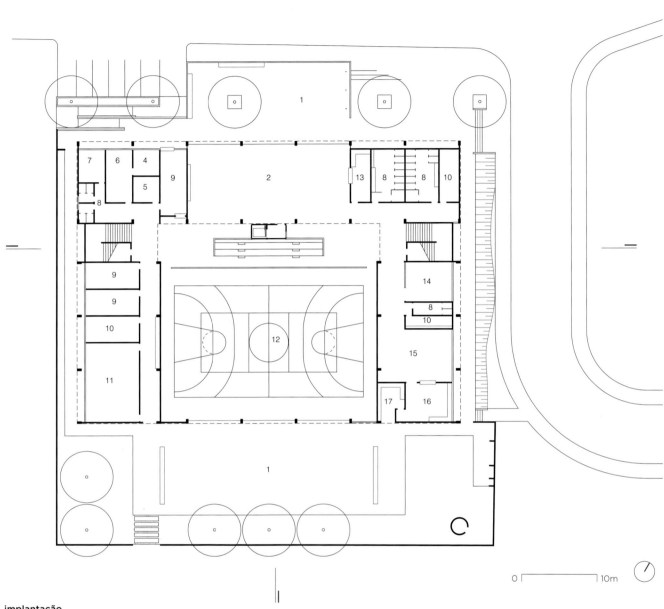

implantação
1. pátio 2. recreio coberto 3. secretaria 4. coordenação 5. almoxarifado 6. professores 7. diretoria 8. sanitário 9. reforço
10. depósito 11. centro de leitura 12. quadra coberta 13. cantina 14. grêmio 15. refeitório 16. cozinha 17. despensa

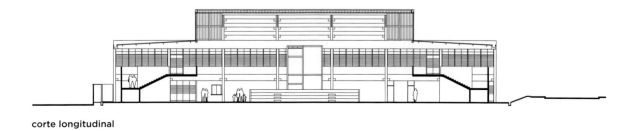

corte longitudinal

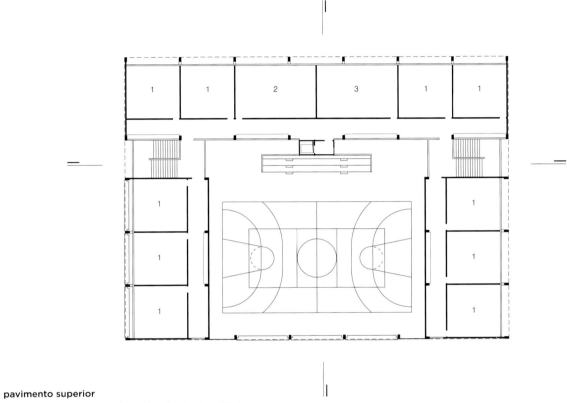

pavimento superior
1. sala de aula 2. sala de informática 3. sala de múltiplo uso

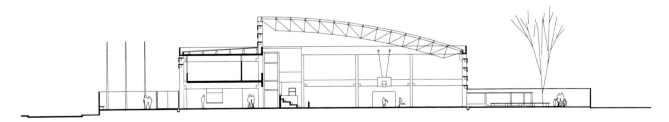

corte transversal

253

ESCOLA DE COMUNICAÇÕES E ARTES

Local Cidade Universitária Armando Salles Oliveira, São Paulo, SP
Ano do projeto 2006
Arquitetos Marcos Acayaba, Júlio Maia de Andrade e Rodrigo Queiroz
Estagiários Tatiana Rizzo de Campos, Rafael Meira Pinatti Sanchis Sola, Pedro Mollan Saito, Norberto Takeyama, Mayra Bonato Garcez Yasuda, Letícia Martins Baldo, César Fukuda Pizzocaro, Bárbara Bianca Giovana Assaf Dalge e Argos Silva Giampietro
Área construída 15.470m²
Projeto desenvolvido em ateliê interdepartamental na FAU USP

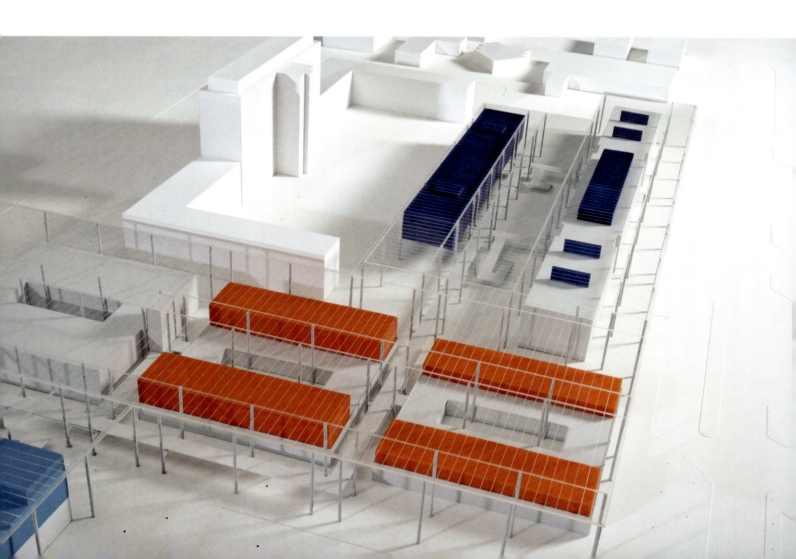

A construção necessária
Prof. Dr. Luiz Augusto Milanesi

A Universidade de São Paulo — USP criou, em 1966, a Escola de Comunicações e Artes — ECA, respondendo a um dos desafios do tempo: a progressiva importância dos meios de comunicação para a vida coletiva. Essa tendência acentuou-se nos últimos anos, inclusive com o uso intensivo da internet, criando novos cenários para todos os campos de atividades públicas e privadas. Talvez isso explique não só a importância estratégica dos estudos de comunicação, mas o forte significado da ECA para a mídia brasileira e, por extensão, para a sociedade.

Nos seus quarenta anos, a ECA formou milhares de profissionais que hoje atuam em jornais, emissoras de rádio, cinema, televisão, centros de informação, agências de publicidades, assessorias de comunicação e, principalmente, nos campos novos da internet.

Paralelamente, e muitas vezes integrado, o ensino das artes tem preparado profissionais das artes plásticas, cênicas e música, que são referências em suas áreas específicas.

De atores notáveis da teledramaturgia a diretores de poderosas empresas de mídia, há um contingente significativo de nomes que se destacam na vida pública brasileira. Isso dá a dimensão do papel que a ECA representa.

Os desafios da escola são constantes, principalmente porque o básico não é

apenas permanecer atualizada em relação às novas tendências, mas criá-las. Cabe à universidade desenhar novos caminhos, respondendo à demanda da sociedade em busca de respostas para as questões que afetam a todos. A USP é responsável por 25 porcento da produção científica brasileira. É esse trabalho que, muitas vezes, permite uma compreensão maior do país, indicando os novos rumos que, necessariamente, deverão ser seguidos. Portanto, tornar mais fortes as atividades para formar e atualizar profissionais, bem como garantir pesquisas mais ágeis e com mais recursos, são tarefas que, transcendendo a universidade, espalham-se por todos os setores da coletividade.

Atualmente, a ECA oferece 22 habilitações profissionais em cursos regulares de graduação, das quais quinze são voltadas à área de artes. Têm em seus quadros 190 professores, 2.054 alunos de graduação e 560 em mestrado e doutorado. Esse contingente exige uma organização e uma infraestrutura para mantê-la como usina em permanente produção. Assim, paralelamente às mudanças do ensino e da pesquisa, no ano de 2006 optou-se também pela busca de condições físicas adequadas aos seus objetivos.

Com espaços limitados, precários e espalhados por oito prédios no campus —

o que representa uma segmentação indesejada — a ECA buscou na Faculdade de Arquitetura e Urbanismo — FAU uma solução para o problema. A resposta é esse projeto que concretiza a idéia maior de integrar partes, reunir pessoas e criar um ambiente propício para o ensino e a pesquisa necessários.

Hoje há dois desafios a enfrentar: o compromisso com a sociedade e o compromisso com o novo. Como parte da universidade pública, a tarefa central da ECA sempre será a de gerar benefício para a coletividade, formando cidadãos capazes de uma efetiva intervenção em prol da melhoria das condições sociais, estejam eles no papel de educadores, comunicadores ou pesquisadores. E como instituição de ponta, cabe a ela acompanhar o vertiginoso processo de mudanças tecnológicas, sintonizando-se e atualizando-se permanentemente.

Ambas as tarefas são obrigatórias, indispensáveis para que a ECA se mantenha fiel à sua tradição, que é a de ser um instrumento gerador de mudança. É, pois, nessa dupla sintonia, com a sociedade e com o mercado, resgatando a dívida social e antecipando-se ao futuro, que a ECA reafirmará sua trajetória e vocação: a de ser, como a entidade maior, a Universidade de São Paulo, a melhor instituição latino-americana de ensino no campo da comunicação e da arte.

As principais questões a serem respondidas por este projeto foram enunciadas resumidamente pelo professor Milanesi: a fragmentação física da escola em oito prédios com o consequente prejuízo ao ensino e à pesquisa, e a ausência de espaços de convivência para todos os seus alunos.

Na visita que fizemos para reconhecimento do conjunto edificado e verificação das questões acima mencionadas, saltou aos nossos olhos o estado precário de manutenção em que se encontra a maioria dos edifícios (muitos improvisados, mal projetados e/ou mal construídos), suas fachadas (caixilhos principalmente), suas coberturas, e os espaços abertos entre eles (jardins mal cuidados, mato, pavimentações arrebentadas, depósitos com material e móveis usados, lixo inclusive etc.) além das construções precárias: os costumeiros *puxadinhos*.

Para responder às questões levantadas, resolver os problemas com manutenção, e requalificar o conjunto dos edifícios da ECA, inclusive os espaços abertos, propusemos uma estrutura integradora que lhe dará identidade como objeto arquitetônico na paisagem da Cidade Universitária, além de consolidar fisicamente a escola como uma unidade da USP.

Como pontos notáveis da estrutura integradora, áreas públicas de convívio coincidem com os cruzamentos dos eixos de circulação pública já existentes [→], consagrados por alunos e funcionários de diversas unidades da USP. Os edifícios do teatro e cinema e a nova biblioteca, pelos seus portes, implantados junto a esses espaços públicos de convívio, vão conferir aos mesmos e ao conjunto construído da escola a escala correta e a dignidade necessária.

A própria estrutura integradora vai facilitar a implantação das etapas de ampliação dos departamentos. Será, com a instalação de pontes rolantes provisórias para o transporte de materiais ou de peças pré-fabricadas, também o abrigo e o suporte para execução das ampliações, dos remanejamentos e das recuperações dos edifícios, que assim não vão prejudicar o funcionamento da escola. Será também o suporte e abrigo do sistema de circulação elevada e controlada que vai interligar todos os departamentos, e ainda a estrutura suporte para a implantação de novas redes de infraestrutura e instalações fáceis de ser mantidas, remanejadas ou complementadas.

A estrutura integradora vai finalmente ser o grande abrigo geral, em aço e vidro laminado translúcido, material estável e fácil de limpar, o que permite minimizar os problemas com a manutenção dos edifícios e das áreas públicas de convívio.

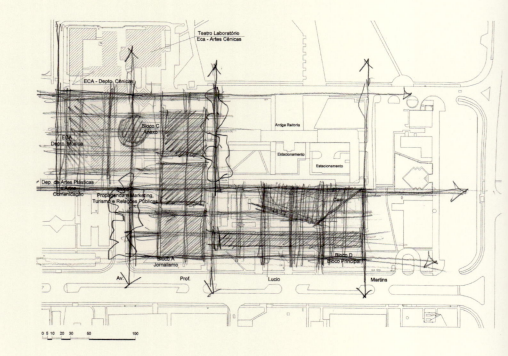

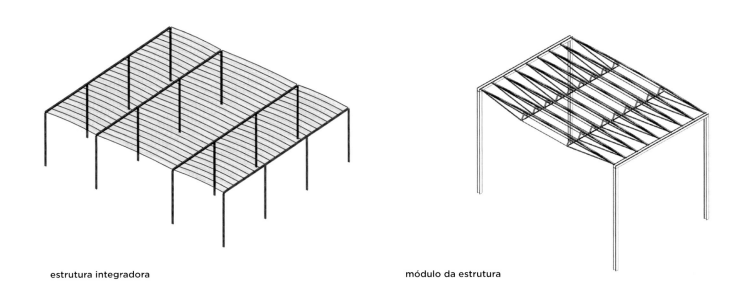

estrutura integradora   módulo da estrutura

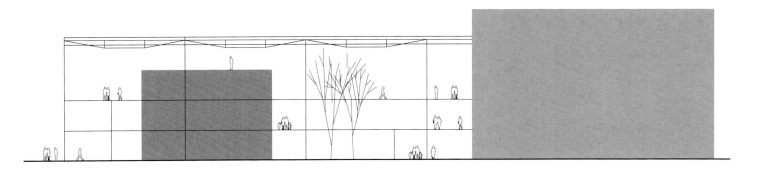

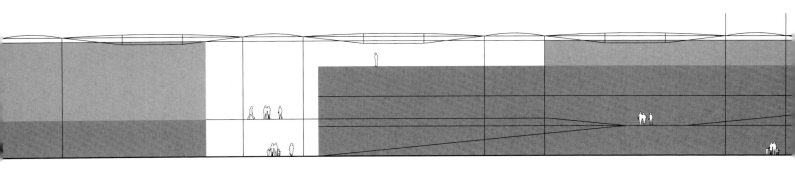

perfis esquemáticos

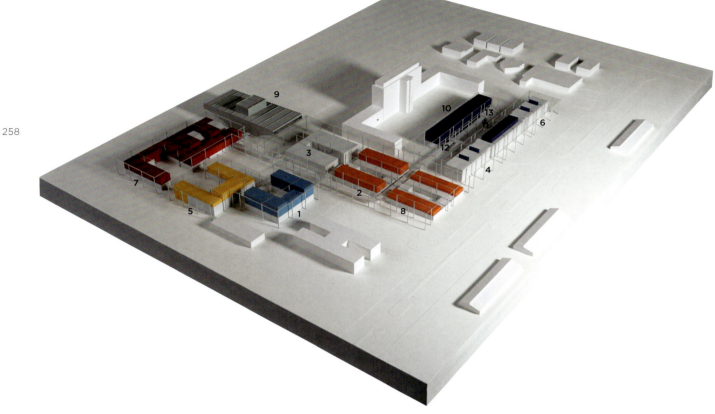

situação proposta
1. departamento de artes plásticas 2. departamento de relações públicas e propaganda 3. departamento de cinema, rádio e televisão 4. departamento de biblioteconomia e documentação 5. departamento de música 6. departamento de comunicações e artes 7. departamento de artes cênicas 8. departamento de jornalismo e editoração 9. edifício para teatro e cinema 10. biblioteca 11. diretoria/reuniões/congregação 12. centro acadêmico 13. livraria da Edusp

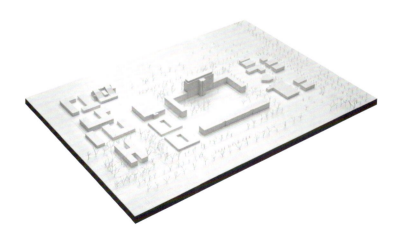

situação atual

CRONOLOGIA DE PROJETOS

1965
Residência Archimedes Azevedo em Peruíbe, SP.

1968
Projeto das edificações da Fazenda Codespar em Santana do Araguaia, PA, em coautoria com Cristina de Toledo Piza.

1969
Residência Zacarias L. Amaral em São Paulo, SP.
Projeto para a Secretaria de Estado da Agricultura de São Paulo, em coautoria com Antonio Sergio Bergamin, Arnaldo Martino, Alfred Talaat, Ana Maria de Biase, José Guilherme Savoy de Castro, Jurandir Bueno Filho e Paulo Bruna. Concurso nacional, 1º lugar.

1970
Residência José Carlos Marques em São Paulo, SP [←].
Plano Piloto do Parque de Exposições da Secretaria de Estado da Agricultura do Rio Grande do Sul em Esteio, RS, em coautoria com Ana Maria de Biase, Alfred Talaat, Cristina de Toledo Piza, Edgar Dente, Jurandir Bueno Filho. Concurso nacional, 3º lugar. [←]
Projeto de Centro Paroquial para "A Lareira" em São Paulo, SP.
Haras Pindorama em Cabreúva, SP.

1971
Edifício residencial em São Paulo, SP, em coautoria com Cristina de Toledo Piza.
Projeto do edifício-sede da Federação Paulista de Judô em São Paulo, SP, em coautoria com Cristina de Toledo Piza e Francisco Fuzetti de Viveiros Filho.

1972
Residência Milan em São Paulo, SP. [p. 44]
Residência Luís D. Villares em Ilhabela, SP. [←]

1973
Conjunto de residências no Alto da Boa Vista em São Paulo, SP. [p. 58]
Residência Joaquim Nogueira Acayaba em São Paulo, SP.
Residência João Carlos B. Mateus em São Paulo, SP.

1974
Sede da Fazenda Pindorama em Cabreúva, SP. [p. 66]
Residência na Chácara Monte Alegre, São Paulo, SP.
Projeto de edifício de escritórios, lojas e garagens em São Paulo, SP.

1975
Projeto da Escola Técnica de Pesca em Santos, SP, em coautoria com Benno Perelmutter, Carlos Ferro, Decio Tozzi, Franco Petrich, João Walter Toscano, Michail Lieders, Oswaldo Correia Gonçalves e Ubirajara Gilioli.
Projeto de edifício residencial em São Paulo, SP.
Edifício residencial para Construtora Lótus em São Paulo, SP, em coautoria com Carlos Ferro e Michail Lieders.
Residência em Vila Nova Caledônia, São Paulo, SP.
Residência Jairo Luís Ramos em São Paulo, SP. [←]
Recuperação e adequação do conjunto de edificações da Fazenda Santa Maria em Taubaté, SP.

1976
Escritórios Regionais de Planejamento — Erplans em Araçatuba, Bauru e Marília, SP. Concurso nacional, 1º lugar. [p. 74]
Projeto de Conjunto Habitacional em Santo André, SP, em coautoria com Carlos Ferro, José Calazans e Michail Lieders.

1978
Oficina de Hidrômetros da Sabesp em São Paulo, SP, em coautoria com Edgar Dente e Flávio Acayaba.

1979
Residência no Planalto Paulista, São Paulo, SP.
Residência Dalvares B. de Mattos Filho em São Paulo, SP, com a colaboração de Anselmo Turazzi.
Quiosque na Fazenda Arlina em Itupeva, SP, com a colaboração de Flávio Acayaba. [p. 80]

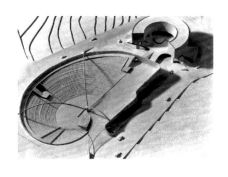

1980
Centro Cultural e Esportivo Aricanduva em São Paulo, SP, com a colaboração de Anselmo Turazzi e Ucho Carvalho. [←]
Galeria São Paulo em São Paulo, SP. [p. 84]
Conjunto de residências em São Paulo, SP.

1981
Projeto para reurbanização do Vale do Anhangabaú, São Paulo, SP. Concurso nacional, menção honrosa. [p. 94]
Residência Jander Köu em Barueri, SP. [p. 98]

1982
Projeto de edifício comercial em São Paulo, SP.
Galeria Italiamia em São Paulo, SP.
Residência Luís Harold Dirickson em Cotia, SP.
Residência Hermes Marcelo Huck em São Sebastião, SP. [←]
Apartamento duplex no Hotel de Tallard em Paris, França.
Projeto de recuperação e adequação da Vila dos Ingleses e Galeria Comercial em São Paulo, SP.
Coliseum, São Paulo, SP. [p. 108]

1983
Projeto para reurbanização da Área do Carandiru, São Paulo, SP. [p. 114]
Residência Glória Vallim em Atibaia, SP.
Projeto de residência e estúdio Denise Milan em São Paulo, SP.
Residência Everaldo Mourão em São Paulo, SP. [←]
Residência Eli Mourão em São Paulo, SP.
Residência Ronaldo Frug em São Paulo, SP.

1984
Agência Banespa Santo Amaro em São Paulo, SP. [p. 120]
Pavilhão Pindorama em Cabreúva, SP. [p. 126]

1985
Projeto para a Biblioteca Pública do Rio de Janeiro, RJ. [p. 138]
Agência Banespa em Capivari, SP. [p. 144]
Residência Hugo Kovadloff em São Paulo, SP. [p. 150]
Residência Antonio Foratto em São Paulo, SP.
Residência David Cytrynowicz em Ilhabela, SP.
Residência em Itu, SP.

1986
Unidade Básica de Saúde em São Paulo, SP.
Unidade Básica de Saúde em Rio Grande da Serra, SP.
Museu Brasileiro da Escultura — MuBE em São Paulo, SP. [p. 162]
Projeto de edifício residencial Companhia de Desenvolvimento Habitacional do Estado de São Paulo — CDH, SP, em coautoria com Edgar Dente.
Projeto de edifícios residenciais em Bertioga, SP.
Residência Bezalel Nitzan no Guarujá, SP.
Residência Oscar Teiman no Guarujá, SP.
Residência Sigismundo Mônaco em Cotia, SP.
Residência Roberto Schussel em São Paulo, SP.
Residência Mario Escobar de Andrade no Guarujá, SP.
Residência André Tchipstchin em São Paulo, SP.

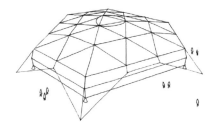

1987
Projeto do edifício H. Stern em São Paulo, SP. [p. 168]
Residência James Staley em São Paulo, SP.
Residência Hélio Olga em São Paulo, SP. [p. 174]

1988
Projeto de edifício de escritórios em São Paulo, SP.
Edifício Giacomo Puccini em São Paulo, SP. [←]
Residência Pilar Requejo em São Paulo, SP.
Residência Flávio Roberto Huck em São Paulo, SP.
Residência Andrea Calabi no Guarujá, SP. [↙]

1989
Edifício-sede Irmãos Guimarães S.A. em São Paulo, SP.
Projeto de Teatro Móvel, em coautoria com Gianni Ratto. [↙]
Projeto Edifícios-Ponte.
Edifício Verona em São Paulo, SP.
Edifício Giverny em São Paulo, SP.
Projeto da Residência Newton Simões Filho no Guarujá, SP.
Residência Israel Sverner no Guarujá, SP.
Residência João Naufal em Barueri, SP.
Sítio São Pedro do Alto em Porto Feliz, SP.
Projeto de estúdio, oficina, showroom Stella Ferraz em São Paulo, SP.

1990
Projeto de edifício de escritórios em São Paulo, SP.
Projeto de edifícios de escritórios e flats, teatro, restaurante e agência bancária na Subestação Itaim da Eletropaulo em São Paulo, SP.
Residência Antonio Forato em Campos de Jordão, SP.
Residência Fernando Albino em Campos de Jordão, SP.
Projeto de um apartamento para a Torre São Paulo da construtora Método em São Paulo, SP.
Residência Jack Terpins no Guarujá, SP.
Residência Leo Kupfer no Guarujá, SP.

1991
Pavilhão de Sevilha, Espanha. Concurso nacional, menção honrosa. [p. 186]
Residência Pedro Powidzer no Guarujá, SP.
Residência no Morumbi, São Paulo, SP.
Residência Ricardo Baeta no Guarujá, SP. [p. 194]
Residência Vitor Foroni em São Paulo, SP.
Haras Método em Boituva, SP.
Passarela coberta para "A Hebraica" em São Paulo, SP.

1992
Residência Osmar Valentim em Blumenau, SC. [←]

1993
Residência Mario Demasi no Guarujá, SP.
Projeto de casa protótipo com estrutra de madeira.
Residências Paulo D. Villares em Camanducaia, MG. [↙]

1994
Residência Caio França em São Paulo, SP.
Residência Ricardo Semler em São Sebastião, SP.
Residência Antônio Carlos Freitas Valle no Guarujá, SP.
Residência Julio Caporale em Santana do Parnaíba, SP.
Condomínio, Clube de Campo e Náutica em Mairinque, SP.

1995
Projeto de edifício de escritórios em São Paulo, SP.
Condomínio residencial em São Paulo, SP.
Projeto da Residência Claudia Moreira Salles no Guarujá, SP.
Residência Olavo Franco Bueno Jr. em São Paulo, SP.
Projeto da Residência Francisco Moura em São Sebastião, SP.

1996
Espaço Pacaembu em São Paulo, SP. [←]
Residência Denise Milan Perez em Parati, RJ.
Projeto da Residência Fernando Moreira Salles no Guarujá, SP.
Residência Marcos Acayaba no Guarujá, SP. [p. 206]

1997
Residência Noemia Ferriani no Guarujá, SP.
Studio e salão de jogos Hélio Olga de Souza Jr. em São Paulo, SP. [←]

1998
Nova Sede da Fapesp. São Paulo, SP. Concurso nacional, 4º lugar. [p. 222]
Projeto da Sede do Parque Estadual de Ilhabela, SP. [p. 228]
Apartamento no Hotel de Tallard em Paris, França.

1999
Reurbanização da área do Carandiru, com a colaboração de Sakae Ishil, Geni Sugai e Mariana Nakiri. Concurso nacional, menção honrosa.
Edifício de escritórios e agência bancária em São Paulo, SP.
Projeto da Residência Fernando Augusto Pinto em Mairiporã, SP.
Projeto do Studio Hugo Kovadloff em São Paulo, SP.

2000
Residência José Octavio Alvarenga no Guarujá, SP.
Residência Antônio Carlos Malufe em Bertioga, SP.

2001

Igreja da PUC em Campinas, SP, com a colaboração de Suely Mizobe, Mariana Nakiri e Marina Milan Acayaba. Concurso nacional, classificado com destaque. [←]
Projeto da Residência Newton Duarte em Ubatuba, SP.
Residência Tércio Lauletta no Guarujá, SP.
Anexo da Residência Antônio Carlos Freitas Valle no Guarujá, SP.

2002
Memorial da República em Piracicaba, SP, com a colaboração de Paulo Emílio Buarque Ferreira, Maurílio Lobato e Sandro Tabertini. Concurso nacional, classificado com destaque.
Residência Alberto Jacobsberg em Bragança Paulista, SP.
Residência Fernando Luzio no Guarujá, SP.

2003

Botanique Hotel Gourmand em Campos de Jordão, SP.
Sede da Fazenda Cachoeira em Aquidauana, MS. [←]

2004
Vila Butantã em São Paulo, SP. [p. 232]
Residência Leo Kulikovsky no Guarujá, SP.
Residência César Gomes de Mello em Ubatuba, SP.

2005
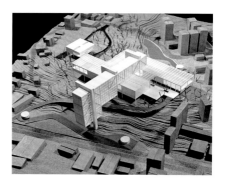
EE Jardim Bela Vista I, para Fundação para o Desenvolvimento da Educação — FDE em Mogi das Cruzes, SP. [p. 242]
Edifício sede da Petrobrás em Vitória, ES, com a colaboração de Edison Hiroyama, Luís Florence, Marcos Rosa, Mariana Vilella, Vanessa Grossman, Marina Sinas e Marina Acayaba. Concurso público nacional. [←]

2006
Escola de primeiro e segundo graus para FDE no Embu, SP.
Projeto da Escola de Comunicações e Artes na Universidade de São Paulo — ECA USP em São Paulo, SP. [p. 254]

BIBLIOGRAFIA SELECIONADA

LIVROS

ACAYABA, Marlene Milan. *Residências em São Paulo: 1947-1975*. 1ª edição. São Paulo, Projeto, 1986.

ACAYABA, Marlene Milan. *Residências em São Paulo: 1947-1975*. 2ª edição. São Paulo, Romano Guerra, 2011.

ACAYABA, Marcos. Residência Olga. *The house book*. Londres, Phaidon, 2001, p. 512.

AFLALO, Marcelo (Org.). *Madeira como estrutura: a história da Ita*. São Paulo, Paralaxe, 2005.

BAHAMON, Alejandro. Hélio Olga House. *Houses on the Edge*. Nova York, Harper Design International, 2003, p. 130-135.

BAHAMON, Alejandro. Hélio Olga House. *Vivir en el limite Casas*. Madri, H. Kliczkowski, 2003, p. 130-135.

BROWNE, Enrique; PETRINA, Alberto; SEGAWA, Hugo; TOCA, Antonio; TRUJILLO, Sergio. Vivienda unifamiliar en Jardim Vitória-Régia. *Casas Latinoamericanas / Latin American Houses*. México, Gustavo Gili, 1994, p. 30-35.

CERVER, Francisco Asensio. Hélio Olga House. *Houses*. Barcelona, Arco, 1997, p. 148-159.

CERVER, Francisco Asensio. Hélio Olga House. *House Details*. Barcelona, Arco, 1997, p. 88-99.

Edifícios-ponte. *Projeto Tietê. Documento IAB / SP*. São Paulo, Pini, dez. 1990, p. 31.

FICHER, Sylvia; ACAYABA, Marlene Milan. Tendências regionais após 1960. In FICHER, Sylvia; ACAYABA, Marlene Milan. *Arquitetura moderna brasileira*. São Paulo, Projeto, 1982, p. 60-61.

GAUZIN-MÜLLER, Dominique. Maison verticale à São Paulo. *25 Maisons en Bois*. Paris, Le Moniteur, 2003, p. 26-29.

GLUSBERG, Jorge. Marcos Acayaba — São Paulo. In CONSTANTINOPOULOS, Vivian. *10 x 10*. Londres, Phaidon, 2000, p. 16-19; 413; 445.

HAIDAR, Sylvia. Casa Baeta, Iporanga. *Beach Houses of South America*. Austrália, Images, 2003, p. 30-37.

HAIDAR, Sylvia. Marcos Acayaba House, Tijucopava. *Beach Houses of South America*. Austrália, Images, 2003, p. 82-87.

MELHUISH, Clare. Acayaba house. *Modern House 2*. Londres, Phaidon, 2000, p. 25; 52-57.

MIDANT, Jean-Paul. Marcos de Azevedo Acayaba. *Dictionnaire de l'architecture du XXe siècle*. Paris, Hazan, 1996, p. 6.

NGO, Dung. São Paulo, Brazil Olga House. *World House Now*. Nova York, Universe Publishing, 2003, p. 12-19.

PINTO, Tom Gomes; ISHII, Sakae. Século XXIV nas margens do Rio Pinheiros. *Investigação São Paulo*. São Paulo, Galeria São Paulo, 1989, p. 97-110.

SEGAWA, Hugo. *Arquiteturas no Brasil — Anos 80*. São Paulo, Projeto, 1988.

SEGRE, Roberto. "Casa em Tijucopava". *Arquitetura brasileira contemporânea*. Rio de Janeiro, Viana & Mosley, 2003, p. 162-5.

WEBB, Michael. "Acayaba House, Guarujá, Brasil". *Art Invention House*. Nova York, Rizzoli, 2005, p. 266-271.

XAVIER, Alberto; LEMOS, Carlos; CORONA, Eduardo. *Arquitetura moderna paulistana*. 1ª edição. São Paulo, Pini, 1983.

XAVIER, Alberto; LEMOS, Carlos; CORONA, Eduardo. *Arquitetura moderna paulistana*. 2ª edição. São Paulo, Romano Guerra, 2017.

PRINCIPAIS REVISTAS ESTRANGEIRAS

Brazil: Growth is Spreading from Rio and São Paulo to a Second Tier of Cities. *Architectural Record*, n. 9, Nova York, set. 1998, p. 96-99.

Casa torre. *Abitare*, n. 374, Milão, jun. 1998, p. 218-219.

Ein Dach-Schützend wie die Haut. *Architektur & Wohnen*, n. 3, Hamburgo, set. 1981, p. 5-11; 58.

Hélio Olga House, San Paulo, Brasil, 1990. *World Architecture*, n. 157, Zurique, jul. 2003, p. 38-41.

Kovadloff Residence, San Paulo, Brasil, 1988. *World Architecture*, n. 157, Zurique, jul. 2003, p. 36-37.

Marcos Acayaba House, Guarujá San Paulo, Brasil, 1997. *World Architecture*, n. 157, Zurique, jul. 2003, p. 42-45.

Marcos Acayaba: En Pendent / On a Slope. *Quaderns*, n. 204, Barcelona, 1994, p. 14-19.

MARTELL, José M. Perez. Formes limit: formats limitats. *Quaderns*. n. 204, Barcelona, 1994, p. 30-39.

Pavillon Pindorama. *L'Architecture d'Aujourd'hui*, n. 251, Paris, jun. 1987, p. 26-27.

SANTORO, Francesco. La "curiosità" strutturale di Marcos Acayaba, architetto brasiliano. *L'Architettura*, n. 517/518, nov./dez. 1998, p. 652-676.

SANTOS, Cecília Rodrigues dos. Residência em São Paulo. *Architécti* n. 17, jan. 1993, p. 13-19.

PRINCIPAIS REVISTAS NACIONAIS

A casa Acayaba. Arquitetura e Construção, n. 37, São Paulo, jun./jul.2006, p. 62-66.

ACAYABA, Marcos. Depoimento: construir, habitar, é ser, existir. *Casa & Jardim*, n. 283, São Paulo, ago. 1978, p. 114.

Arquitetos brasileiros em Paris. *AU — Arquitetura e Urbanismo*, n. 14, São Paulo, out./nov. 1987, p. 10.

Arquitetura das galerias. *Arte em São Paulo*, n. 37, São Paulo, 1989, p. 8-9.

Casa no Jardim Vitória-Régia. *Projeto*, n. 134, São Paulo, mai. 1990, p. 65-67.

Centro Cultural Esportivo Aricanduva. *Projeto*, n. 22, São Paulo, ago. 1980, p. 56-58.

Coliseum. *Projeto*, n. 85, São Paulo, mar. 1986, p. 59.

Conjunto de residências no Alto da Boa Vista: a economia dos custos. *Módulo*, n. 71, Rio de Janeiro, jun. 1982, p. 42-44.

Entrevista Marcos Acayaba. *Caramelo*, n. 3, São Paulo, out. 1991, p. 6-13.

Espaço Pacaembu. *Projeto Design*, n. 238, São Paulo, dez. 1999, p. 38-43.

Galeria São Paulo, a partir de dois sobrados paulistanos. *Projeto*, n. 88, São Paulo, jun. 1986, p. 60-61.

Marcos Acayaba. Arquitetura brasileira atual (encarte). *Projeto*, n. 53, São Paulo, jul. 1983, p. 79; 124.

NOBRE, Ana Luiza. Estrutura em madeira: três partidos. *AU – Arquitetura e Urbanismo*, n. 36, São Paulo, jun./jul. 1991, p. 27-33.

Pavilhão Pindorama. *Projeto*, n. 75, São Paulo, abr. 1985, p. 43-46.

Prancheta. *AU — Arquitetura e Urbanismo*, n. 7, São Paulo, ago. 1986, p. 57-59.

Programa distribui-se por construções em terreno no alto da serra. *Projeto Design*, n. 270, São Paulo, ago. 2002, p. 42-47.

Residência Hugo Kovadloff. *Projeto*, n. 147, São Paulo, nov. 1991, p. 54-57.

Residência no Morumbi. *Projeto*, n. 117, São Paulo, dez. 1988, p. D-25.

Residências 1980, 1981, 1982. *Projeto*, n. 73, São Paulo, mar. 1985, p. 53-56.

SABBAG, Haifa Y. Casa Valentim, Blumenau — SC / Paisagem

como projeto. *AU — Arquitetura e Urbanismo*, n. 69, São Paulo, dez./jan. 1997, p. 12, 47-52.

SEGAWA, Hugo. As vertentes da invenção arquitetônica: arquiteturas da lógica, da beleza, onde nada sobra e nada falta. *Projeto Design*, n. 198, São Paulo, jul. 1996, p. 4, 28-39.

SERAPIÃO, Fernando. Partido arquitetônico encontra definição entre o módulo e a topografia. *Projeto Design*, n. 313, São Paulo, mar. 2006, p. 38-45.

OUTRAS PUBLICAÇÕES

Casa no Guarujá. *Arquitectura e Ingeniería Civil. I Bienal Iberoamericana 1998*. Madri, Electa, 1998, p. 14-5.

Marcos Acayaba: projetos, Fundação Bienal de São Paulo. *3ª Bienal Internacional de Arquitetura de São Paulo*. São Paulo, Instituto de Arquitetos do Brasil, 1997, p. 306-308.

Vila Butantã — Marcos Acayaba, Fundação Bienal de São Paulo. *6ª Bienal Internacional de Arquitetura de São Paulo*. São Paulo, Instituto de Arquitetos do Brasil, 2005, p. 341.

ENGLISH VERSION

Foreword
Julio Roberto Katinsky

Marcos Acayaba, Delineator of Structures
Hugo Segawa

The Architect and His Destiny

I began paying attention to Marcos Acayaba in 1964 or 1965 at the School of Architecture and Urbanism at the University of São Paulo – FAU USP, where I was a young professor and Marcos a young student. What impressed me was his personal independent judgment, his freedom of thought, at a time when the norm was to think alike and to participate in groups that undermined personal critical stances.

The architects of my generation were, first and foremost, his masters. And some guiding principles (or concepts) that have since gone through a long process of sedimentation in our school were, then, displayed. From the Polytechnic School we inherited the conviction that it was our imperative duty to contribute to the technological development of Brazil (a major inheritance of Paula Souza, most probably). I remember well, at the 1968 Forum, when a young leftist professor stood and spoke up to criticize the fragile professionalism of our education at the school, and an annoyed professor Figueiredo Ferraz stated that our goal was not to *form professionals* but to *form citizens*.

From Anhaia Mello we drew the notion of the architect's bond to the city, the organizing center to which even private clients owed debt and contribution. From Artigas we received the creative lesson of Brazilian modern architecture, a lesson itself deserving of creative form of incorporation. All of these postulations put forth or upheld by our generation (by many of us, at least) allow us to proudly say that, much like the previous generation had refused the chauvinistic and racist neocolonial architecture, we refused the idea of the *Great Brazil* as a superpower representing an oppressive and hegemonic force. We remained ecumenical in our solidarity with all oppressed peoples.

However, even if all of this applies to Marcos, it still does not fully explain his artistic trajectory. As the poet once said: "Um coup de dés, jamais n'abolira l'hasard." (Abrahão Sanovicz discovered that hazard was, primitively, an Arabic word, which meant dice, gamble.) We can, therefore, translate Mallarmé's sentence as: "In art (at least) never do the premises explain the conclusion, but, on the contrary, the conclusion explains the premises."

Even if all these previous statements are applied to architect Marcos Acayaba, it is his trajectory, his creativity, and his stance towards the city that allow us to discern those presupposed foundations. All

it takes is a perusal of his work to verify his contributions in structures of concrete (Milan Residence), metal (Coliseum), or, more recently, timber (Hélio Olga Residence or Ricardo Baeta Residence). What impresses most, in any case, is his spontaneous and fluent creativity, almost like a butterfly landing on a leaf, effortless, as far as we can tell.

One can perceive all of these characteristics in all of his works, like in the school designed for the FDE (Foundation for the Development of Education, in free translation) or the small group of houses in Vila Butantã, where, setting forth from a small urban project, he reenacts a tradition that was already manifested by the architect Leo Ribeiro de Moraes in the 1940s, the tradition of an architect as an entrepreneur and urban developer.

For all of these reasons, I feel particularly honored to present my dear colleague and friend Marcos Acayaba, architectural professor of our city.

I imagine the architecture of Marcos Acayaba as a structure. And we understand structure is a meaningful dimension in the architecture of São Paulo from the 1960s onward.

Acayaba wrote about his work philosophy:

I have developed projects in which the concern with construction, its production processes and maintenance are determine, as is the specific geography of the construction site. Thus, free from matters of style, the forms of my buildings, almost always new, result from rigorous processes of analysis regarding their specific conditions. And, because both respect for site's nature, as well as a correct employment of materials and energy necessary for the production, use, and maintenance are determining factors, the projects are ecological. With the minimum employment of means, I seek to obtain maximum efficiency, comfort, and, as a consequence, beauty; where nothing is in excess, where nothing misses.

We could relate those finishing lines to Alberti's notions presented in *De Re Aedificatoria* (*On the Art of Building in Ten Books*): "Beauty is that reasoned harmony of all the parts within a body, so that nothing

may be added, taken away, or altered, but for the worse."[1] Or it could also be related to another Albertian maxim: "We should follow Socrates' advice, that something that can only be altered for the worse can be held to be perfect."[2] In the line "nothing is in excess, nothing misses." one emulates the concept of a system as an organized whole, a set of phenomena placed in solidarity, which are, then, structured and take shape within a determined configuration. Such a concept is present in *Structural Anthropology* of Claude Lévi-Strauss, to whom a structure is a system where the alteration of any element compromises all other elements. This results in a conceptual model where observation allows us to foretell set reactions when one or more modifications occur.

The structure can be a relationship of organized parts according to a hierarchical order with a given direction. As an architectural project impregnated with values, there comes to be an intention that seeks to secure the accomplishment of its goal, of its functionality.

This is a working hypothesis, a design that states the objectivity of the system and its relations and, as a form of knowledge, has the purpose of recognizing and explaining the greatest number of observed facts (notwithstanding the possibility of diverse interpretations) in order to formulate a project, which is distinct from the composition of singular elements. It is worth to subtly differentiate *project*, in the connotation that Acayaba's generation received from Vilanova Artigas – project as resolution, intention, as a demonstration of sovereignty; and design as an instrument of political and ideological emancipation –, from *composition* as defined by Julien Gaudet in his late 21st century *Élements et Théorie de L'Architecture*: "Is the making use of (mise en oeuvre), the bringing together into one whole of different parts which themselves should be understood as to their resources and as to their means before having the pretention to compose them, that is to say, to make a whole of them."[3] Gaudet recognized four major parts in the performance of an architect: *arrangement*, or what we call composition; *proportion*, namely, the study of dimensions; *construction*, which means the controlling of the study through science; and, finally, *execution*. Composition is not taught, it is learnt with numerous trials, examples and advices; personal experience supplants the gathered knowledge of others.[4]

In the context of São Paulo in the 1960s, in the threshold of the educational reformation at USP's School of Architecture and Urbanism, *composition* was no longer taught, but there were attempts to teach *design*. There was a search for a *strong form*, in which there is a narrow articulation between the parts in an organization that strives for unity and stability. Only in an environment brimming with rich differences and intellectual divergences – as Marcos Acayaba experienced when he was a student and a young professional – one would be able to cultivate such aspirations.

The *modern design*, as an anticipatory form, had the future as its horizon and as its very temporality, presuming to modify the environment in a certain direction; it constituted a becoming as a positive connotation of possibility – something that was completely foreign to a rigorously deterministic conception of the real. Ignasi de Solà-Morales once observed: "Modern architecture was articulated, on the one hand, by the paradigm of technical rationality and, on the other hand, by the expression of the sentiments and emotions of the architect as an interpreter of society's hopes and desires."[5]

Rationality versus feelings and emotions, this was the attitude drawn up since the times of the great Renaissance men, as Ferrucci once assessed: "Thus, while it is true that Leonardo declares himself convinced that all knowledge has its origins in sentiment, he must also add that artistic practice, when it is not directed by science, it is like a boat adrift, always uncertain as to the direction it takes..."[6]

In the work of Marcos Acayaba, the inherent risk of the modern design persists. In it, we can perceive an aesthetic of logic according to which the solutions must be the result of a judicious structural perception. This is not unlike Lúcio Costa's classical definition:

Architecture as a design conceived with the purpose of organizing and giving aesthetic order to space and its resulting volumes, according to a determined time period, a determined environment, a determined technique, a determined use class, and a determined intention.[7]

Acayaba's working philosophy is indebted to the great Brazilian master, but with a slight variation, the aesthetic intention of Lúcio Costa, "a function of the last unit of the idealized work," is present in Acayaba as an Albertian beauty, a result of structuralist training. It is worth to quote the composer Ernest Bloch: "When one examines a piece of music from a technical viewpoint, everything is coherent and nothing is said, as in a mathematical equation; but when the piece of music is examined from the poetic viewpoint, then all is said and nothing makes sense."[8] The poetics are intrinsic to this search for logic, for the essential.

---

1 Leon Battista Alberti, *On the Art of Building in Ten Books*, 9th ed. (1452; Cambridge: MIT Press, 1999), 156.

2 Ibid., 96.

3 Julien Guadet, *The Elements and Theory of Architecture: A Course of Lectures Given at the Ecole Nationale et Speciale des Beaux Arts, Paris, France.* Volume 1, trans. John Galen Howard (United States: Ministry of Public Instruction and the Fine Arts, s.d.), 84.

4 Ibid., 97.

5 Ignasi Solà-Morales, "Prácticas teóricas, prácticas históricas, prácticas arquitectónicas," in *Inscripciones* (Barcelona: Gustavo Gili, 2003), 257. Free translation.

6 C. Ferrucci, "Sensibilidade," in *Enciclopédia Einaudi.* Volume 25 (Lisbon: Imprensa Nacional; Casa da Moeda, 1992), 124. Free translation.

7 Lúcio Costa, *Arquitetura* (Rio de Janeiro: Bloch; Fename, 1980), 7. Free translation.

8 Attila Csampai and Dietmar Holland, *Guia Básico dos Concertos* (Rio de Janeiro: Civilização Brasileira, 1995), 7. Free translation.

On page 13

Exercises of Freedom
Guilherme Wisnik

The work of Marcos Acayaba stands out as one of the most consistent practices in contemporary Brazilian architecture. His continued presence in innumerous international publications,[1] usually associated with the current context of sustainable architecture and attentive to the particularities of the surroundings explored, as well as the awards he has received, are a testament to the quality of his work and the importance it has been granted. One might ponder that the vast repercussion of the Hélio Olga Residence (1987-1991) abroad, starting in the 1990s, disrupted a long period in which Brazilian architecture was ostracized from the international review panels. Nowadays, this ostracism has been overcome by the Pritzker Prize given to Paulo Mendes da Rocha. Nevertheless, the notoriety and recognition of Acayaba's work do not represent a value in and of itself, purely as fame. They are, first and foremost, indications of a value that resides in the work, in its capacity to affirm itself in constructive fashion over years that were marked by crisis.

Initially, we might say that one of the main features of his architecture is its diversity; a quality that is intimately tied to freedom, that is, to the capacity of not allowing oneself to

be entangled by formal schematics that are mechanical and preconceived, nor by rigid commitments to the use of certain materials and constructive systems, and certainly not by extrinsic and restrictive ideological formulations. Supported by a firm belief in the exercise of freedom of design, the work of Marcos Acayaba opens up new avenues amidst a professional scene stiffened by decades of political quarrels and ostracism from the international forum.

Taken as a whole, his production presents a pattern of remarkable quality, while also being underlined by sudden leaps that condense new experimental pathways and become leads for an interpretation of the entire body of work. In a way, his architecture seems to cut a path transversal to the ideological discussion that, during the 1970s and 1980s, truncated Brazilian architectural production, particularly in São Paulo. By that I don't mean that those debates were innocuous or unnecessary. On the contrary, they exposed a trauma previously repressed by the profession as a whole, forcing the perception that architectural activity is a stage of a larger scale social process which is, many times, responsible for reinforcing the alienation of work in its material processes of production. However, if, in the late 1960s, the hypothesis of "exchanging the pencil for more blunt instruments" held the imminent promise of building a

new society, by mid 1970s neither the humanist drawing of the architect nor the prospect of armed struggles present viable options for social emancipation. In the universities, what followed were years of demobilization and emptiness.

When the Hélio Olga Residence appeared, in the beginning of the 1990s, it pointed to an innovative direction that seemed to be, simultaneously, the expression of juvenile joy and the thickening of maturation. It became clear that the architecture of Marcos Acayaba – whose trajectory had been developing for twenty years – had been able to feed off of that discussion, instead of becoming paralyzed by the vacuum it produced. Having said that, it is necessary to situate the circumstances experienced by that generation, which are fundamental in understanding the work of those architects.

A student at FAU USP from 1964 until 1969, Acayaba lived the most intense period of transformation the school has ever gone through, initiated after the reformation of the curriculum proposed by the 1962 Forum – which emphasized teaching in ateliers –, at a time when the military dictatorship was not at its crudest yet. That period of reformation came to a halt after the AI-5 (Institutional Act Number 5, in free translation), with

the dismantling of the pedagogical program and the dismissal of professors Vilanova Artigas, Paulo Mendes da Rocha, and Jon Maitrejean, in 1969.[2]

Those years, however, stand as one of the most fruitful periods of recent Brazilian history, especially in the cultural scenery. In that moment, an explosive combination took effect: Political agitation, student militancy, popular music festivals, counterculture, existentialism, dissolution of the boundaries between life and art etc. Situated on Maranhão Street, in the neighborhood of Higienópolis, FAU was a cultural reference in the city, a meeting ground and a bohemian spot, halfway between the glamour of the Brazilian Institute of Architects and the freewheeling School of Philosophy, on Maria Antônia Street. The epicenter of all of this was the notorious Sambafo: The student union, located in the basement of the school and which functioned as an informal bar and concert venue.

The relocation of the school's installations to the University Campus in 1969 coincided with the twilight of that prolific context, but it also reinforced it. Nonetheless, the student classes that entered the job market at that point, despite the professional crisis they faced, were still formed by a solid polytechnic, avant-garde experience. They represent the swan song of an epoch. Therefore, in the work of Acayaba, one can perceive the

versatility that is so common in such moments of transition. The presence of a wide range of overlapping references, many times abstracted from the dogmas that originally accompanied them, is quite noticeable. One must gather that the major risk in these cases is the equivalent loss of the points of tension that once outlined those references, causing them to result in redundant stylism. The work of Acayaba, however, stands out of its generation by the very capacity of mobilizing this melting pot of influences towards personal, authorial synthesis, allowing them to converge in a discipline of constructive rationalization and poetics.

For these reasons, his architecture teaches us how to design and reason by means of construction. It is no wonder Acayaba has been such an influential teacher for younger generations, since he returned to FAU as a professor in 1994. It is not by chance that the present book is the result of an doctoral dissertation in which the architect comments on his own work and his designing procedures in the light of a vast repertoire of projects by a number of masters both Brazilian and foreign, such as Oscar Niemeyer, Vilanova Artigas, Paulo Mendes da Rocha, Joaquim Guedes, Sérgio Ferro, Carlos Millan, Frank Lloyd Wright, Le Corbusier, Mies van der Rohe, Marcel Breuer, Craig

Ellwood, and Norman Foster. Thus, his work reveals not only a great passion for architecture and a deep knowledge of the production of these and other architects, but also an unusual didactic performance in the way of incorporating and processing this collection. This leads us to believe that the pedagogical quality of his projects is due to the fact that it is ordinarily carried out as praxis: A praxis that is both open and demanding, founded rather on constructive strategies to face the work operationally, than on volumetric designs defined a priori.

By commenting the references that consciously or unconsciously were behind the conception of his projects, Acayaba puts his cards on the table; not as prescriptive forms, but as rationales given in the face of a defined program, a certain terrain, or a given client. Without mystification or squeamishness regarding the genesis of his designs, the architect allows the dialogue to take place in a relational common ground, favoring a more open and productive field of collaboration between architectural production and review in our country.

Standardization and Particularity

In Acayaba's work, houses play a central role. This reveals a dubious situation, since, on the one hand, the program of the family home is a classical field of experimentation in architectural language – perhaps, much like the sonnet in poetry – and, on the other hand, it represents a curtailing of perspectives in the professional arena, a defining trace of the times that began with Acayaba's generation and is still in effect today. A much different situation was experienced previously in São Paulo, where architects had important roles in the frenetic and enlightened real estate market for residential and commercial buildings during the 1940s and 1950s (one might remember, for instance, the examples of Franz Heep, Jacques Pilon, Giancarlo Palanti, Rino Levi, and Oswaldo Bratke). And we might say the same of the role of architects in the construction of school buildings, technical schools, professional centers, and even, in a following stage, of entire cities.

Acayaba is part of a generation that developed their careers apart from the great public and private commissions, finding, especially in the few design concourses of the 1970s, an access-way to speculations of wider range. Hence, great importance is given to the urban designs in this book, like the one for Anhangabaú (1981), and other public and/or iconic buildings, like Sevilha Pavilion (1991), the Brazilian Sculpture Museum (1986), and the Public Library of the State of Rio de Janeiro (1985). His generation went through a moment of heightened professional polarization, which coincides with the social emergence of the salaried architect, employed by large contractors and firms. There are paradigmatic cases, such as Hidroservice in the 1970s, geared towards the execution of great infrastructural works; and the firms of Aflalo & Gasperini, Bratke & Collet, Botti & Rubin, Königsberger & Vanucchi, Júlio Neves, and Ruy Ohtake, companies that in the 1980s and 1990s practically monopolized the thriving corporative architecture market of the city. In this context, architects that were able to develop their own authorial work had family homes as their day-to-day craft, the raw material for their formal and constructive practices.

Still, accepting the domestic program as a field of intellectual speculation is a great task for an architect involved with matters of the métier. It is not uncommon for houses to display the best condensation of the renews proposed by the great architects of the 20th century, like Villa Savoye (1928-1929), by Le Corbusier, Villa Mairea (1938-1939), by Alvar Aalto, Farnsworth House (1951), by Mies van der Rohe, and Fallingwater House (1935-1939), by Frank Lloyd Wright. In the Brazilian case, it is also possible to trace a similar relationship. And yet, the working procedure of dealing with clients and their idiosyncrasies ends up imposing on the architect a greater degree of flexibility regarding project decisions. Thus, we might consider Acayaba's refusal to follow the militancy of reinforced concrete as the main material employed – in line with what his professors practiced – as a result of this flexibility. But it is also a consequence of the attentive interpretation of circumstances: The perception that, by the late 1970s, the architecture that had been born from an overstrung impulse of the time was transformed into a stable language of fine taste, a "tame academy," as Artigas once claimed.[3]

In complementary fashion, Acayaba's performance in the private, residential field includes a healthy absence of prudishness in relation to the real estate market. The residential developments in which he participated, such as Alto da Boa Vista Residences (1973-1974) and Vila Butantã (1998-2004), are proof of this. These enterprises signal the simultaneous attempts to both break the architect's isolation in face of the working stages and to multiply, in practice – that is, in the market –, the excellence of a well-developed architectural model.

As I have previously stated, there is a measure of versatility in the work of Acayaba that allows us to interpret the oeuvre as, simultaneously, heir to a tradition – and even, in some regards, one of its great points of condensation – and representative of a moment of rupture in relation to those traditions. Very broadly, if the brutalism of the São Paulo school, aligned with the political agenda of the Brazilian Communist Party – PCB, was concerned with establishing a general standard for the infrastructural development of the country based in the concrete industry and in large scale projects, the architecture that, for better or for worse, was built in the 1980s in Brazil – without a defined school, without a predominant ideological leaning, and without group cohesion – went back to considering particularized solutions, to valuing smaller scale constructions, and to making use of more unorthodox materials. If sparse traces of postmodern criticism can be recognized in the architecture of this period, it will be necessary to notice the larger transformations in the productive paradigm that took place in the broad spectrum of society as a whole, that is, in the capitalist system. I am referring to the shift from the extensive and standardized model of Fordism to the segmentation of the so-called *flexible accumulation* paradigm, focused on niche markets.[4]

It is not fitting to develop this long discussion here,[5] but it is relevant to observe the fact that Acayaba's choice of material and the employment of industrialized wood in many of these projects, follow this new trend: An industrialized system with great workmanship precision, easy to transport and assemble, and with accessible pricing for small and medium scale projects, unlike what happens in the cases of reinforced concrete and steel in Brazil. Besides, a flexibility of design is added to the advantages of industrialized timber, since the pieces are manufactured according to the specifications of each project. In short, it constitutes a system supported by a dialectic process of standardization and particularity; in direct opposition to the Fordist multiplication of minimum cells idealized by the Bauhaus school, but in approximation of the organic flexibility of Wright's works (such as the Usonian Houses) and, by extension, of Japanese traditional architecture.

Rupture and Continuity

Freedom, in a project, is something difficult to achieve. In Acayaba's case, the same availability that allowed him to open himself up to the use of wooden structures – in the countercurrent of what was happening in São Paulo – is the same principle that prevents him from becoming fixated in a single material as a definitive solution. Thus, in his work, there is recurrent employment of three distinct constructive systems, with structures in reinforced concrete, steel, and timber. This general route may be outlined with a few examples of some of his houses.

Milan Residence (1972-1975) was ordered by the architect's sister-in-law, but came to be occupied by Acayaba himself and his family. It is considered his inaugural piece of work. It displays the characteristics of a project of youth, in which the uncompromising radicalism of solutions courses through all the elements in the work: The plasticity of the cover, the generosity of space, the independence of the built planes, the rough aspect of the finishing etc. However, this precocious house also seems to condense a prior tradition, in a clear example of the arguments posed previously, given that it incorporates both Niemeyer's freedom of gestures in its curved cover – a reinforced concrete arched shell – and Artigas' articulation of mid-level slabs. Not only that, it develops from the constructive experimentations with domes previously effected by Sérgio Ferro, Rodrigo Lefèvre and Flávio Império.

It is, therefore, a brilliant project by a dear student of FAU USP, who absorbed the best of the influences at hand and combined them with his own radicalism. In further analysis, we perceive a development of the *great cover motif* in this house, a cover under which the units built in a continuous space are freely organized – that is the same generating principle of the very building of FAU, for instance. At the Milan Residence, the hydraulic towers do not touch the shell, and the upper gallery of bedrooms is sealed by tilting panels that manage not to obstruct air circulation and spatiality. The standardized floors of hydraulic tiles integrate internal and external spaces. The half-level floor on pilotis extends like tray into the garden, meeting the higher contour of the terrain. There, the continuous planes of the bedroom and bathroom galleries transform into extensive bench-parapets that flow into the raised patio, highlighting the parallel expanses of the axes that organize the design and, as a consequence, the limitless forms. Thought out as a succession of superimposed, out-of-sync planes, this house might be compared to another inaugural project: The Catanduva Residence (1979), by Paulo Mendes da Rocha (as the Silvio Antônio Bueno Netto Residence, it was not approved for construction by the family).

This was a design intention that had precedents in his previous works, such as the J. C. Peres Residence (1969), also covered by a single dome. However, despite the success achieved with the Milan Residence, this spatial solution was never repeated. Here, we are faced with a significant piece of self-criticism by the architect regarding the constructive difficulties involved in achieving that shape: A shell of variable thickness, molded in loco, that required exaggerated molds, which was difficult to execute, and a pump to launch the concrete at a certain height. He eventually said it was a type of sophistication "that I don't know if it is suitable to the construction of a residence."[6]

From that point on, Acayaba abandons the great aesthetic gesture in favor of suitability to a constructive rationality. Still in concrete, he would design houses with more subdued volumetric parameters – usually in pure geometric forms – and with less expenditure in the constructive components: Concrete blocks in structural masonry, in the case of the Alto da Boa Vista Residential, and domes of concrete blocks, in the Pindorama Farm (1974-1975). In both cases, he optimizes the construction by utilizing reusable molds.

The substitution of the free form, which explores the plasticity of concrete molded in loco, for the geometric modulation of spaces, created from modulated components, is at the base of Acayaba's adoption of other constructive systems: Steel and timber, materials that are more naturally suited to this sort of equation of pieces. Comparatively, we might say that the results gathered at the Jander Köu Residence (1981-1982), built in a mixed system of metallic structure and brickwork masonry, are very diverse from the ones gathered at the Hugo Kovadloff Residence (1986), built with a concrete structure and exposed brick masonry. For, if the monetary and exemplary sobriety of the latter alludes directly to the canonical solutions of the São Paulo architecture of the 1960s and 1970s, in an attempt to recuperate that style in a "formal exercise of the 1980s,"[7] as Hugo Segawa notices, the former is able to obtain a vivaciously original result in the manner that it is set and in the way it highlights the built planes. There, the contrast between the lightness achieved by the use of glass, held by a slender metallic frame, and the opaque mass of the solid masonry walls accentuates the more fragmented organization of the design, inspired by Marcel Breuer's bi-nucleated houses (1943-1952).

With the adoption of timber, starting with the Hélio Olga Residence,[8] Acayaba's work finds new expressive possibilities. One might say that the employment of this material allowed the architect to fully realize the ideal of lightness he pursued, defying gravity in great articulated and overhung boards. Besides, the alternative appeared as an ecologically viable option, given the recent concern with the conservation of energy and the use of renewable materials in civil engineering, at a time when people became particularly aware of the impact of deforestation and the need to develop new techniques for handling forests.

In order to accomplish this, he developed, in collaboration with the Ita Construction Company, a language that is distinct from the rustic, picturesque image usually associated with timber, equipping the pieces, reducing the sections' thickness to a minimum, and conceiving a composite system of connecting metallic parts, steel tie rods for bracing against the wind, flat covers with Alwitra thermoplastic membranes, and light panel closures. This is a language that drifts away from the artisanal or regionalist use of timber that has been historically practiced in Brazil and points to a sophisticated but simple industrial serialization, attuned to the production of architects such as Renzo Piano, Glenn Murcutt, and the vast architectural collection of serial timber constructions of the Vorarlberg region in Austria.[9]

The principle of renewal that appears in the design of the Hélio Olga Residence results from a fortuitous encounter between the command of these variables and the atypical, problematic conditions of the terrain: An improper soil and terribly rugged topographic lines. Rationalizing from the structure, that is, in sections, Acayaba solved the site plan reversing the problems he found there. He opened the house to ideal view and insolation and staggered the volumes against the contour lines of the terrain, landing on the ground in only six points. Those supports are pneumatic tubes that emerge from the ground to receive the wooden pillars with metallic links, like Frank Lloyd Wright's Taliesin (1932-1939), in Spring Green. This aerial volume, like a

Composition and Unity

As we read the chronicle in which Acayaba describes his formative experiences,[10] we find, here and there, elements of his personal trajectory that reveal an empirical trade with the world: The amateur soccer, the passion for machines (planes, cars, and sailboats), the aptitude for manufacturing. There is also the fact that his mother was a math and geometry teacher and the decisive apprenticeship at the engineering office of Ernest Mange, where he designed the city project of Ilha Solteira, following rigorous modulation methods – it is interesting to highlight that the Camargo Correia Construction Company installed, in that working site, a concrete block factory, a material utilized as basis for all the construction projects of the city.

As we've seen, the design gestures of Acayaba fuse the rationale of component assembly (the articulation of pre-fabricated pieces) with the unitary principle of the structural intention and aesthetic form – the latter, in a straight line of influence from Affonso Eduardo Reidy, Niemeyer, and Artigas. There lies a rare equation that finds parallels only, if I am not mistaken, in the work of João Filgueiras Lima, Lelé. The fundamental difference is that Lelé sets forth directly from construction, seemingly manipulating the aesthetic as appositive to the constructive rationale of serialization, while Acayaba begins from geometrical unification – hence, the frequent way he resorts to composite operations in his projects, with the design of plans and façades according to the golden section. In his natural candor, the architect recognizes some postmodern influence in this attitude of composition.[11] This influence can be seen in many of his projects, mainly at the study for the Brazilian Sculpture Museum (1986): A continuous plan folded onto itself as a concrete ribbon. The contemporaneity of the solution stands out in this case, attuned to a large part of the architecture that is produced today, especially if we consider Rem Koolhaas and MVRDV. And, if there is an evident emergence of the symbolic function of the architecture here – by the way, as it is consistent with the building program –, it is neither mimetic nor representative, which spares us the need to take the speculations concerning its possible postmodern affiliations much further.

When we consider the manner in which the modern examples resort to composition, we soon recall Le Corbusier's tracés régulateurs and his belief in geometry (proportion, harmony, and symmetry) as a powerful instrument in the construction of the visual autonomy of form. However, if we analyze the rigorously modulated plans in triangles and hexagons by Acayaba and the branch-like wooden structures of his Prototype (1993), for instance, we perceive that the same belief in geometry – in parallel with other architects cited here, such as Piano, Murcutt and Foster – aspires to build a new autonomy, in a second degree: The mechanical independence of the object in space; economical, efficient, and unshakable.

balloon or a kite that wants to be set loose from the ground, is formed by the superimposition of hyperstatic trellis, like horizontal chessboards, that are articulated and braced by the façades. The house's levels are, therefore, large livable beams, formed by ten, six and two modules each, respectively from top to bottom.

Here, after a twenty-year career and fifteen years after the Milan Residence project, Acayaba reencounters a tense dialogue with Brazilian tradition, with a decidedly authorial design. Symptomatically, the suspension of this volumetric flowering derived from concentrated supportive spots had already been tested by the architect in a more modest structure also in timber: The Arlina Farm Kiosk (1979-1980). Within this time frame, we perceive that, even if the philosophical problem of constructive expression found in theses supports constitutes a direct link to Artigas' work, there does not seem to be, in Acayaba, the same dialectic of the affirmation and negation of weight in thrusts that attract the large masses to the ground. His ascension poetics does not wish to mobilize the profound geological forces, fusing terrain and construction. On the contrary, it wishes to make itself ascend from the earth, creating a feeling of vertigo that can only be stabilized by the internal dynamics of the geometric form.

1
See *Architécti*, no. 17, 1993; Enrique Browne, Alberto Petrina, Hugo Segawa, A. Toca, S. Trujillo, *Casas Latinoamericanas* (México: Gustavo Gili, 1994); *Quaderns*, no. 204, 1994; *Casabella*, no. 610, 1994; Francisco Asensio Cerver, *Houses Now* (London: Thames & Hudson, 2003); Alejandro Bahamon, *Houses on the Edge* (New York: Harper Design International, 2003); Dominique Gauzin-Müller, 25 *Maisons en Bois* (Paris: Le Moniteur, 2003); *WA World Architecture*, no. 157, 2003; Michael Webb, *Art Invention House* (New York: Rizzoli, 2005); *World Architecture*, no. 59, 1997; *Archis*, no. 11, 1997; *Häuser*, 1998; *Abitare*, no. 374, 1998; *Architectural Record*, no. 9, 1998; *L'Architettura*, no. 517-518, 1998; Vivian Constantinopoulos, ed., *10 x 10* (London: Phaidon, 2000); Claire Melhuish, *Modern House 2* (London: Phaidon, 2000); *The House Book* (London: Phaidon, 2001); Dung Ngo, *World House*

2
Still in 1969, Ernest Mange left the school for personal reasons. Roberto Coelho Cardozo followed him, in the ensuing year. Sérgio Ferro and Rodrigo Lefèvre, both arrested in 1970, were compulsorily removed from the school. Lefèvre would be reinstated only in 1977, and Sérgio would remain in exile to this day. Flávio Império remained at FAU USP until 1977, when he quit after not having an experimental space granted for a course he taught.

3
Vilanova Artigas, introduction to *Caminhos da Arquitetura* (1981; São Paulo: Cosac Naify, 2004). 18.

4
See David Harvey, *A Condição Pós-Moderna* (Rio de Janeiro: Edições Loyola, 1989).

5
See Guilherme Wisnik, "Industrialização e Flexibilidade: Arquitetura em São Paulo a Partir de Componentes em Madeira," in: Marcelo Afialo, ed., *Madeira como Estrutura: a História da Ita* (São Paulo: Paralaxe, 2005), 35-57.

6
See the text concerning the Milan Residence in this publication, pages 287 to 289.

7
Hugo Segawa, "Arquiteturas do Brasil / Anos 80," *Projeto*, no. 117, 1988.

8
Although Acayaba had previously built the Oscar Teiman Residence (1986-1987) with pre-fabricated parts by the Ita Construction Company, it is only with the Hélio Olga Residence that the system starts being used in a more complex and effective manner.

9
See Dominique Gauzin-Müller, introduction to Afialo, ed., *Madeira*, 7-13.

10
See this publication, pages 280 to 286.

11
See text concerning the Santo Amaro Banespa Branch in this publication, pages 304 to 306.

Chronicle of an Education

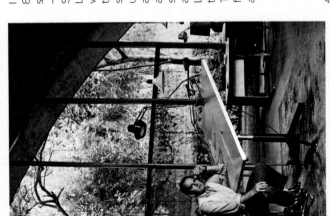

I was born in São Paulo, on June 8, 1944. My parents lived in a small townhouse – a *sobradinho* – on the corner of Pinheiros Street and Cônego Eugênio Leite Street. The neighborhood wasn't fully developed yet. From the window overlooking the street, one could see an empty, unpaved area that functioned as a soccer field. People would at times set up a circus or a street market there. One could also see the buses moving on to Largo de Pinheiros and then to the suburbs: Butantã, Caxingui. These were some of the very first names that I learned to say as a child.

In 1947, we moved to a new house in Sumaré, a modern one. In order to build it, my father looked for a fellow townsman from Minas Gerais: The engineer Carlos Engel, recently graduated from the Polytechnic School – POLI of the University of São Paulo, who had partnered up with two classmates, Martins and Mange. Mange was the one doing the designs. My mother loved the house. She used to say that "it was such a nice house that, after finishing the project,

Mange stayed for a year and half in Paris working with Le Corbusier, and, when he came back, he didn't change anything during the construction work, which was still underway."

When I joined the School of Architecture and Urbanism of the University of São Paulo – FAU USP, after introducing myself to professor Mange at the very first class of visual communication, he told me that my parents were his best clients and that my mother was a very sensitive person who always supported his ideas and who would always cheer him up. My mother loved architecture. When she moved to São Paulo as a single woman she wanted to be an architect. Her family – a traditional family from Minas Gerais – declared that architecture was not a suitable line of work for a woman, therefore they forced her to study piano for seven years, even though she had no particular talent for it.

In 1951, my father had to sell the house. He needed the money to expand his business – a gas station in front of the Congonhas Airport. He wanted to build a large garage where he could store the travelers' cars. It was a huge blow to my mother. I'd say she didn't get over it until 1975, when the house that I designed for her, with the help of my brother Flávio, was finished.

We moved, then, to a rented house near the airport, which was the practical thing to do, evidently. For me it was actually good news. It was a suburban neighborhood, so as a boy I was able to roam freely, bare-footed, walking down dirt tracks, exploring vacant lots, playing on rough soccer fields in large, empty areas – the *várzea*.[1] I could spend

my days flying kites, building up roller carts and coming up with hiding spots in the brushwood. It was a free and creative life, quite common for the majority of Brazilian kids who didn't live in central urban areas.

We also spent a lot of time at the airport, visiting its brand new constructions, the station and the hangars, and even the planes when they were under maintenance or undergoing flight tests. It was the modern counterpoint to the more simpler and even rustic scenery of our neighborhood. A window to the rest of the world, and a permanent spectacle. One particular unforgettable moment was the arrival of the first three Constellations of the Real-Aerovias Brasil, coming from Rio de Janeiro.

Once they appeared East on the horizon, moving in line and maintaining a distance of no more than 70 meters between them, it was such a big thrill. The planes were so close to each other they could never land. It would be a disaster, for sure. Then, when they got closer to the landing track, they took a dive and made a big flyby following all the way till the end of the airstrip: Such a spectacular parade for the people awaiting them.

Equally remarkable was my first encounter with the architecture of Oscar Niemeyer, at the Ibirapuera Park, built for the celebrations surrounding the Fourth Centenary of São Paulo, in 1954. Throughout that year, we made weekly visits to the park, wandering through its gardens and its generous and unpredictable spaces of the marquee and pavilions. I remember a concert by Demônios da Garoa, playing Adoniran Barbosa songs on a Sunday afternoon in the marquee. Besides these pavilions designed by Niemeyer, two

others got stuck in my memory: The one from the National Steel Company of Volta Redonda, built on two steel arched bridges crossing a lake, which, as I was informed later on, were designed by the architect Sérgio Bernades, and the Rio Grande do Sul pavilion, an immense suspended roof.

At the time I was ten years old, and Oscar Niemeyer became a hero to me, something out of a movie or a comic book. Like a star in the Brazilian soccer team. My mother used to buy architecture magazines like *Módulo*, *Habitat* and *Acrópole*. I remember well the first models and croquis of the buildings in Brasília, which started to be published in 1956, when Juscelino Kubitschek, then president, commissioned them, even before the Pilot Plan Competition (1956). Like many other kids, I used to love drawing cars, ships and planes, and now, because of those magazines, I started reproducing the sketches, the architecture of Oscar. Then at school I would present to my classmates what the home of the president would look like, the Alvorada Palace, the Chapel, and the Planalto Palace...

From that moment on, my dreams of becoming an aviator or a soccer player gave way to the dream, just as exciting, of becoming an architect. My father approved it: He used to say that I had a knack for drawing and was a good math student. My mother, by the way, had worked as a math and geometry teacher at the Colégio Sion de Campanha (MG), where she studied.

I also had great teachers at the Dante Alighieri School: Anna Albanesi taught math; Afonso Celso, physics; Dino Pretti, Portuguese; and Vicente Mecozzi, drawing. When I was a high school senior, Mecozzi came up with a preparatory program for the architecture entrance exam that he called Le Corbusier Course, in which I soon enrolled. I remember it was there that I first saw an image of the Ronchamp Chapel (1950-1955), as a theme for a writing assignment. I found out, then, about Le Corbusier, an architect who, just like Oscar, took advantage of beautiful forms with curvy lines and surfaces, albeit with a different, bigger weight. In my first year at college, I started to buy, one by one, the eight volumes of his *Complete Works*. They were almost always on my nightstand during my first years in college.

After the entrance exams, in February 1964, having been accepted both at FAU – a public institution – and Mackenzie Presbyterian University – a private one –, I found myself wavering, not quite sure which path to follow. I had heard that FAU had a strong theoretical proclivity and formed good professors. Mackenzie, on the other hand, only offered morning classes, encouraging their students to work as interns and start their careers right away. At a family party my mother presented my predicament to the architect Carlos Millan, who was Ana Tereza's husband. Ana Tereza was the best friend of a cousin of mine, Mili, the engineer Maria Noronha. Millan, who had graduated from Mackenzie in 1951, excellent architect and a professor at FAU, said to my mother that there could be no doubt whatsoever: A curriculum reform had just taken place at FAU (1962), and now the institution was simply wonderful etc. So I enrolled at FAU.

It was just the push I needed. I had already fallen in love with FAU's headquarters during the entrance exams – a small *palazzo* in art nouveau style at Maranhão Street –, its lovely atmosphere and the general friendliness of the people – workers, teachers and students. Before that, at the Le Corbusier Course, I heard from a friend, Gabriel Borba Filho, who had recently arrived from Florence, where he was attending his second year as an architecture student, that one of his teachers, upon learning that he was from São Paulo, said to him, in awe: "What are you doing here? Go back immediately, your city has the best architecture school in the whole world!" This teacher was likely aware of the reform that had taken place at FAU, which represented a revolution in the teaching of architecture.

The main innovation propelled by this reform was the creation of four areas in the Design Department: Planning, Visual Communication, Industrial Design, and, naturally, Architectural Design. From now on the student could choose to become a professional in any of these specific areas. Besides that, and more importantly, once he swept through the contents of each one of these disciplines, he ended up enriching his knowledge and becoming apt to approach the architectural project in a much deeper, more encompassing way.

My entrance examination was the first to adopt the new parameters of the 1962 reform. Up to that moment, the previous versions would start out with eliminatory tests contemplating math, physics and descriptive geometry. The remaining candidates would then be subjected to the artistic drawing exam, now called the aptitude exam. It was the opposite for us. We started out with the aptitude exam (copying, composition and writing). The average score from these three exams had weight five; then we had a physics exam, which had weight three; and, finally, the math, geometric drawing and descriptive geometry exam, which had weight two. That's how a large number of candidates that in previous years would fail in the initial eliminatory exams could now enter FAU. For example: Luís Paulo Baravelli, who was finally admitted among the first.

My class ended up encompassing a number of excellent students precisely because of that change, and also because of the extra candidates. President João Goulart, under pressure from the National Students Union, had just determined that every candidate who achieved an average score superior to five had to be admitted. My class then received 27 extra students; many of them greatly gifted, like Luís Carlos Daher, one of my best friends. He would later become an excellent professor in the History Department at the very same institution. From the forty students originally assembled, we reached the number of 72, including five Latin American colleagues participating in a scholarship program. We could barely fit in FAU Maranhão's mirror room.

The studio took up all the space at the back of the school. Measuring about 8m x 60m, it

was an industrial, metallic construction, with two longitudinal sheds. It had four sections, divided by rows of overlapping racks containing map collections. The fifth year class, unlike the others, attended classes there in the mornings. Thus – they'd argue – it would be easier for the students to start working professionally at the afternoon shift.

The only solution for our large group was to occupy three quarters of the studio, which were always empty during the morning period. For me, it was another stroke of luck. Out of pure chance, I ended up in the drawing board right at the division between the fifth period class and us. During our second year, we worked on our very first design, a children's library. In the first semester, we did a series of surveys and researches and scaled the program. At the start of the second semester, I had already decided on my design: A program organized in three volumes around a patio, under a ribbed slab with four pillars and large overhangs. I went right to the model, which was how we used to call the Models Workshop, now Laboratory of Models and Trials. Since I had already acquired some experience from constantly building up toys, like kites and model airplanes, I quickly finished my scale model for the children's library. I took it to the studio, so I could use it as a reference for my drawings. I used to let it rest on the racks right at the frontier between our group and the fifth period group. My model caught the eye of professor Artigas, who asked: "Whose model is this? It's quite interesting." He went around the racks and approached my board to take a look at the drawings. That's how we began an informal tutoring, which lasted till the end of that year.

In my interview to *Caramelo* magazine, in 1991, reporting the beginning of this conversation, I said that professor Artigas presented me "questions regarding design, architectural design, whereas with his fifth period students he was covering much broader themes."[2] Our little talks had a different nature: "You're doing these four pillars...I've done things like this, following similar shapes... But, oh boy, what's the point of that? This is a children's library. I must wonder... I could even see myself doing it, I haven't done it yet, but, in a situation like this, an element like a pillar has a wholly different weight; it's symbolic. Imagine a totem instead of this pillar. To create a totem....That would be swell! And here you do another one. Then the children would name this one, and that one." Well, I thought to myself: "This old man has gone crazy!" Then, quite timidly, I said: "Well, I think I like it just like that. I think it's good." He said: "Alright. You think it's good. I'd do it the other way." Soon after that, Artigas did that house where he used tree trunks to support the roof.[3] Coincidentally, the engineer who worked on that project was the same one who did my own house, and he would tell me: "Artigas is a fantastic fellow. Besides using those tree trunks, his ballerina bronze pieces, *The Great Arabesque*, and a pastel painting, *Woman Drying Her Foot*. At the final seminar, commenting on the drawing I had done from the pastel painting, Flávio made me realize precisely how and why I already knew how to draw well.

Hélio Duarte and Roberto Tibau, also in our first year of college, introduced us to the idea that both design and construction take part in the production process of a society. Throughout that year we made a survey of an office building designed by Tibau. It was still undergoing construction, and our task was to reproduce the complete executive project using nankeen and Canson paper. A rigorous method, very hard, but yet complete. A great way to start experience the project's reality.

In the second year, in Visual Communication, Renina Katz and Flávio Império gave us an assignment that was becoming a tradition in our school: The creation of a stained glass window. Each student had to come up with a stained glass window model measuring 1m x 70cm vertically, with colored cellophane and black cardboard, the later simulating the lead structure. The materials would be sandwiched between two glasses. My preliminary tests led to a drawing with overlapping bottles, in shades of green, turquoise and blue. Passing by my clipboard and seeing my sketches, Flávio said: "Wow! You are a realist!" Noticing my bewilderment, he explained: "You took the material as a theme. If the piece is made of glass, the theme you chose was that of the bottles, their transparency..." He said, then, that the design was good, that he liked the way I was structuring my stained glass window, that the curves looked like Arp, the overlapping plans were reminiscent of Ben Nicholson's work and the space reminded him of Lionell Feininger. He asked me if I knew them. Faced with my negative, he took me to the library. We spent a long time sitting on the floor, examining the books he had taken off the shelves. That really helped to expand my horizons. The work took off and in the end it was great. This moment with Flávio, one of the most sensitive people I've ever met, was revealing. He was right: I really am a realist!

As I mentioned earlier, in the second year, the theme in the Design course was a children's library. I think it was the most beautiful project I did in college. In addition to the conversations I had with Artigas, everything I learned from the professional experience of professors Plínio Croce and Giancarlo Gasperini was also very important. Plínio was tireless. He always took off

his jacket (he always wore a short sleeve shirt and tie) and spent hours suggesting alternatives for our designs. For any specific problem he was always able to design a bunch of solutions. He always left class with his hands and forearms dyed black because of the graffiti.

In the third year, the History of Architecture course with professors Nestor Goulart Reis Filho and Rodrigo Lefèvre introduced architecture and urbanism from the 19th and 20th centuries in very fruitful classes, always critical and full of discussions. For our practical work we developed small monographs from visits to a number of architecture works, in which the professors always accompanied us. I remember the Estação da Luz (1895-1901), the Flávio de Carvalho Housing Complex (1933-1938), at Lorena Alameda, and the Paulo Mendes da Rocha Residence (1964), in Butantã. In addition to getting to know and analyze very interesting works, it was a great way to start writing about architecture.

People used to say that facing Jon Maitrejean was a sort of "trial by fire." He was an excellent teacher, with a very acute and peculiar critical sense, and he always questioned our designs in social, economical and technical terms. He used to say that what mattered to him was the student's evolution throughout the course. Where did the student come from and where did he get to, not just the final product. It was with him that I experienced, during my third year, the greatest development and transformation. That year, we received a single assignment for the disciplines of Design and Planning: We would do the design for the buildings and the whole urban project for a city built to house workers during the construction of a hydroelectric plant. In the beginning we were asked to concentrate on the houses and their implementation, since this was the simplest part, and only afterwards would we consider the design of the entire city and the other buildings. In the end, it was also proposed, for those who wanted, the redesign of the houses. For me, the evolution between the initial model for the workers' house and what I managed to do at the end of the year was remarkable. Much better, more mature and elaborate.

In 1966, at the end of my third year, the professor of descriptive geometry, Pedro Moacir do Amaral Cruz, "Cabrão," one of the greatest reactionaries at our institution, took up the post of director of FAU and soon announced: "I will impose order on this communist mess!" His first measure was an ordinance that prohibited any student from spending more than two years neglecting any discipline that should have already been completed. As I had failed the course on material resistance – a second year subject – for the second time, I was unable to enroll in any fourth year courses. Like many other colleagues – about sixty percent of the student body – I ended up wasting that year. I would have to go to college only once a week, just to attend resistance classes.

But "every cloud has a silver lining." That year, I got an internship at the office of professors Mange and Ariaki Kato. There I spent the whole year of 1967 and also the first half of 1968 working daily and almost full time. The office at that time was responsible for many important designs, such as a city with all its buildings in Ilha Solteira, the headquarters of the Construtora Camargo Corrêa and the headquarters of the Bank of South America. It was a second school for me. While working there I got to understand the project's production process and its relation to construction. Maybe because he had designed our house, or because he felt partly responsible for me choosing to be an architect – as his son Roberto once told me –, maybe out of empathy or for some other reason, the fact is that I had a very close, intense relationship with Mange.

We used to talk all the time. From the beginning, he entrusted me with increasingly important tasks. For example, at the end of that year, I started to coordinate the development of the design for the hospital in Ilha Solteira. Working from the Mange sketches, I developed the entire project. I even had to conduct meetings all by myself with consultants, as it was the case with consultant for hospital equipment Dr. Odair Pedroso, professor of Hospital Administration at the USP School of Public Health, which I would visit to present the drawings and discuss details and equipment specifications.

Ilha Solteira is a city that was built along the Paraná River to support the construction of the homonymous hydroelectric plant. Its definitive existence, however, was already foreseen. Today it houses one of the campuses of the Paulista State University – UNESP and has become a tourist hub linked to the dam.

The construction was carried out by Camargo Corrêa, pioneer in the manufacture of concrete blocks, a material that was used in all the city's buildings and produced by a factory installed there. In addition to the hospital's project, I participated in the design of the road system, the layout of the city blocks and their earth working, in the designs of school and various types of housing. I learned a rigorous designing method, working with modulation, drawing wall by wall and also their points of encounter, specifying all pieces, which were coded one by one. This experience was very important and lasting. Today I have a project that has just been completed, built entirely in armed concrete blocks masonry, the Vila Butantã (1998-2004).

For my professional development, other extracurricular job opportunities were also very important, such as the one given to me at the end of my first year by my uncle Arquimedes Azevedo, my mother's brother, engineer and professor at the School of Industrial Engineering – FEI: The design of his beach house in Peruíbe. I made a very simple design, using what I already knew, what I had seen and liked. I paid a lot of attention to sun protection using brise-soleils composed of large overhangs conjugated to transverse walls, applying what I had learned in physics at FAU. I decided to use new materials I had just discovered while visiting architectural works: Concrete blocks and Eternit channels on the roof. Evidently, this house's design has the architecture of Richard Neutra as a reference. I had just purchased my first architecture book, *Architecture of Social Concern*, which contained his designs for Puerto Rico.[4]

Thus, in 1965, I would go almost every Saturday to Peruíbe with my uncle to inspect the construction. I learned a lot from the contractor and master, a Hungarian man named Janos. On the way back, we stopped several times in Itanhaém to have lunch and also so that I could take another look at Artigas' Gymnasium (1969), the biggest reference for the children's library I was doing at FAU.

Carlos Sayão, with whom I became friends during the preparatory course for college, used to say that, at FAU, we would learn topography in the first semester of the first year. You could even get a professional surveyor's license from the Regional Council for Engineering, Architecture and Agronomy – CREA. That was very important, as it would be a way to start making money right away. In fact, in the second half of our first year, we did a lot of surveying. Two uncles of Sayão had a construction company called Sodraga, dedicated to the construction of bridges and the channeling of streams. In order to release the payment for the work, the city government demanded a cadastral survey of the work carried out in connection to the surroundings, including the altimetric data of all the neighboring buildings, which would later be used to update the Cadastral Plan of the City. On weekends, we would borrow FAU's topography equipment and do the surveys. During the week, at night, we did the calculations and drew on the drawing board of Sayão's older brother, a Poli student. We were able to make a survey every two weeks. Thus, in addition to getting to know many neighborhoods on the outskirts of São Paulo, we managed to earn good money. At the end of the year, we set up a photo lab with our savings. We loved photography. In this laboratory, besides enlarging our photos, we were able to do all kinds of services, from college work to wedding albums. We did a job for the art history discipline on Victor Brecheret, with photos of the Monumento às Bandeiras. Professor Flávio Motta liked the photos and proposed that we work as trainees in the History Department: We would survey and document Brecheret's work. Very interesting work, besides being reasonably well paid.

In that very first year, this partnership between Sayão and me was expanded to accommodate yet another classmate: Michail Lieders. Michail and I became friends talking on the bus that we took every day to get to and from FAU – the 113, Airport. The three of us started to work together. We called our team Triedro. In our third year, we decided to build three sailboats, based on a design published in the magazine *Popular Mechanics*. Michail's father, a Russian electronic engineer, had a television factory in Cambuci. Despite being an excellent professional, he was not a great businessman, and the crisis that followed the 1964 coup drove his factory into bankruptcy. In this deactivated factory, with large joinery machines (at that time the televisions were installed on wooden furniture), we made a sailboat for each one of us in our spare time.

They worked perfectly, as we could attest at the Guarapiranga dam. Sayão and Michail both enjoyed their sailboats for a long time. I, on the other hand, sailed very little and ended up abandoning mine. I took more pleasure in building it. Besides, now there was simply no time, and I would rather dedicate myself to architecture. However, in addition to having learned to sail, it was of great help to have been able to operate machinery in an industry and work with wood on that scale. The sailboats were made of naval plywood, manufactured by the Institute for Technological Research – IPT. When Professor Joaquim Guedes heard about our little project, he assured me that this experience would be very important in the future. In the final design of the third year – the workers' house –, I opted for an industrialized wooden structure. The roof was a series of curved plywood vaults, like the hull of the sailboats we had built.

Sayão, Michail, Orpheu Zamboni, a friend since the Le Corbusier Course, classmates Roberto Mange, Nelson Marcondes do Amaral Filho, José Ricardo de Carvalho, Paulo Lepage and I decided to work together. For our office, we rented a little flat on Cesário Motta Street. Then we moved to a building on Maranhão Street and then to Augusta Street, with ever better spaces and locations. We worked mostly for teachers at FAU. First it was Tibau, with whom we collaborated for a long time. Then professors Abrahão Sanovicz and Julio Katinsky, who were working with architect Oswaldo Correia Gonçalves on the second project for the Santos Theater (1960-1968), expanded as a Cultural Center. I draw the perspectives.

I started drawing perspectives during my first year in college observing Luís Paulo Baravelli, who was already a professional. Before joining FAU, Baravelli had worked in Sérgio Bernardes' office in São Paulo. There he learned to draw perspectives with Marcos Vasconcellos, an architect from Rio de Janeiro. He would take this works to the FAU studio and do them after school in the late afternoon. I can perfectly remember the perspectives he draw for two domed houses, one of which was later bought by Pedro Tassinari. At the time he was working for architect Eduardo de Almeida, who wasn't teaching at FAU yet. Baravelli had met him working at Sérgio Bernardes' office. With the help of Baravelli's tips, I also started drawing perspectives, first for my own college work and then for a few colleagues, like Edith G. Oliveira, then for Tibau, and then for other FAU professors, like Abelardo de Souza and João Rodolfo Stroeter. Soon I was doing it for general clients. Ruy Ohtake was always looking for me. In 1966, Sayão, Orpheu and I collaborated with Stroeter in the Campinas Municipal Theater competition (1966). I did the perspectives. Our design won the third prize and was published in *Acrópole* magazine. The external perspective for that design was my first drawing ever to be published.

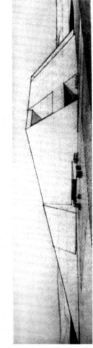

Our office was known as A Várzea, a name given by FAU colleagues, because we used bad words, which was unusual, and also because we played soccer – Sayão, Michail, Paulo Lepage and I were members of the FAU soccer team, playing on hard courts as well as in traditional soccer pitches.

In addition to the professors I've already mentioned, we also collaborated with João Xavier, Mange, Roger Zmekhol, among others. They would call us to participate in competitions taking on quite laborious executive designs and also to help meet deadlines, almost always in emergency situations. Michail said that A Várzea was an "architectural emergency room."

In 1968, we were met with an excellent job opportunity. Tibau had been invited to participate in a closed competition for the Country Club of the Association of the Civil Servants of São Paulo (1968), at the Guarapiranga dam. He told us that, unfortunately, he wouldn't be able to participate, because his father was sick. He had to be in Rio de Janeiro to watch him closely. Then, we asked him to let us work on his design, so that, once he came back, we would be ready to present it. His father got worse and ended up dying, so Tibau came back only a few days before the deadline. The design was almost completely done and he liked it a lot. We ended up winning the competition.

My generation was heavily influenced by politics during its formative period. Those were, after all, the Cold War years. I entered FAU in 1964. I had just left the Dante Alighieri School, an institution that still kept a good deal of fascist attitudes. There I had heard teachers mentioning FAU as a *communists' den*. I also came from a very conservative family from Minas Gerais. My parents had donated their own golden wedding rings during the campaign for the military coup – "Give us your gold for the good of Brazil." Later on they would regret this a lot.

A month after the start of our classes, the military coup took place. In college, I experienced a context of radicalization that I had never known. We spent a lot of time, more than a month, in a permanent assembly. It was not easy to get into that mess and understand what was going on. In April, invited by older FAU colleagues, I went to a meeting at Mackenzie, organized by a group called Democrats, the embryo of the infamous Communist Hunt Command – CCC. The conspiratorial, whistleblowing and truculent atmosphere of this meeting horrified me. It helped me to properly understand everything that was happening and to position myself politically. However, due to my participation in the first assemblies, I spent the rest of the first year feeling a little marginalized, marked, even stigmatized. The political moment naturally led to a certain Manichaeism.

It was only in my second year that I began to feel that I had the trust of most of my leftist colleagues and to participate more effectively in FAU's and Student Council's political cultural activities. In the third year, I was elected director of the Council's Debating Center, in charge of setting up exhibitions, promoting lectures, debates and meetings. During our Saturday afternoon meetings, we would put younger colleagues, most of them from the first year, on the college bus and went to visit architectural works. Among the exhibitions, the most striking was the one we set up in the college studio presenting all the drawings, all the sketches and the complete executive project of the Carlos Millan Residence (1963).

At that occasion we invited for a debate a few professors who somehow had a more intense relationship with professor and architect Carlos Millan: Artigas, Joaquim Guedes and João Xavier. For a small crowd, which occupied half of our studio – Mackenzie's students also showed up in good numbers –, Guedes made an emotional statement. At the end of his testimony, he raised the issue of the construction in Millan's design, the concept of direct detail, that is, the bared construction that hides nothing, which allowed Artigas, with his usual vehemence, to develop a long critical argument against brutalism, more specifically English brutalism and its empiricism, for his work had been defined as a "brutalist *ricerca*" by the Italian magazine *Zodiac* in its issue on Brazilian architecture.[5]

In 1966, the name for the presidency of the Student Council – GFAU came out of a conjunction between the main left-wing factions in our college: Popular Action – AP and the Brazilian Communist Party – PCB. Moacir Urbano Vilella, who was a member of the PCB, had succeeded three presidents linked to the AP: Cesar Bergstron, Francisco Crestana and Edgar Dente. In 1967, they decided that I should be the next president. This would represent an acceptable compromise, since I was not affiliated with either party, despite enjoying the trust of both. To invite me, colleagues Dalton de Lucca and André Gouveia came to Mange's office, where I was working at the time. Since I had been previously approached by other colleagues and had already given it a lot of thought, I told them that I could not accept it, that I had to work, as I would soon get married, and that, after all, I was already an architecture professional. In fact, I had been engaged for four years and intended to get married before my graduation. I didn't do it though: After graduation, I broke off the engagement and got married in 1971, with Marlene, who I only met in 1970. Nevertheless, the main reason for my refusal was the fact that I did not find it interesting to act as a consensus figure. Moreover, the political situation was getting worse and the student movement was getting more and more radical and demanded greater and greater engagement. Until then, the military regime had been relatively mild. It was the period of the marches. Occasionally some of us would be arrested, but the next day we would be released. On the one hand, at the end of 1967, the hard line, the most right-wing group among the military factions, gained more and more power, hardened the regime and intensified the suppression with successive Institutional Acts; on the other hand, the left-wing was divided. Some members of the Communist Party, contrary to the position of the central committee, founded the National Liberating Action – ALN and opted for armed struggle.

The dissent in the Party put some of our professors on opposite sides: This is what happened, for example, with Artigas and his most beloved disciples, Sérgio Ferro and Rodrigo Lefèvre. I remember Artigas saying very clearly that they were acting childishly, that their decision would end up delaying the entire political process for many years, since taking up arms and practicing terrorism would only be used as a pretext for the increase in repression and for the hardening of the military regime, which, in the end, is what actually happened. I also remember what Professor Flávio Motta said about the two bombs that a group that had Sérgio and Rodrigo as members had detonated in São Paulo. The first destroyed a Brazilian Air Force

- FAB plane from World War II, which rested on a pedestal in the middle of 14-Bis Square. The other, planted at one of the entrances to the Conjunto Nacional building, where the US consulate was located, had more serious consequences: It wounded a passer-by, who ended up crippled for life. Flávio said: "These boys are the same ones who, in the 1950s, played Russian roulette on Augusta Street.[6] Now they are bombing the American consulate." Sérgio and Rodrigo stayed in prison for a little over a year, but others were not so lucky, as António Benetazzo, Benê, my classmate and a friend since college, who became a distinguished intellectual and a great artist. I transcribe here part of a text written about him that I found on the *Tortura Nunca Mais Group* website:

> Student of Philosophy and Architecture at the University of São Paulo. President of the academic center of the Philosophy course and a History teacher. As a professor in preparatory courses for college entrance exams, Benetazzo sought to transmit to his students a critical view of history and reality. In 1967, he left the Communist Party and went on to become a militant in the ALN. He took part in the 30th Congress of the National Union of Students, in Ibiúna, in 1968. In July 1969, he left the university and the schools where he taught and went underground. He travelled to Cuba and returned in 1971 as part of the Popular Liberation Movement – MOLIPO. Arrested on October 28, 1972, and taken immediately to the Department of Information Operations – Center for Internal Defense Operations – DOI-CODI of São Paulo. During the 28th and 29th of October, Benetazzo was tortured uninterruptedly and, at the end of the 30th, died as a result of such barbaric suffering. On November 2, the São Paulo newspapers published an official note, released by security agencies, suggesting that Benetazzo had mentioned an alleged meeting with comrades on João Boemer Street, in the Brás neighborhood, São Paulo, and that upon arriving there, he tried to escape and ended up being hit and killed by a big heavy truck.[7]

This was the usual way in which the military dictatorship reported the deaths that happened in its basements. At the end of 1968, Benê invited me to his apartment for a meeting. The subject was the armed struggle. He proposed that we leave immediately for the state of Espírito Santo for military training. When I was able to speak, I said that they were making a crazy assessment regarding their own forces, something completely unrealistic, and that "it would delay the whole political process," as Artigas had said. They almost booed me, so, in order to end that conversation, I said: "I was not brought up to kill anybody." Benê accompanied me to the door and told me that it was okay, that he respected my position etc. We remained friends, of course. The last time I saw him, we were passing by each other in a street downtown. He was already in hiding, and he discreetly made a signal to me, so I wouldn't stop... I understood his caution. He could be being followed.

At FAU, the opposing factions within the left-wing became evident at the 1968 Forum. The right-wing, consisting mostly of engineering professors, witnessed with great surprise – and a good deal of pleasure – the radicalization, the manifestations of intolerance and the aggressiveness that grew among the architect professors. In addition to the fact that this forum was not very productive and added little to that of 1962, this atmosphere of confrontation ended up contributing to a long crisis, which began in 1969 with the compulsory retirement of professors Artigas, Maitrejean and Paulo Mendes da Rocha, as a result of the AI-5. These teachers were not reinstated until 1980, after Amnesty.

In 1978, I got a call from Pedro Taddei, then president of the Institute of Architects of Brazil – IAB, São Paulo department, inviting me to a meeting at the IAB bar with Dona Terezinha Zerbini, who was trying to hold a congress to make a push for amnesty. I then went on to participate in a series of meetings concerning the organization of such congress. The meetings took place at the office of lawyers Ayrton Soares and Luis Eduardo Greenhalgh, in the Bexiga neighborhood, where the first headquarters of the Workers' Party – PT was later set up in the capital. I was then tasked with coordinating a group of about thirty people, mostly relatives of political prisoners and exiles, working day and night for two months to produce the infrastructure for the congress, promoting it, taking care of its correspondence etc. We operated at the IAB itself, which provided its facilities and equipment. It was an unforgettable work experience. The congress, which took place at the Catholic University Theater – TUCA, brought together the main figures of the dictatorship and helped to bring about a complete, general and unrestricted amnesty in the following year, 1979, which was essential for the country's democratic opening.

---

[1] The photo shows the team of Sociedade Amigos de Congonhas (1965). From left to right, standing: Carioca, Ary, Nelson, Tó, Nilton Plaza, Nardão; squatting: Nenê Riutta, Marinho, Marcos Acayaba, Ademir, Tio.

[2] "Entrevista com Marcos Acayaba." *Caramelo*, no. 3, 1991, 6-13. Free translation.

[3] Reference to the Elza Berquó Residence (1967).

[4] Richard Neutra, *Architecture of Social Concern in Regions of Mild Climate* (São Paulo: Gerth Todtmann, 1948).

[5] Vilanova Artigas. "Ricerca Brutalista." *Zodiac*, no. 6, 1960.

[6] Russian roulette or *Paulista* roulette was the name given to the courage test of the playboys of São Paulo in the 1950s, which consisted of crossing the Augusta Street at high speed. At the time the traffic, which included trams, was already quite heavy, but the lane had no traffic lights yet.

[7] https://bit.ly/3mSzYyi

On page 41

Projects

My experience, with the education I received in college and with thirty years of professional practice, allowed me to think of the architect as the first worker to participate in the process of construction. Society identifies the need for a certain edification, elaborates a program and forwards it to the architect. To him falls the initial task: Conceiving the plan, the necessary instrument to execute the work. Over the board or on the computer, he must carefully consider the operations that his fellow workers will later perform and also assess with discretion all the material to be employed. Personally, I look to avoid the use of any material that is not indispensable in accomplishing the work. Each type of material must perform to its fullest according to its own characteristics.

In my projects, parallel to the client's commission, which is transcribed in the necessity program, I look to identify and analyze the local characteristics of the place, accessibility, surroundings, landscape, climate, quality of workmanship available, availability of supplies, all and all, the entirety of the geographical and technological conditions. From the gathered analysis of these conditioning factors, I look to articulate the best strategy to accomplish the building. I, therefore, take on the building strategy as a reference, a compass of sorts, to guide the conception and development of the project.

With this working philosophy, I have developed projects in which the concern with construction and its production processes are determining. I have sought to seize opportunities to perform trials, to develop new techniques and new concepts. These are projects with aspects of research to them.

On page 44

Milan Residence

Location
Cidade Jardim, São Paulo, SP
Design period
1972
Construction period
1972-1975
Architects
Marcos Acayaba
Marlene Milan Acayaba
Structural design
Yukio Ogata
Ugo Tedeschi
Installations design
Antônio G. Martinez
Olavo M. Campos
Landscape design
Marlene Milan Acayaba
Execution
Cenpla
Plot area
2.150 m²
Built area
791,49 m²

Milan Residence was the first opportunity I had to design a project with a great deal of freedom. It was a unique commission: Plans for a house in a large terrain (2.150 square meters) with a simple and generous program for my sister-in-law Betty Milan. Given that the cover area would be small in relation to the lot (around 450 square meters), there would be plenty of space for a garden. Hence, I decided to pursue a solution that would ensure greater connection between the house interior and the surrounding lot, so as to value the created landscape.

Despite my rationalist academic education, when I was faced with this project, I decided to take on as a reference that which I loved most: The architecture of Oscar Niemeyer. Further, I thought this would lead to the solution I pursued.

I wanted something light and airy. I adopted, therefore, a typical Niemeyer solution: A curved surface, a concrete shell that, even as it was very slight, could brave a large bay and shelter a generous open space.

As Niemeyer did at the Diamantina Club (1954), I opted for a shell with supports on the four extremities and also for a large horizontal and elongated slab; in my case, transversal to the shell. The intention, there, was to adjust and complement the three half-floor levels that I decided to create as a way of organizing the house program in sectors, according to the environmental and spatial requirements. This was a common architectural ploy in São Paulo, beginning in the 1950s, and initially adopted by Vilanova Artigas in the Olga Baeta Residence (1956). Space in the Milan Residence is constituted by a superimposition of a light, arched cover over a slab, with the terrain being worked on embankments and half-height levels.

Another important reference for this project was the architecture of great domes with a single internal space that our professors Sérgio Ferro, Rodrigo Lefèvre, and Flávio Império had been developing since the mid-1960s. Naturally inspired by them, I had already designed – still as a student, in 1969 – the

a house construction. All of this made a huge impression on me, and, later on, the analysis of the suitability of techniques came to be a determining factor in the solutions I adopted.

The shell was designed with a cover area of 25m x 17m. With an inclination of thirty degrees, it penetrates the terrain until it encounters the footings that, below the lower level, anchor the indispensable tie rods. The bay between the footings is 33 meters wide. In the direction transversal to the arch, the outline of the shell configures two inclined porticos with 15 meter bay, also anchored. The footings were, therefore, tied to four stressed rods. The shell's final design with the inclined porti-

cos resembles the Geller House (1967-1969). as published in *Marcel Breuer – Nuevas Construcciones y Proyectos*, a book I had purchased some time before, in 1970.

The fluidity of space, both internally and externally, and its transparency are the main characteristics of this project. Circulation is continuous, and the routes varied. You are never obliged to return by the same path you came through before. By the way, when I presented the project, Betty observed: "It is a house that demands the use of the body."

J. C. Peres Residence, with a single dome (70 square meters), that would be executed with precast concrete joists and ceramic brick. I had organized the plan in three levels surrounding a hydraulic tower. Before the construction, some earthmoving was necessary, since the terrain was in a steep hill. Besides the single internal space, the composition and the adjustment of the dome to the volumetric results of the terrain was the main characteristic of this project.

With the Milan Residence, I was able to rework and develop these same propositions, but in a larger scale. This prompted the cover to be done as a shell of reinforced concrete, fused in loco, with variable thickness. A wooden mold of terribly difficult execution was necessary to accomplish this, including in the upper section of the shell, up to a certain height. It was a complex and artisanal piece of carpentry, with a provisional support structure, which was quite dense, a true wooden forest that was later disposed of, nearly in its entirety. In order to lay the concrete in a single day, a technique of pumping and launching the material at a height was employed – at that time, this was a brand new technique in Brazil and it amounted to a level of sophistication that I do not know if it would be well fitted to

Sliding doors and large tilting panels section the bedrooms, so as to integrate them into the great internal space and its microclimate. It is the typical proposition of the *paulista* architecture of the 1960s and 1970s, that of the singular, continuous space, for a new way of life for the family, without barriers, a new form of sociability. The only spaces that must be closed off are the bathrooms, which are located in the two towers. These towers concentrate all the hydraulic installations, with water tanks atop. The lavatories are outside, in the circulation veranda that courses through the front of the bedrooms.

Under the protection of the shell, like a coat, the large frames, with their opaque panels in the bedroom area and translucent glass in the general section, surround the internal space of the house. The living room, in continuity to the house's central space between the two towers, has three of its sides glazed. The definition of its visual limits is assured, or marked, by the half-floor volume that holds the fireplace; a comfortable bulkhead similar to that of the Roberto Millan Residence (1960), designed

On page 58

Alto da Boa Vista Residential

by architect Carlos Millan, one of the most pleasant and beautiful houses I have ever seen.

With the construction underway, my sister-in-law and her husband separated. She decided to move to France and finish her psychoanalyst training with Jacques Lacan. Since 1974, she lives part of the year in Paris, part of it in São Paulo. By the end of construction, Marlene and I decided to occupy the place. The house would obviously not remain empty, and, for the family, selling it was out of the question. After some time, we exchanged the house for the apartment we previously occupied.

For me, living in this house was a very enriching experience of constant learning. It was, from the beginning of construction, a true laboratory. The window framing, for instance, was difficult to accomplish, due to the sheer size of it. It had to be articulated to the shell in order to absorb its dilation and contraction with the heat and cold. I was able to rely on the experience and technical knowhow of the engineer Osmar Souza e Silva, of Cenpla Building Company, who had been responsible for several works of Sérgio Ferro, Rodrigo Lefèvre, and Flávio Império. In these works, the architects and Osmar developed a simple and affordable system for window frames, using common wooden jambs with fixed glass as vertical studs, some were large and tempered, most were narrow, ordinary. Like in Maisons Jaoul (1952-1956), designed by Le Corbusier, larger wooden panels assured independent ventilation. In our case, given the frames' dimension and the ensuing structural requirements for wind resistance, we opted for rectangular tubes of folded steel sheets as the vertical studs. With the collaboration of Roberto Venturolli, an excellent blacksmith of Rota Metallurgic, it was possible to design and test alternatives in successive models to, finally, execute assembly, adjustment, and drilling in all window frames. Next, they were all disassembled, and all their components were galvanized for the final placement. After thirty years without any maintenance, the window frames are in perfect condition. Galvanization was properly done and, with time, it became even more beautiful, opaque and uniform. It was good to keep it exposed and without paint. The visual artist Wesley Duke Lee, on the day he visited the house, said I had done well to do so and that, thusly, the frames matched the exposed concrete.

1
T.N. *Paulista* refers to whom or what is natural of São Paulo.

Location
Alto da Boa Vista, São Paulo, SP
Design period
1973
Construction period
1973-1974
Architects
Marcos Acayaba
Marlene Milan Acayaba
Marta Dora Grostein

Structural design
Aiello G. A. Neto
Installations design
Hamilton Glueck
Execution
Hamilton Glueck

House 1
Plot area 167 m²
Built area 137 m²
House 2
Plot area 164 m²
Built area 137 m²
House 3
Plot area 152 m²
Built area 143 m²
House 4
Plot area 165 m²
Built area 143 m²

The Alto da Boa Vista Residential – a very diverse experience from the Milan Residence – was the opportunity to enter into an enterprise that I had, for some time, thought about pursuing. A few years earlier, I realized that, according to the legislation then in vigor, corner lots with a minimum width of 12 meters, if divided crosswise and with the necessary setbacks accounted for (4 meters in the front, 3 meters in the back), could allow us to set up townhouses with a depth of 5 meters, but with a broad facade, airy and gorgeous, of about 10 to 12 meters.

In 1972, I found the right partners for the enterprise: Mr. Maurício Grostein, a merchant, owner of a construction store and father to Martha Dora (my wife's classmate at FAU USP); and her husband, Marcelo Huck, who is a lawyer. Besides the investment in capital, each partner would contribute with invested work, within their own professional activities. Huck did the contracts for purchase and sale. Mr. Grostein first instructed real estate agents in the search of corner lots with the appropriate characteristics, then negotiated the purchase, and later dealt with the sales. Of course, he also handled the construction supplies during the work. I managed the design and the construction's technical aspects.

With the initial investment we had planned, we were lucky to buy a lot larger than expected in a great neighborhood. It was large enough to build four houses, with about 140 square meters of built area each. The 500 square meters lot was divided crosswise into four lots of approximately 160 square meters, generating two pairs of twinned townhouses with larger fronts and narrow back-ends, a minimum circulation area, cross ventilation, and good insolation in the larger facades. As the terrain had a soft decline along the larger front, the houses were staggered. Therefore, even as twinned houses, each of them stands out on its own. In order to highlight this characteristic, protect the bedrooms from sunlight during summer, and introduce more rhythm into the entire ensemble, the structural walls progress into the upper floor with small gables or flaps, a frequent element in the *paulista* architecture of the 1950s, 60s, and 70s. I should also mention

that a major reference in the final design was the work of Marcel Breuer, in several of his projects, such as the Members Housing (1954-1957), Princeton student housing facilities.

In addition to having the advantageous prices that Mr. Grostein could secure for us in the supply of materials, I decided to cut the costs of the construction even further and put into practice what I had learned in my internship (1967-1868) at professor Mange's firm, where I was able to collaborate in many of the projects for the city of Ilha Solteira, which is all built in concrete blocks. So, for the houses, I adopted the structural masonry technology, with structural walls, beams imbedded in the lintel blocks, and prefabricated slabs with concrete joists and ceramic bricks.

Given the whole rationalization of the construction and the materials purchased at a good price, we achieved a very low total cost. Besides, the market value of the houses, which was set by the real estate agents, was well beyond what we had originally thought. This was due to the spatial characteristics of the buildings. When the first house was sold, we had already recovered our investment fully, so the financial outcome of the enterprise was excellent. In sixteen months, between buying the lot and selling the last house, we had made 300 percent over our investment, accounting for profits and each partner's payment for the work we had put into the project.

With the success of this first venture, we decided to continue building and selling houses. And even if the same exceptional levels of financial payback were never achieved, we were never left without a profit. Meanwhile, I was able to design very interesting projects, like the Chácara Monte Alegre House (1975), also built in structural masonry.

The small 8m x 22m lot, located in a small U-shaped street, near the limits of Chácara Flora, was softly stepped towards its back portion. This suggested a earthmoving had be done in small slope distances, that is, with levels above street, which would permit unimpeded view of the neighborhood tree lines. In addition to this succession of floors, the house program involved a central area: An internal patio with double height and zenith lighting. This is a typical feature of *paulista* architecture; the most emblematic work, perhaps the first real attempt to perform this sort space organization – later developed in larger scale public designs like FAU USP –, is the Mário Taques Bit-

tencourt House (1959), by Artigas. He defined it as "an effort to solve the plans as a result of its internal areas, independent of the lot limits, meager, as most residential lots in São Paulo are." For our project, it was evident the potential of this design intention, as a means to create more generous spaces. It was also the way we found to ensure a good insolation for the master bedroom in the back, by the use of internal windows. That was necessary because, on the back of the lot, the neighbor had erected a retaining wall, higher than our house would be.

Pindorama Farm

On page 66

Location
Cabreuva, SP
Design period
1974
Construction period
1975
Architects
Marcos Acayaba
Augusto Livio Malzoni

Structural design
Yukio Ogata
Ugo Tedeschi
Installations design
Eurico Freitas Marques
Landscape design
Plinio Toledo Piza
Execution
Cenpla
Plot area
150 ha
Built area
767 m²

This farmhouse, designed on a partnership with my friend Augusto Livio Malzoni, was a very interesting experience with the use of the structural masonry technology. In this case, we were able to push it a little beyond what we had done before. Besides the walls, the dome cover was also built in concrete blocks.

Our client, the engineer Livio Malzoni, Augusto's father and co-owner of Cetenco Building Company, had an interest in the result of this experiment, since he wanted to develop a technology for rationalized construction of affordable housing. Once we were done with the project for the main building, we designed a small house (60 square meters) with two domes, which would be built in several spots along the farm for the workers.

For the main building, we were able to rely once again on the valuable contribution of the engineer Osmar Souza e Silva, from Cenpla Building Company, who had been executing several other works with roofs in brick domes. Just like a house, which I recall perfectly, designed by Ubirajara Gilioli. In our case, the difference was the use of concrete blocks to build the domes, lintel blocks, and tiles to embed the beams, in addition to the fascia panels also done with tiles.

The molding system adopted was already being developed in other works under Osmar's supervision. Curved wooden molds, distant 1,5 meter and locked two by two, like monoblocks, were set over horizontal guidelines and leveled by wedges. Longitudinal slats, spaced every 20 centimeters, were nailed into the curved wood in order to set the blocks. These, each with 20cm x 20cm x 7cm measurements, were placed in alternating rows with blocks cut in half (tiles 2 centimeters thick). In the resulting 5 centimeter arched channels we placed two loose 3/16" iron bars. With the 3,5 centimeter concrete filling and the channels' coverage, one might say that the domes are in fact ribbed.

After the concrete curing, with the simple removal of the leveling wedges, the monoblocks – with the slats included – would come off the domes. They would, then, be moved to a different section, ready to continue the building process of the roof. Since they never came into contact with the concrete, all the wooden components, even the slats, were fully reused throughout the entire process. So, with only 100 square meters of molds, the 770 square meters roof were executed.

In this project, beyond the constructive system, the solution we adopted in organizing the program of the house around two patios was fundamental and it provided external areas protected from the heavy and constant winds. The design's characteristic spatiality, resulting from the series of parallel domes and its support walls, has Le Corbusier's works of the 1950s as a major reference, in such designs as the Maisons Jaoul and, more specifically, the Maison Sarabhai (1955), in India. Years before the Pindorama Farm, I had already employed those constructive elements in the Marques Residence (1970). Their domes,  however, were less arched, with a general outline and frontal finishing resembling the Carioba Residence (1959), designed by architect Carlos Millan, who also had Le Corbusier as a reference, specifically the Maison de Weekend (1935).

Besides acknowledging the importance of these references, as well as the previously executed experiments, I recall that the project for the Pindorama Farm only took the shape of its final design when, at a certain point, Augusto showed up with a publication of Louis Kahn's newest work: The Kimbell Art Museum (1967-1972), in Texas. After that, we combined the use of domes with small flat horizontal slabs. We opted for flat slabs on the sides so that, together with the transversal walls that support them, they would serve as bracing for the set and would anchor the support rods. The design of Kahn's museum, with its sections of loose and open domes to delineate the entrance, also displayed to us the possibility of transposing the limits of the rectangle on the plans. We decided to move beyond the flat slabs' finishing to, with the addition of another loose dome, achieve the necessary area and the living room's correct proportion, meanwhile creating a front porch, which defines the entrance of the house.

On page 74

Regional Planning Offices

Contest year
1976
Project qualification
1st place
Architects
Marcos Acayaba
Marlene Milan Acayaba
Michail Lieders
Carlos Ferro

Interns
Eliete Mauri
Lidia Zaharic
André Hyakutake
Anselmo Turazzi
João Bernardino de Freitas
Flávio Acayaba
Mizue Jyo
Guilherme Paoliello
André Vainer

Location Araçatuba, SP
Plot area 962 m²
Built area 570 m²
Location Bauru, SP
Plot area 2.875 m²
Built area 520 m²
Location Marília, SP
Plot area 1.480 m²
Built area 377 m²

 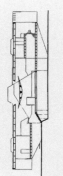 

In 1976, the State Planning Offices, along with the Brazilian Institute of Architects – IAB, promoted five public contests for their Regional Planning Offices – ERPLANs. These ERPLANs (1976) would be true headquarters for the administrative districts of the State of São Paulo. They all had the same necessity program, but with very different terrains regarding its geometry and topography, as well as the positions they occupied in relation to the urban structure of their respective cities.

I decided to enter all five contests: Ribeirão Preto, Bauru, Araçatuba, Marília, and Presidente Prudente. However, due to the fact that the firm I had at the time with colleagues Carlos Ferro and Michail Lieders had plenty of work to deliver, I could only begin designing the projects for the contest ten days before the final deadline. Of course, I also had to visit all five cities and locations before I could work on the plans.

In the company of my wife Marlene and my brother Flávio, we left São Paulo by Castello Branco Highway, on a Saturday morning. Instead of going straight to our first destination in Bauru, I decided to take a short detour and swing by Avaré to visit the Fórum (1962), designed by Paulo Mendes da Rocha. The visit was memorable. Before, while studying the program of the contests, I had already elected the Planning Center of the University of Brasília – CEPLAN (1960), designed by Oscar Niemeyer, for its functional similarity, as a mandatory reference for the organization of spaces in the ERPLANs' projects. However, it was visiting the Fórum, with its controlled lighting and open internal spaces integrated to the town square, so pleasant and so

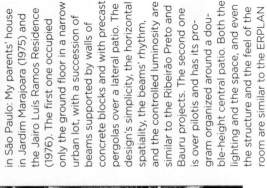

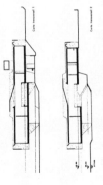

proper to the lifestyle and climate of small towns, that I was able to discover the character of the public buildings I would soon be designing. It is evident that the Marília ERPLAN, for instance, has the Avaré Fórum as its greatest reference; some other works designed by Mendes da Rocha during the 1960s also play a role, like the schools he design for the State Government under Carvalho Pinto, i.e.: The Grupo Escolar of São Bernardo do Campo (1962).

After we visited Bauru and Marília, since it was already late, we gave up on the Presidente Prudente project, too far away. There would be four projects, then. Really, there was no time to accomplish all five. We visited Araçatuba, where we slept, and in the morning, on our way back to São Paulo, we went to see the Ribeirão Preto lot, the most beautiful of them all: A leveled plaza, on an elevated part of town.

So, naturally, the first project we put our hands to, after we defined the spatial criteria and the use class organization that should permeate all four buildings if possible, was the Ribeirão Preto one. We also elected a simple and adequate constructive system that, with some standardization, could be applied in all the buildings. With the freedom the Ribeirão Preto lot offered, we were able to arrive very soon at the design's definition: A low and elongated unit, with patios in the extremities and some areas of pergola, resembling Niemeyer's CEPLAN design. As it was the first, it was also the most elaborate of our four projects; its drawing was better and its model fancier.

After we submitted it, I began to think that, if we had any shot of winning, it was with the Ribeirão Preto project.

However, at the event where the results were announced, they began with Riberão Preto, and right away we had a bucket of cold water poured in our heads. I lost all hope at once. The measure of my surprise was immense when, soon afterwards, the result of the Bauru contest appointed us as winners. And, with an even bigger surprise, in a succession, we won Marília and Araçatuba as well.

A long time after that, architect Décio Tozzi, who had been a member of the jury, told me that our Ribeirão Preto project, despite being the most beautiful, was not selected because it was excessively open and allowed the functional circulation to be performed by a plaza that traversed the building. As a result, the plaza would constitute a public space without proper control. The other winning designs of our making had no such characteristic. The Bauru project, also inspired by CEPLAN, despite being a ground-floor plan, was organized into units that surrounded a well-defined internal patio, with better control for public access. The Marília project, in two floors, had a very similar spatiality to the Avaré Fórum: Open, but with more defined and controlled accesses, due to the staggering of floors that organized the program. In the same manner, the design for the Araçatuba ERPLAN, with three half-floors, displayed an even clearer gradation of public spaces, semi-public spaces, and private spaces.

The projects of the five contests were shown at the IAB. Abrahão Sanovicz told me, soon afterwards, that he was pleased to see that reasonable projects had been awarded first place, with designs that were concerned about construction. In our case, he highlighted the buildings' proper characterization, with structures being defined without exaggerations; they were serene designs, which was not common in the architectural contests of the time.

These concerns were, really, a characteristic of FAU USP – of the majority of its professors, at least. And, as a matter of fact, the approach I took in these contests was no different from what I was doing in the projects I worked on at the time. Examples would be two urban houses built in São Paulo: My parents' house in Jardim Marajoara (1975) and the Jairo Luís Ramos Residence (1976). The first one occupied only the ground floor in a narrow urban lot, with a succession of beams supported by walls of concrete blocks and with precast pergolas over a lateral patio. The design's simplicity, the horizontal spatiality, the beams' rhythm, and the controlled luminosity are similar to the Ribeirão Preto and Bauru projects. The second one is over pilotis and has its program organized around a double-height central patio. Both the lighting and the space, and even the structure and the feel of the room are similar to the ERPLAN in Marília.

Kiosk in Arlina Farm

Location
Itupeva, SP
Design period
1979
Construction period
1980
Architects
Marcos Acayaba
Flávio Acayaba
Built area
135 m²

It was my first experience with a design completely made of wood. The clients had already built the house and a large pool. They asked me for a plan to create a shaded area near the pool, a place for rest and enjoyment of the landscape: A pergola and, at the same time, a belvedere.

The terrain was, in a soft decline, downhill from the house. The pool's construction had already mandated the execution of a slope, above which the kiosk was set. At the same level as the pool, the kiosk rises in a wooden structure with merely two points of support on the ground. This was done in order to minimize the foundations and the impact of the work over the existing garden.

The structure that solved this problem, given the preexisting conditions, is built with pillars and support brackets that continue down beyond the ground surface and support the slatted cover. The cover advances like a great eave and ensures greater projection for the commissioned shaded area. Oscar Niemeyer, at a hotel in Diamantina (1951-1956), gave a composite solution to similar questions that arose from the topography, the landscape, and the need for protection from the sun.

The design of the wooden structure of the kiosk, with concentrated supports, brackets and overhangs, was a precursor for much of what has been done lately. It already displayed a desire to build lightweight and hollow structures with few supports grounded on the terrain. In the publication of my house in Guarujá, on the book *Modern House 2*, I stated that this attitude represents the natural development of a Brazilian characteristic most notable in the architecture of Oscar Niemeyer. I acknowledged "the lightness of his buildings and the style in which he always gives them character through structuring, his boldness, a permanent challenge to the laws of gravity" as my major inspiration.

I must also acknowledge the importance that a work such as that of Joaquim Guedes had among all of us students of FAU USP in the 1960s, particularly the Cunha Lima Residence (1958), *the brackets house*. The reinforced concrete structure's design is certainly another important reference for the kiosk, especially the pilotis with two separate sets of one pillar and three brackets each, the project's most iconic feature. Although, it is curious to think about how we used to discuss the design of this structure at FAU: How the forms were complicated, if the execution would not have been more proper with steel or wood – only if the entire building's load would be less heavy, of course. We even wondered if Guedes had not done a typical wood structure design in that project.

On page 84

São Paulo Gallery

Design period
1980
Construction period
1981
Architect
Marcos Acayaba
Co-author
Luis Paulo Baravelli
Draftsman
Rogério Pfutzenreuter

Structural design
[metallic] Zetaflex
[concrete] Aiello G.A. Netto
Antônio J. Martins
Landscape design
Reinaldo Cabral
Sakae Ishii
Plinio Toledo Piza
Execution
Marcos Acayaba
Plot area
398 m²
Built area
460 m²

Artist Luis Paulo Baravelli, a former classmate of mine at FAU, called my office, on a November afternoon in 1980. He asked me if I had a lot of work to do and if I was interested in a renovation project to transform two twinned townhouses that had once served as a medical clinic into an art gallery. I asked him why he would not do the project himself. Baravelli, despite not having graduated, had already designed some fine projects, some of which were built, like the house-atelier of Wesley Duke Lee, in Santo Amaro. In fact, he told me that was the proposal made by the client Regina Boni, but, at that point in his professional life, he no longer felt comfortable in taking on a project and a construction site. He was afraid that, since it was a public building, the gallery would bring him more clients and that would eventually drive him away from what he loved and felt he had to focus on: His art. Faced with his reluctance, I made him a proposition that he accepted: That we designed it together. Besides proposing a good creative partnership – of that I was sure –, there was nothing better than designing an art gallery with an artist who, on top of that, had the client's complete trust.

The São Paulo Gallery was a project that, at the beginning, was nothing but a renovation plan. However, due to its public nature, with an intense schedule that lasted for 22 years, it came to be one of my best-known works, at least until the late 1980s.

As in any renovation, where most of the problems encountered will find their solutions when the construction is already underway, in the gallery, the main hall roof – where the former townhouses' backyards used to be – was only resolved after we abandoned the two initial proposals. It was, in fact, the hardest problem to solve. As the built area was already near the maximum allowed by the City Hall, in our studies we had proposed a pergola with gutter-beams of concrete and fiberglass domes as cover for the main hall. It was a highly used ploy to cover an external area that had been approved as a pergola and incorporate it into the edification after it has been cleared for use. Luckily, however, it was an impracticable solution. We found that, given the local soil's conditions (swamp-like), in order to support the load of concrete beams with 12 meter bay, deep foundations would be necessary: It was mandatory to use precast piles, since the water level was only 1,5 meter below the surface. Given the existing buildings, it would be impossible for the pile driver to come through. So, we decided to leave the legal matters aside and trust in the possibility of more unorthodox ploys to get the final approval; the final design was then a very light, metallic cover with sheds, to be executed industrially. I received a budget from the Fichet Company and took it to our weekly meeting with the client. Regina, faced with the value of the work, unacceptable in her view, had an outburst. She said that I was being paid to solve the problems, that she had a deadline for the gallery's inauguration, and that it still had no roof etc. Thus, the second proposal also did not succeeded, which was lucky as well. Roberto, our contractor, who had watched the whole scene from a distance, said, when I approached him for a lighter: "Sir, I'm sorry if I'm

On page 94

Requalification of the Anhangabaú Valley

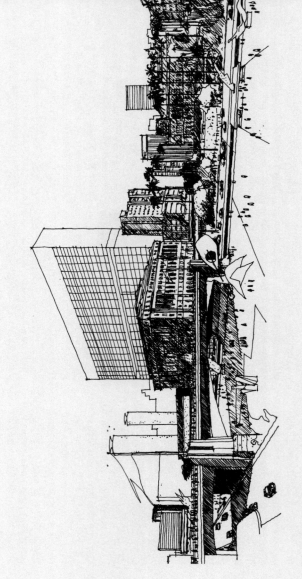

Location
Historic city center, São Paulo, SP
Contest year
1981
Project qualification
Honorable mention

Architects
Marcos Acayaba
Edgar Dente,
Julio Katinsky

about to say something stupid, but couldn't we work this out using that Zetaflex thing, that opens and closes, the thing they are advertising on TV?" And that was the solution: Very affordable and, better yet, legal; it was normally considered a pergola by the City Hall. Four standard 6m x 6m modules would solve the issue. We used a single steel beam with tie rods for support and a sequential fiberglass dome at the ridge.

As Baravelli had predicted, the gallery brought us many other projects. The Italiamia (1981-1982), another art and decoration gallery, built on a 6m x 50m lot in Bela Cintra Street, had rooms with the proportions and dimensions of a house. The reference for this later project, as well as for the São Paulo Gallery, was the work of the great Mexican architect Luis Barragán.

On page 98

Jander Köu Residence

When I was a boy, one of our favorite pastimes was to walk around the city. That was the way people referred to downtown São Paulo. By car, we would leave our neighborhood Congonhas, in Zona Sul, and follow Nove de Julho Avenue to reach the city. We would tour across the Anhangabaú Valley: Skyscrapers, viaducts, the imperial palm trees, and the Municipal Theatre. It was a magnificent succession of planes, all enjoyed in motion. Back at the house, we were filled with a nice feeling of citizenship. How beautiful, generous, and grandiose was my city!

In February of 1981, the Municipal Urbanization Company – EMURB published the brief of national competition for Anhagabaú Valley's requalification. The fundamental matter to be dealt with was the pedestrian circulation across the valley, which was, then, almost entirely occupied by rows and rows of buses that had the valley as their primary terminal. According to the contest rules, there was to be consideration of a new electric bus system, with diametric lines, that is, routes that had starting and finishing stops at opposite ends of the city.

After I entered the competition, I invited two old friends to join my team, Julio Katisnky and Edgar Dente, both professors at FAU USP. We agreed, right from the beginning, that Anhangabaú's spatial characteristics from the 1950s had to be restored, with the demolition of the urban walkway built over the Chá Viaduct, which compromised its silhouette. The Nove de Julho Viaduct, over 23 de Maio Avenue, would also be demolished, since it broke the symmetry of the space and imposed a sort of crooked entrance to the valley.

The passageway under São João Avenue, known as "Adhemar's hole," concentrated the vehicle traffic on the North-South axis quite satisfactorily then with only two lanes in each direction. So, to solve issues of traffic and access to the valley's buildings, we decided to use only the lateral bays of Chá Viaduct: There would be two passageways, with three lanes each.

The busses – from that point on, electric and diametric – would pass under the viaduct, through a large transferring station, connected, at its extremities, to São Bento and Anhangabaú Subway Stations. This transferring facility would allow the area to be connected to all the main passenger transportation lines in the city. With that accomplished, we could leave the valley's central area for the construction of a linear and leveled plaza, a space for multitudes, for great events; which was very fitting to Anhangabaú, for its massive scale and morphology, its centrality and accessibility.

The competition's winner had radically different proposals, which are known to all, given that a few years later the project was executed. Almost every time that I have to drive through there, necessarily by tunnel, I feel the loss of that monumental space, one of the most meaningful and distinctive of São Paulo.

Location
Alphaville, Barueri, SP
Design period
1981
Construction period
1981-82
Architect
Marcos Acayaba
Interns
Lucilene Tachibana
Emilio Tachibana
Draftsman
Rogério Pfutzenreuter
Structural design
Antônio J. Martins
Aiello G.A. Neto
Landscape design
Sakae Ishii
Reinaldo Cabral
Execution
Construtora Planus
Plot area
1.267 m²
Built area
623 m²

298

A married couple approached me to design a house for them in Alphaville. They were both children of first generation Asian immigrant parents, he was of Chinese descent and she was Japanese.

At our first meeting, besides the general information relative to the house program and use, as a way of letting me know what they liked, they opened an issue of magazine *Global Architecture – GA*, no. 43, and showed me the double-page picture of the terrace in Marcel Breuer's Koerfer House (1963-1967).

The lot's geography (topography, orientation, dominant winds, and landscape) led me to think of organizing the program in a linear way, with a design in "L" or in "U," creating a patio turned to the North side, which had the better view and was protected from the Southern winds. The Koerfer House terrace had the ideal spatial characteristics to accomplish the transition between internal spaces and patio: The width, the height, and the ceiling's openings, the correction of the living room's excess of shade.

On that account, I accepted the clients' suggestion and took on Marcel Breuer as a reference for the design. While reviewing the plans for the bi-nucleated homes and their unfolding, I found in the Stillman House II (1964-1965), with its U-shape and two wings of opposite nocturnal use, the best way to solve the number of bedrooms that the clients asked for without using a long hallway. Meanwhile, in the Jander Köu Residence, foundation, I used stonewalls, like in many of Breuer's works. In the wing that is directly supported by the terrain, precast slabs are placed directly over walls of exposed bricks. In places where the functions required larger bays, I used steel beams and pillars, with the adornment of exposed brick.

If the overt reference of the project, in the organization of the program, in the plans, and in the resulting spatiality, was Marcel Breuer, I adopted Mies van der Rohe as a reference regarding the construction, the design, and the detailing. Some time before designing this house, I had read a line by Mies that really made an impression on me. It was in a precious little book written by the English architects Allison & Peter Smithson called *Without Rhetoric – An Architectural Aesthetic 1955-1972:* "Architecture begins when two bricks are put carefully together." Also, two years prior, while in New York, I had purchased a big spiral notebook with facsimiles of Mies' original drawings, belonging to the collection of the Museum of Modern Art – MoMA. After that, I visited his works in Chicago, especially the Illinois Institute of Technology Campus – IIT (1940-1957). Ever since that time, I had been studying his work and constructive details. However, it was at a construction site designed by Arnaldo Martino and Eduardo de Almeida, the Belink Residence (1980-1981), in Pacaembu, that I could observe how the articulated joint of brickwork and steel structure was done properly.

the U-shaped plans, modulated in 80cm x 80cm, contributed to organizing the program in two wings connected by the service area block, which leads into the street, and, in parallel, by a hall facing the terrace and the open patio. For the site plan, the reference was again the Stillman House II. The terrain, in a soft decline, was implanted at levels defined by retaining stonewalls.

Unlike all of my previous projects, at the Jander Köu Residence, the regular volume of the building was disrupted. And, as a consequence of the functional, spatial, and volumetric diversity, for the first time, I used different building techniques and materials in the same working site, given their suitability to the specific demands for various elements in the house. For the

Coliseum

On page 108

In 1982, Walter Clark, one of the main parties responsible for the creation of Globo Network Television in the 1960s, came to me with a project to design an arena for sporting and musical events. He had already decided on the name: Coliseum. He wanted to produce live events and also sell them to network televisions – he also pondered cable TV, which, to him, was the future of television. The building would be, in addition to a sports arena and an amphitheater, a large television studio that would even cater to productions of the advertisement industry. In order to avoid spending a large sum of capital in acquiring the lot, the project also had to foresee the eventuality of disassembling and transferring the entire structure to a different location if necessary.

It all started two years before, when I designed the Aricanduva Cultural and Sporting Center, which was also a multipurpose arena for about eight thousand people. The client was João Saad, owner of the Bandeirantes Network Television, who had been left a large area reserved for future commercial use near Morumbi Stadium, after the neighborhood allotment. In the 1970s, a part of this large area had been occupied by a tennis academy. The person who ran the academy was Saad's son-in-law, José Duailibi, who first proposed the idea of having an arena built in the area, but, of course, he envisioned it as a tennis facility. Besides the two indoor tennis courts for the academy, the building would accommodate a central tennis court for games with large audiences.

With a mobile grandstand (the smaller one), the design I adopted – a spiral with crescent sectors that would house sporting events suitably and would allow the area subdivision and

Location
Marginal Pinheiros, São Paulo, SP
Design period
1982
Architects
Marcos Acayaba
Marlene Milan Acayaba
Guilherme Paoliello
Structural design
Projecta Grandes Estruturas
Built area
5.400 m²

varied uses for diverse events – was an evolution of the typical circular organization, which is good for sporting events, but displays problems with acoustics in musical concerts and is difficult to adapt to other uses. I found the exact design in a very interesting publication, a sort of almanac called *Shelter*, from 1973, which, beyond the many references it brought, showed the geometric outline of a segment's division in extreme and mean ratio: It was a logarithmic spiral inscribed in a golden rectangle. So, the arena became one of the many projects I designed with the golden ratio (previously employed in São Paulo Gallery's central hall). The cover was a tensile structure, whose reference was the work of Frei Otto.

Right in our first meeting, José Duailibi had suggested the use of a light form of cover, plasticized canvas, which was a novelty amongst us, for Sansuy had only begun producing it in Brazil.

After the initial assessment of cost for the project, which turned out to be much more expensive than expected, the client proposed a new program, far less ambitious. The administrative sector, the movie theatres, the bar-restaurant, and the pocket theatre that had been placed in an annex building in the shape of a horseshoe were left out, postponed for a later time. The new building would not compromise the terrain, it would be focused on sporting and musical events, and it would be much more simple and demountable: Like a circus, but better equipped and with some comfort, in the words of Duailibi. When the Aricanduva Center's design was reworked, I decided to locate the stands directly over the terrain, making use of its slope; hence, the chosen plans' design, with a decentralized area, but with the geometry of a super-ellipse and dimensions that, along with the additional demountable bleachers, would assure the required flexibility of use. It was a sort of simplification of the plans for Walter Gropius' Total Theatre (1926). The shape of the roof is similar to that of two umbrellas that intercept each other. Its structure is also governed by the same tensile principle of a plasticized canvas, and flexo-compression principle of umbrellas' metallic arches. Hanging from a truss of longitudinal locking, I proposed a mobile crane with a counterweight, for the TV camera and its operator.

Walter Clark fell in love with this project during his brief time at Bandeirantes, around 1980. When he left the company, he hired me to do something similar, the Coliseum. I got as far as detailing most of the project for budget, with the assistance of engineers specialized in theatre equipment. The total estimated amount of two million dollars was relatively low, given the entire package included, and the project was moving towards the viability of the enterprise.

The final plans projected an amphitheater for about seven thousand people in any kind of concert or six thousand in an arena style show, for sporting events. On account of that, I took care in avoiding circular or symmetrical designs. The volume and the internal space, in this case, would be a consequence of the juxtaposition of two different domes: The two umbrellas.

The space would be transformed by the two thousand seat moveable grandstand, with modulated levels that would be raised or lowered by pantographic hydraulic structures, similar to the ones used in theatre. Thanks to this feature, the sports court could be turned into part of the audience, facing the stage as a continuation of fixed stands, and the stage could take different forms according to the various events.

The cover of plasticized canvas would be executed in triangular steel modules, and radial steel trussed arches would traction it. The arches would be industrially manufactured in stretches suitable for transportation, up to 16 meters, assembled on the ground, then suspended and fixed around the central rings. There, the exhaustion system would be placed, and suspended cranes would be installed for the TV cameras. The two longitudinal locking trusses – one for each dome – would support bridges for fixation and operation of electroacoustic, lighting, and stage equipment.

Besides the arena stage, the court area could provide two different stages, facing opposite ends of the amphitheater with an audience of two thousand and four thousand respectively, sustaining two different shows in alternating sessions, like in a festival, for instance.

A suitable lot for the Coliseum had already been found, on the corner of Presidente Juscelino Kubitchek Avenue with Marginal Pinheiros, in Itaim. The lot's owner, Eletropaulo Company, would cede the use of the terrain in exchange for the parking revenue. However, *A Chorus Line*, a famous Broadway play that Walter Clark decided to produce here in Brazil, was a huge bust, and led him to bankruptcy, dooming the Coliseum project.

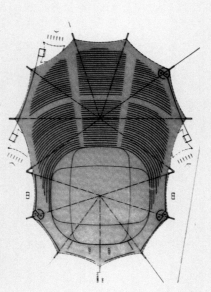

Requalification of the Carandiru Area

Location
São Paulo, SP
Design period
1983
Architects
Marcos Acayaba
Cristina Toledo Piza
Guilherme Paoliello

Total area of intervention
427.600 m²

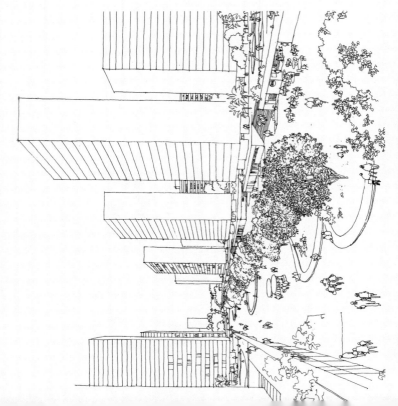

From 1980 to 1982, together with professionals from several areas, I was part of a group that elaborated the government plan for the Montoro administration. With many *notable* names in its ranks, the group became known in the press as the "Sorbonne." I was in the Housing Committee, where I was reacquainted with geographer Maria Adélia Souza and also with Luís Antônio Pompeia, director of Brazilian Company of Property Studies – EMBRAESP, a private company that conducted the most respectable appraisals of real estate in São Paulo. As an example of their line of work, they had just evaluated Light Company's property for its incorporation to Eletropaulo.

It was Luís Antônio who proposed the use of areas belonging to the state in the construction of public housing. FEPASA (a state owned railroad company) had many deactivated railroad stations at its disposal, for instance. Largely, these were in the center of the biggest cities of the state and even in the capital. I argued that this would be a strategic piece of legislation, since it would promote the necessary urban densification and transpose housing to central areas that were being deteriorated. Further: Most architects would endorse the measure.

In one of the multidisciplinary seminars of the "Sorbonne," we learned that one of the priorities for the Justice Committee was to propose a solution for the Carandiru Prison Complex: Its extinction and replacement for more modern and decentralized penitentiary facilities. From this seminar, the joint proposal between the committees of Justice and Housing was composed. The idea was to take advantage of the Carandiru neighborhood as a real estate investment in order to secure funds to build the new prisons. This was the very first project of the newly elected Montoro administration. The Hidroservice Company was hired to conduct a viability study. To that end, besides elaborating the projects for the new prisons and providing a budget for them, the company subcontracted EMBRAESP to define the real estate value of Carandiru area. EMBRAESP, in turn, hired my office to design a preliminary urban plan for the area that would include typology and quantification of buildings, a necessary element for the assessment. It was not what I had previously imagined in the Housing Committee. I thought that a project of this magnitude had to be developed by a multidisciplinary team hired by the State with the best professionals in São Paulo, like the previously experience in the Zezinho Magalhães Prado CECAP Public Housing Complex (1967), in Guarulhos. I was told that the decision to hire Hidroservice for the job was inevitable, since several of the company's technicians had worked for over a year full-time at the "Sorbonne", and Henry Maksoud, the owner, had been a major contributor in Montoro's electoral campaign.

I invited architect Cristina Toledo Piza, a colleague from FAU with whom I had worked many times before, and Guilherme Paoliello, my good friend and frequent collaborator, to join my team for the project.

As an initial reference point, we decided, along with Luís Antônio Pompeia, to adopt a utilization coefficient equal to six times Carandiru's gross area. This is equivalent to the number that prevailed across São Paulo up until 1972, before the zoning law, and produced the urban space and volume of Higienópolis neighborhood, for example. However, in our case, there were extensive and meaningful green areas to be preserved: Rows of centenary *jabuticaba* trees surrounding the penitentiary walls, beautiful gardens of ironwood, and, more importantly, an area of nearly one hectare of remaining Atlantic Forest. In addition to the new road system that was to be added, these preserved sections would make the effective density of the occupied areas much greater, around eight hundred habitants/hectare, similar to Copacabana's density, in Rio de Janeiro.

Cristina had just finished her master's at Berkley. From there, she brought a critical view in relation to the urbanism of the Athens Charter; with which, here in São Paulo, specially at FAU USP, we were already in accordance for some time. Despite our different perspectives, we decided to value, above all else, the public spaces in the streets and avenues and to configure them with successions of buildings, organized in blocks around semi-public elevated patios. Each block would have a foundation to hold stores in its perimeter and parking in the interior. We ran volumetric comparisons of this model with several urban areas of high density and real estate value, according to the updated data available at EMBRAESP. In these examples, we included a residential complex that Pompeia took us to visit. It was built in Aclimação neighborhood during the 1950s and its coefficient was six times the lot's area. With a large central garden, very pleasantly proportioned, the complex was one of the references for our project; we had originally planned on an average of sixteen floors, and our patios would have nearly the same proportion.

As the primary goal of the project was to allow an assessment of the real estate value of Carandiru, we tried to compose the building masses from the market data available at EMBRAESP. We considered what had been produced in the previous seven years in the Zona Norte region of São Paulo. We tried to replicate, in our project, the same typological variety of apartments with the same quantitative percentages.

A great colorful drawing, displaying the site plan, was presented in a meeting at EMBRAESP. The Municipal Planning Secretary, architect Jorge Wilheim, and the planning director of Municipal Urbanism Company – EMURB, architect Tito Livio Frascino were in that meeting. Wilheim said he enjoyed the presentation very much, particularly the articulation of space, with alternating patios on either side of the *jabuticabeira* boardwalk. He suggested that each block could be subjected to a public architectural competition, so that there would be a variety of typologies to enrich the urban space. Unity would be ensured by a landscape design common to all areas. Afterwards, each block with its winning project could be subject to bids from different contractors interested in executing the work. Our colleagues at Hidroservice were quick to object to the idea of a competition, claiming that it would take too long and it would not be viable etc.

When the first assessment of Carandiru area's potential value had already been conducted and we were finalizing our design, Hidroservice came to us with the news that, in order to close the deal, that is, to achieve the estimated cost of the new penitentiary buildings and reach the necessary income, we would have to increase the construction area by a total of 25 percent, meaning: We would have to increase the average height of buildings from sixteen to twenty floors.

It was a very difficult thing to do because we had already placed all buildings – and it had been a lot of work – and composed the blocks according to the correct criteria of insolation and proportion for open spaces. One day, I was at EMBRAESP late at night. I was looking for solutions to provide the requested volume of buildings without losing the environmental quality that we had planned, when one of the Hidroservice architects said to me: "You shouldn't be working this hard." He, then, told me in secrecy: "The numbers of the viability study matched the income presented in your original project. But, given that they think the Planning Secretary is going to question some of the numbers, the total built area, they decided to forward them a much denser project, so that they can negotiate later to get what they want, the initial project…"

Some time had passed, and we were at the Planning Secretary's offices to discuss the design with Jorge Wilheim and the landscape architect Rosa Kliass. They had already conducted a critical review of our project – I saw drawings that checked the shade projection of the buildings –, and Jorge told us that the project was fine for them, "but it would have difficulty getting past the City Council," I argued in favor of our approval comparing our model to the high-density examples we had included in the descriptive memorial. I showed them the designs that accompany this text. Jorge liked what he saw and said: "Wow, you really worked hard on this project!"

On the day of the presentation at the Justice Secretary of the State's offices, after an introduction about the whole enterprise was done by Secretary of Justice José Carlos Dias, Hidroservice began their presentation with a series of slides showing the designs for the new prisons and, right after that, they showed our designs. The drawings had been reformatted and our authorship omitted. The plans had been altered. They added colors – weird colors –, perhaps to make exposition clearer. And when the presentation displayed the perspectives done by Vallandro Keating, I saw that they had been rudely scraped with a razor. To disguise the visible erasures, they had applied several textures, Letratone plastic films that were greatly used at the time. The result was a crooked sky with winding bands of varying shades in a psychedelic style of extremely poor taste. I was outraged, but, in a low voice, I asked the colleague who was conducting the presentation why he had done that to the sketches. "It is just not to scare the laymen with the buildings' height," he answered.

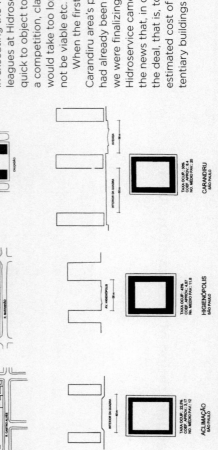

On page 120

Banespa Santo Amaro Branch

Even so, with all this cosmetic work, in the ensuing discussion, the project was vehemently objected by the people of Santana (a neighboring area), who were present there. They recognized the necessity to remove the prison complex, but they demanded a park was built in the area. They had objections like: "Why can't Zona Norte have its own Ibirapuera Park?" and "If the state doesn't have the funds to build new prisons, it should go gather the funds elsewhere, but it should not compromise the region forever." Traffic jams in the area of the bridges over the Tietê River would be unavoidable. Even the subways would be congested. At one point, the leader of the Zona Norte neighborhood associations, an elegant gentleman who was in the real estate business and appeared to have great experience (he certainly could tell that some cosmetic work had been done in the sketches), questioned the numbers, the total volume that was to be built. He, then, asked if the technicians who were there and who were responsible for the project considered the proposed density to be correct. After one of the colleagues from Hidroservice tried to answer, I took the floor and explained that if, on the one hand, our project did include a considerable public park, on the other hand, the final density was very high. Our original proposal was for a 25 percent lesser built mass and an average height of sixteen floors, but, since the viability studies done by Hidroservice did not match...

Thus, even with the City Hall's support, via EMURB and the Planning Secretary, the design, unnecessarily kept with an average height of twenty floors, was not approved by the Council. Assemblymen tied to the Santana region blocked it, time after time, with the same arguments of the homeowners associations. This tactic allowed Santana to receive its park, after twenty years of demands, but it prevented the hastening of modernization in the prison system, which could have prevented, among other things, the 1992 massacre that took place in Carandiru Penitentiary.[1]

[1]
In October 2nd, 1992, a fight between prisoners of the São Paulo Detention House, known as Carandiru, initiated a turmoil at Pavilion 9 that culminated with the police invasion and the death of 111 inmates.

Location
Santo Amaro, São Paulo, SP
Design period
1984
Construction period
1984
Architect
Marcos Acayaba
Draftsman
Domingos Pascale
Structural design
Módulo S.A.
Antônio J. Martins
Aiello G.A. Neto
Installations design
Consecta
Execution
Construal Engenharia S.A.
Plot area
911 m²
Built area
486 m²

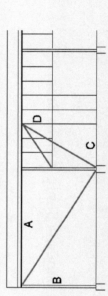

Luís Álvaro Oliveira Ribeiro had just broken off his partnership with Luís António Pompeia at EMBRAESP in order to take over as Director of Properties at Banespa. The invitation had come from his cousin Luís Carlos Bresser Pereira. At EMBRAESP – where I went almost every day because of the urban plan for Carandiru (1983) –, I heard from Luís Álvaro that they intended to put forth a new philosophy regarding the Banespa branches' projects. Bresser, who had made his career as a director for the Pão de Açúcar Corporation, wanted to take advantage of his experience with commerce, now as president of the bank. For instance, he felt that the type of branches that the bank had been building were architectural monuments, which generally had excessive setbacks, ramps or steps on the entryway that made access more difficult for clients. In commerce, everyone knows that the best store was the one closer to the sidewalk, at the same level, preferably without a threshold. And, so, the bank intended to commission architectural designs for a series of new branches with new, simpler concepts, which would be cheaper and more efficient.

However, the next time Luís Álvaro called me to deal with a more pressing matter. In Santo Amaro, the local branch was completely swamped with the great number of public service workers in the neighborhood. The bank had a small corner lot, next to the central plaza in the area. A design had already been done for this lot, but it did not convince the new board of directors of its cost-benefit ratio. And, so, the board decided to use the lot to build a branch called Banespa "Serve-Serve," exclusive for public service workers. It was to be built very quickly, at a very low cost, to remedy what was considered to be an emergency situation at that time, and it was to accomplish this without compromising permanently the lot's use, so that the building could, later, be disassembled or demolished, to give room to another more conventional branch facility. These were the conditions for this edification's design that, with minor alterations, is still standing there to this day!

I initially decided to do some research on the construction of industrialized metallic structures and covers. I began by calling the offices of Maitrejean & Salloutti. They had been conducting many projects for supermarkets and shopping centers using the latest technologies for these types of structures. I talked to Georges Salloutti, who was for a long time an architect with Pão de Açúcar. After hearing about the project, he answered me in his usual objective, straight-forward manner: "It seems the solution to your problems is right here in front of me, I can see it from the window of my office. At the Unipark Parking Lot right across the street they are assembling a metal cover for the cars, very interesting, very light. Why don't you come down and take a look? Isn't Unipark's owner a cousin of Marlene's? Why don't you call him and see what he's been doing?"

The company executing construction was Módulo, an assembler of metallic structures from Contagem, Minas Gerais. They worked with steel plates from Usiminas. The owner Éber, an engineer, had done his training in the US. From there, he had brought a new calculation method for metal rectangular tubing beams of thin folded sheets. The calculation was done in the computer and allowed the beams to bridge large bays or support wide overhangs, like the Unipark lot, with suitable dimensions and relatively low weight.

In our first conversation over the phone, engineer Éber and I discussed the criteria for the design and outlined a preliminary structural dimension for the bays, with the respective load bearing areas. Then, as usual, I rationalized the program in an equation according to the structure outline, with porticos 7,5 meters wide spaced out 13 meters of one another – pillars and beams of folded plates 3 millimeters thick. I was, then, able to verify that, with the necessary internal height of 4 meters, plus 0,5 meter of structure and roof, the building's total height and the porticos' width were at a proportion very near the golden section. Much like Le Corbusier with his *tracés régulateurs*, I adopted a classical attitude towards the facades' design, seeking to adjust the composition between the porticos and the open bays according to the golden ratio. The masonry walls and the openings were composed in a succession of squares and golden rectangles.

It was done in concrete blocks that were, later, coated. The iron window frames in "L" or "T" profiles were done with ordinary 4 millimeter glass, with only light screens pulled as venetian blinds that were superimposed externally to the frames, in order to filter sunlight.

I recognize that the composition approach I described, the facades' symmetry, and certain details have some postmodern influence derived from a critical attitude towards modern architecture and its canon. For example, I would not have allowed myself to do mortar frames on masonry walls before. In more ancient buildings, they had the purpose of conveying water and protecting the window frames. In this building, its function is, during rainy days with winds diagonal to the facade's plane, to keep the water from gathering at the joints of the structure-wall, which is necessarily articulated and, therefore, permeable.

The structure, walls, and openings defined a composition that was influenced, among other things, by the Illinois Institute of Technology – IIT (1940-1957), in Chicago, designed by Mies van der Rohe; more specifically, our composition here was influenced by his designs of the library and the administrative buildings. In turn, the frames simplicity is similar to the chemistry building in the IIT. Now, the T-shape openings, designed to ensure good light distribution and some view of the outside – in the right amount –, I had already seen in works by Louis Kahn, like the Esherick House (1961).

On page 126

Pindorama Pavillion

In 1984, ten years after the Pindorama Farm construction, my clients reached out to me to design a renovation with area expansion. They wanted to add a room for a cards table, a pool hall, an entertainment room for audio and video, and saunas. They thought the enhanced program could be resolved with additions and extensions to the existing house. I told them that the plan's geometry did not facilitate that sort of alteration. On the other hand, one thing they did not lack for was space for a new building, one that could, with autonomy, serve all the new requests. Thus, we decided to build a pavilion, midway between the house and the soccer field.

Since I was designing a pavilion isolated in an extensive and leveled grass field, for starters, I tried to solve the program with a circular plan, a unit that would stand in the landscape like a sculpture. However, this design posed some functional difficulties to the internal spaces: As they constituted sectors within a circle, they became improper for their individual functions. Finally, I adopted what was in my experience an entirely new approach in design: I designed various volumes in isolation, each with its own geometry and variations in the floor plans and in the heights resulting from the functions of their internal spaces.

Location
Jacaré neighborhood, Cabreúva, SP
Design period
1984
Construction period
1984-1985
Architect
Marcos Acayaba

Structural design
Aiello G.A. Neto
Antônio J. Martins
Installations design
Consecta
Execution
Construtora Nelson Vittorino
Built area
155 m²

The basic project was done with the dimensions of the metallic structure calculated by the engineer Éber. When we opened the search for the structure suppliers, all assembling companies except for Módulo specified I-shaped sections for the porticos. So, obviously, the structure was executed by Módulo. It projected expenses at a third of what the other competitors charged (in the cost of metallic structures, weight is fundamental). The entire construction was executed in three months with a total cost at a third of what the branches usually cost the bank.

Módulo also provided the trapezoidal plate tiles of galvanized steel for the roof. To ensure less expenditure and greater agility in the execution, I decided to use the tiles themselves as lining, forming an air pocket for thermal-acoustic insulation. The rugged outlook of the interior space, with tilted ceiling, creased and galvanized, gave the branch a nickname among the staff and clients: They call it "barracão de zinco."¹

1
Barracão de zinco, or big zinc shed in free translation, is an image of Brazilian popular music that appears in the songs "Chão de Estrelas," composed by Sylvio Caldas and Orestes Barbosa, and "Barracão," composed by Antonio Costa and Oldemar Magalhães.

As I designed each required unit judiciously, I also built their models in cardboard, in a scale of 1:100. Then, I painted them in primary colors with gouache paint.

height was less elevated here, 2.4 meters; comfortable for a person in sitting position. To reinforce the feeling of coziness, almost uterine, I decided to paint the room in red as soon as the model was built.

The saunas were resolved in the two extremities of a rectangular floor plan with a break room and a locker room in the central area. The resulting prism was painted in blue, in analogy to the water concentrated in this sector.

For the cards table room, with a view and some natural light, I decided to do a surrounding wall with hollow elements at pace with the circular table. The final design in the floor plans, similar to a parabola, only appeared a little before the final arrangement of all the units was set up, to function as a connecting element.

Once the little colorful models were ready, I began looking for a better articulation among them. The final arrangement I found ended up configuring a central patio, protected from the Southern winds by the sauna unit. The best view, on the North side, was left for the cards table room, from where the view could be best enjoyed. At that point, I decided to build a cover for the central patio, to provide greater comfort and to house activities that had not been foreseen, such as ping-pong, basketball etc. The roof's rectangular design and the transversal slicing of the patio space were done in the golden ratio.

Both the units that were done in varied designs and the decision to build little models and paint them in primary colors referred me to the La Tourette

To my great astonishment, when I presented the drawings and the models of the colorful volumes, the family – and specially the children – supported the proposal of a pavilion with a playful and, yet, sculptural aspect with great enthusiasm.

This design allowed me to have two interesting experiences. In order to minimize the concrete volume and achieve the necessary thermal insulation, I decided to have the walls executed with a filling of ceramic bricks 10 centimeters thick and 5 centimeters of concrete in both the internal and external sides; a total of 20 centimeters. At every meter, there would be a small 20cm x 20cm pillar and, at every interval of 1.5 meter in height, an anchor strap. It was necessary to lay the concrete for the concrete shells on each side of the wall several times, with a maximum height of 1.5 meter. The molds were reused successively and, to avoid the concrete from leaking onto the strips that were already done, they were finished off with trapezoidal battens, forming horizontal creases that revealed the layers of concrete and displayed the curved surfaces in a better way.

The other experience was with the enclosing wall of the cards table room, built with hollow elements manufactured by Neo-Rex – those that have recesses for placing glass with putty. For every two rows of

Convent (1957-1960), by Le Corbusier, specifically to the chapel. When I realized the reference I was making, I made more conscious decisions for a design that would emphasize it, adopting walls of exposed concrete painted in primary colors. Other citations of Le Corbusier's work are the *cannons de lumière* in the lighting of indoor spaces and the *chaise-longues* in the break room.

Until I actually wrote the paragraph above and looked up the photo placed here on the side to check its date, every time I presented the Pindorama Pavilion in lectures, I would say that I had designed it shortly after I visited La Tourette and that I had been with La Tourette on my mind etc. This is not untrue, despite the fact that the visit only took place in October of 1985, when the work had already been executed and published.

The pool hall was resolved with a plan in a rectangular super ellipse, as a result of the table itself and the necessary surrounding space for the players to move while holding their cues. The height was elevated to 4 meters, to allow the eventual cue to be raised in enthusiasm or anger, after any given play. To contrast with the green cloth of the table, I decided to paint the hall in pure yellow.

The audiovisual room constituted a home theater. It had a suitable configuration for many people to gather with a single focus point, like an amphitheater. The format was elliptical. The

hollow elements, whether they were vertical or horizontal, two 4.2 millimeter iron bars were placed. Despite being slender (10 centimeters thick), the structural wall was capable of supporting the covering slab, since its curved surface solves the buckling problem. It is a luminous structural wall, like in the Usonian Automatic, by Frank Lloyd Wright – a series of houses from the 1950s executed in the constructive system of textile blocks. Wright had first experimented with this system as early as the 1920s, and this was the precursor for concrete blocks and structural masonry. What remained for me, after this project, was the desire to take advantage of this experience in a simpler fashion one day: A given edifice with free forms, tortuous facades, structural and luminous.

On page 138

Rio de Janeiro State Public Library

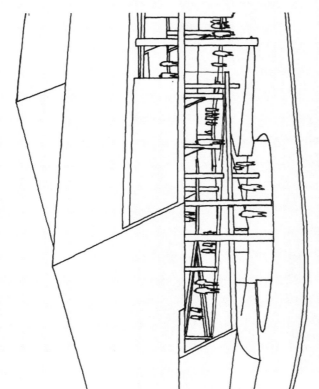

Location
Downtown, Rio de Janeiro, RJ
Contest year
1985
Architects
Marcos Acayaba
Marlene Milan Acayaba

Built area
14.110 m²

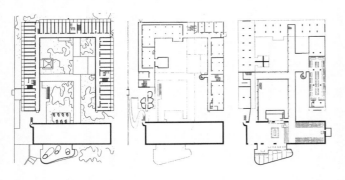

The national competition of preliminary designs for the Rio de Janeiro State Public Library allowed me to design a project that, to this day, I find very interesting. The design pertains to the insertion of a building with a complex use class into a consolidated urban context of great historic value, near República Square (the old Campo de Santana) and Alfândega Street, in downtown Rio de Janeiro.

The program was organized with several units, suitable to their functions. I decided to adjust the height of the great horizontal mass of construction with the houses from Alfândega Street and with the creation of two internal plazas, sheltered from the aggressive setting of Presidente Vargas Avenue. The design is defined by the articulation of these units, especially the rapport between the great horizontal sections, with its areas of public access, and the vertical volume that holds the functionalities, implanted at the center of the block. Mid-level ramps and ducts articulated these separate buildings with conveyor belts for books. The urbanistic reference, in this case, was again the

recreate a complex urban space. The spaces that were being permanently ceded to public use would, then, be very enriching. There would be alternative routes to Presidente Vargas Avenue and Alfândega Street, brimming with typical urban situations, like the street corner coffee stand by the square and a stage in the guise of a bandstand where the entrance to the library would be.

In the design of the units that faced Presidente Vargas Avenue, I recognize the project reference to the Museum of Contemporary Art of São Paulo University – MAC USP (1975), by Paulo Mendes da Rocha. This influence can be seen in the tilted planes that, at the same time, give entrance to indirect light and diminish the noise of passing vehicles.

La Tourette Convent, by Le Corbusier. When I was a student at FAU, I heard professor José Cláudio Gomes say that "La Tourette had been the first design of spatial urbanism," a movement that, in the late 1950s and during the 1960s, proposed we moved beyond the sectorial delineation of urban functions, such as it is professed in the Athens Charter. Spatial urbanism proposed that urban functions should coexist in superimposition. This would lead to a recuperation of the enriching complexity of urban life.

As in La Tourette, my library was defined by a complex set of diverse edifications, articulated by circulation elements, with its meanings made evident by the architectural discourse. That is, articulated and superimposed functions, translated into varied typologies, would

On page 144

Banespa Capivari Branch

Location
Capivari, SP
Design period
1986
Construction period
1986
Architect
Marcos Acayaba
Draftsman
Charles Pereira Marques
Domingos Pascale

Foundation design
Aiello G.A. Netto
Antônio J. Martins
Structural design
Aiello G.A. Neto
Antônio J. Martins
Installations design
Etip
Execution
Construtora Barrichello
Plot area
1.035 m²
Built area
653 m²

In 1986, the property directory of Banespa commissioned about thirty designs for new branches. At the beginning of the meeting when the briefs with the hired architects were being handed out, Luís Álvaro de Oliveira Ribeiro talked about a new philosophy the bank had for its branches. Afterwards, when I received my file, I had a great surprise: The branch that was assigned to me was in Capivari, hometown of Marlene's father, Rachid Milan, who, unfortunately, I never got to meet. When I showed Marlene the file, she let out an exclamation: "It was my father who sent this project!"

At first, I applied the same approach from the Santo Amaro Branch to the one in Capivari. I designed a project to be executed very quickly at a low cost, with a metallic structure similar to a gas station. I even presented this project to the board of directors. There were diverging opinions about it. The prevailing perspective was that, given the lot's location at the city central square, a more definitive building should be built in the manner of more traditional public edifices. In fact, Marlene had already conveyed her displeasure at the first project. The place where she had spent her childhood, her square, deserved better, something nobler. The nail in the coffin was that, at the opposite corner, diagonally across the central square, there was an important landmark: The Capivari Itaú Branch (1955), by Rino Levi, the most beautiful building in town, an exquisite solution for a corner lot.

All of this led me to think that, beyond housing the bank's programed functionality, the building should more clearly assume the character of a public edification to become a landmark in the urban landscape. Its location and bearing should allow one to think of future uses, like a public library, an exhibition hall, or an auditorium. In the final design, I tried to establish a sense of continuity between the church plaza, the city central square and the view of them both from the perspective of one who is inside the new building. I also tried to establish a rotation of the corner lot, by the geometry of the floor plans, like in the design by Rino Levi. The chamfer of the corner lot was accentuated, and the floor plan became practically an octagon. The facades are defined by a set of large brise-soleils, walls at 45 degrees with structural masonry and concrete slabs. Once again, Le Corbusier was my reference, more specifically, the Carpenter Center (1961-1964), in Cambridge, MA.

On page 150

Hugo Kovadloff Residence

In 1985, a former colleague from Dante Alighieri School who had become a graphic designer approached me so that I could design his house in the neighborhood of Morumbi. As in some other projects, it was necessary to prepare an initial study in order to decide on the correct course. Initially, I proposed a very simple house with brick masonry and a mono-pitched roof, which looked like a 1950s house. However, I soon realized from Hugo's somewhat disappointed expression that I ought to be more radical in the design of his home.

In this new design, I tried to reference the rationalist principles and the concise design of Le Corbusier's houses from the 1920s. The central space, with a double-height ceiling and a walkway along the glass curtain, recalls that of Maison La Roche (1923). On the other hand, the rigorous construction, exposing all the materials, recalls some of

Drawing from the experience at the Pindorama Pavilion, I initially proposed the brises to be painted in primary colors, which was not accepted. Luís Álvaro

later told me: "Your chromatic proposal was vetoed by the human resources directory, composed of leadership members of the bankers union, the Unified Workers' Central – CUT, and the Worker's Party. And, believe it or not, they vetoed the red color, specifically." I ended up using shades of green, a sort of rest for the eyes. Marlene had told me that green was her father's favorite color. He was a doctor, and, from him, she had learned that green supposedly aided in healing process, hence its use in many hospitals.

The construction was very well executed by Barrichello Construction Company In the inspections, I always tried to take Marlene with me, and we would visit her grandmother, who passed away shortly before the work was fully complete. After the seventh day mass, as we were leaving the church, Marlene, who is descendant from Lebanese immigrants, said: "All my family has come to know and admire this public building, which, in some way, makes our passage here in this little country town permanent." Shortly after that, we were at the grand opening, which was very extravagant and gathered the entire town. Even the Minister of Labor at the time Almir Pazzianoto was there. He had been born in Capivari.

Location
Morumbi, São Paulo, SP
Design period
1985
Construction period
1986-1987
Architects
Marcos Acayaba
Suely Mizobe
Anselmo Turazzi
Draftsman
Yoshinori Tagushi
Structural design
Aiello G.A. Neto
Antônio J. Martins
Installations design
Etip
Execution
Cenpla
Plot area
526 m^2
Built area
207 m^2

his works from the 1950s – the brutalist period, as in the Maisons Jaoul.

tells the whole story of the house he made for his mother, on the banks of Lac Léman, in 1925.

The Hugo Kovadloff Residence was the opportunity I had to make my most *Paulista* design, following the principles of the *Paulista* school: Rigorous structure and construction, the constructive truth as a central concern.

The Italian architect Francesco Santoro, in the presentation of this house in *L'Architettura* magazine states that: "The simple and direct approach to the rational organization of the various aspects of designing, from the choice of appropriate materials to the organization of internal spaces, calls to mind the fruitful experience of Wright's Usonian Houses in its constructive simplicity and structural sincerity." Rereading this text now, I remember that, just before designing this house, I bought the first in a series of books with works by Wright that I would acquire throughout my life: *Frank Lloyd Wright's Usonian Houses: The Case for Organic Architecture*, by John Sergeant. I recognize the reference in the compact solution for the kitchen and its articulation with both the living room and the patio. The hollow elements used in the house's Northeast facade and, above all, the volume that protrudes from it also refer to Wright's Usonian Automatic.

To accompany the project drawings, I decided to write a descriptive letter / memorial, like the one Le Corbusier wrote to Madame Meyer (1925). The explanatory sketches are like those in that wonderful little book *Une Petite Maison*, where Corbusier

Design Presentation Letter for the Clients

My dear Hugo,
As a result of our last meeting, taking into account your observations and those of Beth on the first study, and also my intentions and proposals for the house and the lot's geographical conditions (topography, orientation, landscape and subsoil), here's the second study:

1. An economical structure – the subsoil at the bottom of a valley, presenting as it does a shallow water table, as you already know, will require the use of 10 meters long piles. The most economical are those made of precast concrete. The transport and the maneuvers necessary to place them upright and peg them mean that, with this length, they must have a section of 20cm x 20cm, which corresponds to a resistance for twenty tons. On the other hand, the area in your program requires that we have at least eight of these piles to support the load. So, I tried to equate this data with my desire to solve the work with sensible bays (6 meters maximum) and chose the following structural scheme:

There will be eight 20cm x 20cm concrete pillars, which correspond to the eight necessary piles. They will also support two longitudinal beams with a

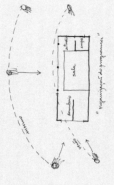

"*estructura*"

4,5 meter bay and a cantilever of 1,5 meters. These will support a series of ribbed slabs with a bay of 6 meters cast on ceramic bricks. Everything seems very reasonable and economical.

2. A suitable site plan – the rectangle resulting from the structure (16.5m x 6m), if located on the South side of the lot (respecting the mandatory 2 meters lateral setback), leaves more than enough space in the North for sun exposure and for the outdoor activities in the extension of the house, as well as an area for a generous wooded garden in the East. To the West, facing the street, it gives the necessary distance for the ramp that will take the cars to the ground floor level, which will be raised 2 meters above the sidewalk (a necessary measure in view of eventual floods, due to the high level of the underground water table). Following your original wishes, the occupied area will be small (106 square meters), corresponding to only 1/5 of the lot (526 square meters).

3. A logical organization of the program – the area of collective use (living room, dining room and studio) is oriented towards the morning sun, so that throughout the day it is well lit and so that, even during part of the night, it remains warm in winter, when the sun neglects this facade. The dormitories (adjacent, as you requested), if facing Northwest, will be exposed to the afternoon sun and will preserve the heat well into the night. In this case, however, there will be some necessary precautions against the setting summer sun in the protection of the windows.

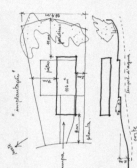

The kitchen and the service area must be located adjacent to the garage in order to facilitate the transport of any purchases as well as the visualization and the answering of the door. It must be equally contiguous to the dining room and the staircase that leads to the upper floor. Thus, the service area will be located between the open garage in the front and the living room at the back and will be linear (more efficient) running from one side to the other of the house, exposed to the Northeast sun, overlooking the street and constituting a channel for the cross ventilation South-North. Through the South side setback (with clotheslines next to the

laundry), the maid may arrive at the external staircase that goes up to her quarters on the upper floor. These will open to the interior as well the studio / guest dorm. So, even though independent now, the employee area may have some other function later, becoming part of a wing with its own access and with all the necessary facilities (bedroom, bathroom and studio) for André, when he grows up. Thus a continuous circulation (upper / lower, indoor / outdoor, social area / service area) is already established through these two stairs, which is both practical in the daily use of the house and stimulating for a child who likes to run.

The areas corresponding to the ground floor functions – garage (30 square meters), kitchen (15 square meters), living room (55 square meters) – when added together (105 square meters) exceed the sum (75 square meters) of the upper floor areas by 30 square meters – bedrooms (35 square meters), bathroom and corridor (20 square meters), studio (10 square meters) and maid's quarters (10 square meters). The difference of 30 square meters corresponds to a void for the upper floor, a double height ceiling for the living room, the integration between the functions of the two floors, and, above all, the space through which the Northern and the Northeast sun bathe almost the entire house. It will, therefore, open generously to the Northeast side, allowing for a large room with a brick floor, the sum of the interior space with a courtyard properly equipped with barbecue pit, sink and table for outdoor meals.

4. A simple and economical design – the construction may adopt a stripped-down style. The concrete structure and the masonry of clay bricks will be neither coated nor plastered, but integrally painted according to different colors which we will be able to test on models. The hydraulic installations (except the maid's bathroom) will be concentrated in one plumb (water tank on the roof, bathrooms on the top floor and kitchen and laundry on the ground floor). Since there will be no coatings, the electrical and hydraulic installations must be apparent.

The openings, although relatively wide, are not costly: For almost all of the Northeast face, prefabricated concrete hollow elements for the installation of common glasses (3 millimeters), besides allowing, by design, only the entry of the winter sun, are the plastic element necessary for the correct constitution of the desired internal space.

These hollow elements will have an almost generic use, the question of ventilation being resolved through tilting windows inserted in them.

In the dorms, the windows must be of the rolling shutter type, those that can also, when pushed, be tilted outwards, providing ventilation and, at the same time, shade, which will be necessary during the summer, as we have warned before.

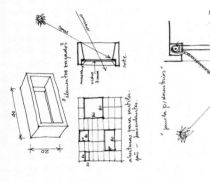

Subsequent Memory

The brick masonry was so beautiful, that it prevented us from painting it.

For the flooring on the upper floor and in the living room we set large, old wood pieces from a demolition. Kitchen and bathrooms with dry shake concrete flooring and white epoxy walls.

The initial solution proposed in the preliminary draft, as described in the previous text, was changed during the construction of the house: The area for the maid's room and bathroom on the upper floor was occupied by a studio, a workplace for the couple. The maid's bedroom and bathroom were built at the back of the lot, as a small shed.

Later (1991), with the growth of the children, it was necessary to transform the studio into a bedroom, with a bathroom for the older son. A new studio was built, then, next to the maid's room at the back of the lot.

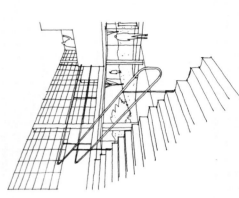

I know we have some doubts regarding the flooring on the upper floor (carpet? parquet flooring?), but we already know that in the bathrooms and in the kitchen we can use dry shake concrete with colored pigments (even on your walls).

I hope I have managed, with the help of the drawings, to explain your house. Like any other house, it will not fail to correspond to its owners. Right now, according to what we were looking for from the beginning, I see it as simple, true, luminous, cheerful and welcoming.

Best regards,
Marcos

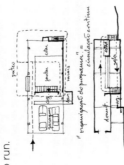

Brazilian Sculpture Museum

On page 162

Location
Jardim Europa, São Paulo, SP
Architect
Marcos Acabaya
Contest year
1986
Draftsman
Yoshinori Tagushi

Structural design
Vicente Destefano
Plot area
6.861 m²
Built area
8.075 m²

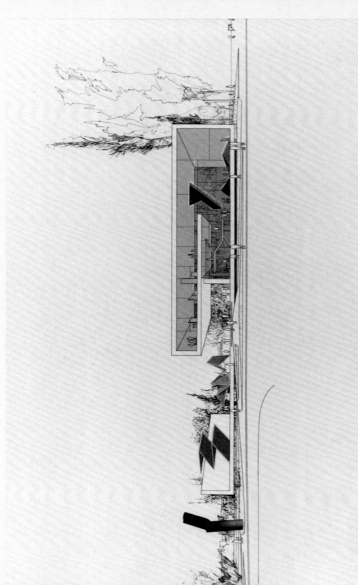

On a Sunday night in December 1986, upon returning from a trip, I found a message from the architect Roberto Saruê, urging me to call him. He wanted to pay a visit to my office in order to invite me to a project: The Brazilian Museum of Sculpture - MuBE.

The next morning he told me that, as president of Jardins Friends Society, after a lot of fighting, he had managed to prevent the municipal government from approving the construction of a shopping center on the corner of Europa Avenue and Alemanha Street. Mayor Jânio Quadros had finally agreed to expropriate the area for the construction of a museum, but with the proviso that the design would have to be presented that year, before Christmas; otherwise, he would backtrack and approve the mall.

The Brazilian Museum of Sculpture would have its design chosen in a closed competition, hurriedly organized by the Museums Friends Society together with the Jardins Friends Society. As an initial catalog, it would present Brecheret family's collection. The program that Saruê transmitted to me was vague regarding the spaces and functions and imprecise regarding the area to be built. Twelve offices had been invited, including Croce, Aflalo & Gasperini; Ruy Ohtake; Siegbert Zannettini; Ubyrajara Giliolli; Pedro Paulo Saraiva; Cândido Malta Campos Filho, who invited Eduardo de Almeida; and Paulo Mendes da Rocha, who would become the competition winner. I also heard that Lina Bo Bardi refused to participate.

I was the last to be invited, for I had been travelling. The designs should be delivered on the following Thursday of that very same week. All I could tell Saruê was that I found it impossible to come up with a design like that at such short notice; that I had other appointments at the office; and that, therefore, he should not count on me.

However, on Wednesday, Saruê called me again saying that Jânio had agreed to receive the design on the following Tuesday, Christmas Eve. The deadline for the contest had then been set for next Monday. He asked me if I couldn't do the project, now that the deadline had been extended. "I'll try," I replied.

I then tried to write a preliminary text setting out an intention for the design of a sculpture museum. Later it would constitute the beginning of the descriptive memorial. The paragraph I managed to write worked as a compass to guide the design of this project:

Architecture is not sculpture. Even though a work of art, the building must always serve. In this museum it

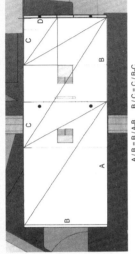

A/B = B/A-B   B/C = C/B-C

will serve sculpture, as its plinth. In this role, however, it should not cancel itself as a neutral, uncompromised foundation, operating only as a mere support, shelter or background. Here architecture should seek to assume the role of dialectical complement of the program within a geometric theme that had been occupying my head for some time: The golden section, the golden rectangle and its ramifications.

The next day, during a long and boring phone call from a client discussing a fee, I kept drawing while listening to his spiel, and when I hung up the phone, I had the solution for the museum project. I had considered the main elements of the program within a geometric theme that had been occupying my head for some time: The golden section, the golden rectangle and its ramifications.

The spatial solution I found led me to an extremely bold structure, whose viability I could only verify the next day, with the visit of the calculating engineer Vicente Destefano. While exchanging ideas about the sketches I had already done on my drawing board, Yoshinori Tagushi, a few meters away, just by listening to what we were saying, managed to establish the final design of the structure with great precision. That was what I was pleasantly surprised to find after Vicente left. Nori was the best draftsman I've ever had the opportunity to work with. Thanks to him, who drew directly on Schoeller paper boards assembled with cardboard, since he knew he would have neither time to make blueprints, nor to assemble them, it was possible to deliver the project on Monday afternoon. I also made in ink the exact perspectives of the building directly on those final boards. On Friday, having established the final design of the project, I decided to order a model with Takeshi, who had done an excellent job with both the Coliseum and the Banespa Capivari models. I gave him the part that was already defined in the design, that is, the building, and only on the following day was able to present the site plan. However, as he had an appointment on Sunday, it was not until Monday morning that he started working on the model.

Meanwhile, after spending the whole weekend drawing nonstop, I managed to hand over the boards at the last minute on Monday afternoon. I had already given up on the model. Later on, Takeshi called me to say that the model was ready. Feeling exhausted, I didn't even want to see it, and I asked him to try to deliver it directly where the contest was being judged. Perhaps they would accept it. It was crazy, very reckless. Five days later, already aware of the result, when I went to collect my material, I saw what my design had become once it was represented in a model. Everything was crooked and, even worse, a little off the scale.

Months later, at the opening of the exhibition that presented all the design for the museum at the IAB headquarters – an exhibition for which I only sent the design boards –, Jon Maitrejean, who was part of the jury, told me that, in the beginning, my boards were much appreciated, everybody was really enjoying my design. However, when the model arrived, everyone felt frustrated. He told me that he realized there was something wrong with it, maybe it was off the scale. He proposed that it be put aside, that it should not be considered. However, I think that, in a way, any favorable assessment of my design ended there, naturally.

I still like this design very much. It is exactly the opposite of the winning project, which is articulated almost entirely underground, with a large marquee that emerges perpendicular to Europa Avenue. On the other hand, with an open pavilion, slightly elevated and parallel to the avenue, I tried to transform the building into a base that valued the exposed sculptures, making them perfectly visible to those who pass even at the speed of a car or a bus. Like a great showcase. To arouse interest, be it for the exhibitions that would be set up there, or for the museum's own collection.

Everything was done hastily in the MuBE contest. Mayor Jânio Quadros, who probably had personal interests in mind regarding the construction of the mall, acceded to the proposal of the museum and the competition only because he thought that, with that deadline, no one would be able to present a design. Whoever had the chance to work with a longer term, did so with a maximum of three weeks. The program, which amounted to nothing more than a suggestion by Saruê, ended up giving way to the interpretation of each of the architects. Likewise, a more in-depth analysis of the designs was not possible. The decision was made in a single night. Because of this origin, especially because its program could not be properly matured, to this day the museum lacks a collection and has not yet managed to play the role that could be expected of it in the city of São Paulo.

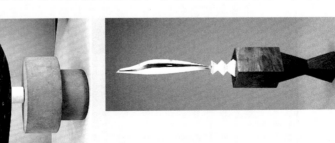

H. Stern Building

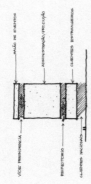
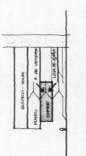
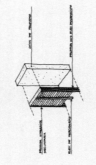

On page 168

Location
Itaim Bibi, São Paulo, SP
Design period
1987
Architect
Marcos Acayaba
Draftsman
Yoshinori Tagushi
Designer
Koiti Kashiwai
Tomaso Vicente Lateana

Structural design
Vicente Destefano
Installation design
Sandretec
Air conditioning design
Thermoplan
Model
Siegfrido Ruiz
Plot area
1.190 m²
Built area
9.029 m²

Jewelry store H. Stern organized a closed competition to choose a design for its headquarters building in São Paulo. Architects Ruy Ohtake, Roberto Loeb, Aflalo & Gasperini, Pedro Paulo Saraiva, Paulo Mendes da Rocha and me were invited.

We all went to visit H. Stern's headquarters in Ipanema, Rio de Janeiro, where, in addition to the store and administrative areas, there was a production area illustrating the jewelry manufacturing process. One could participate in an interesting guided tour that ended at the store. Groups of tourists arrived by bus and ended up buying some jewelry. The area and the program of requirements proposed for São Paulo were equivalent.

I decided to characterize the building according to the volumes suggested by the program: In addition to the store on the ground floor, the event room on the rooftop, the administrative block and the production area, separated by floors with terraces (restaurant on the forth floor and management 12° floor).

The floors would be supported by load bearing facades and by towers with vertical plumbs. The load bearing facades, grids equivalent to Vierendeel beams measuring the exact lenght between the towers, would be concreted in loco with precast aluminum molds. These, in addition to working as brise-soleils,

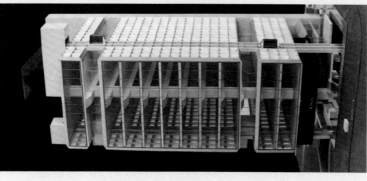

would already have the window counterframe installed. It would be a precious version – suited to the building's sophisticated character – of the precast concrete facade elements created by Marcel Breuer in the 1960s.

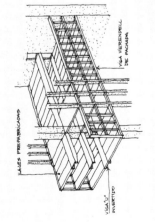
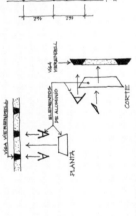
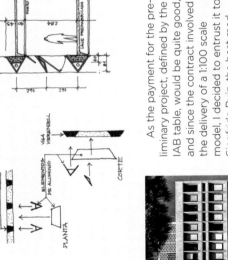
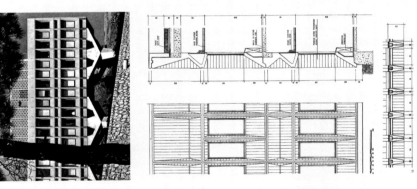

As the payment for the preliminary project, defined by the IAB table, would be quite good, and since the contract involved the delivery of a 1:100 scale model, I decided to entrust it to Siegfrido Ruiz, the best model maker I have ever met. Ruiz comes from a family of Spanish model makers. His father had learned the craft in the prisons of Generalíssimo Franco. His younger brother is now one of the most important Spanish model makers. In 1992, when I visited him in Madrid, I could see on the main wall of his workshop a large photo that showed him greeting King Juan Carlos, at the official presentation of the model he had made for the Spanish Pavilion at the Seville Expo (1992). Siegfrido Ruiz arrived in Brazil in the 1950s. His clients included, among others, the architects Jacques Pilon, Giancarlo Palanti, Abelardo de Souza and Oscar Niemeyer, for whom he made, as he himself told me, the model of the Eiffel Building (1956). Very creative, Ruiz, in addition to winning the public competition for the monument that was built at the beginning of the Castello Branco Highway, invented and patented the prism for identifying cars in authorized mechanic workshops. He was, for a long time, the only model manufacturer in the national territory. In the small factory he had in Pinheiros, in addition to his prisms, he did everything from models to advertising displays. It was there, with all the sophistication that his machinery allowed, that the model of H. Stern was made, using acrylic and aluminum. The facade pieces with a triangular section were machined and then anodized. The result was wonderful. Precious. Days after the design was delivered, I went to take pictures of it myself at H. Stern's office, as I feared that the model would be destroyed during the transfer to Rio de Janeiro. In the end, those photos were all I had left of the best model ever made of a project of mine.

After undergoing an initial evaluation by the directors of H. Stern of São Paulo, three designs were selected – Loeb's design, Ruy Ohtake's design and mine –, and the presentations were scheduled for the same day. The architects themselves would present their designs to Mr. Hans Stern and other directors in Rio de Janeiro. When I got there, half an hour before the presentation, I found two secretaries kneeling on the floor, leaning over my model, which was almost completely destroyed, trying in vain to glue the aluminum pieces with Tenaz white glue. In the presentation right before mine, Ruy's presentation, one of the directors, while removing his model from the table, lost his balance and ended up knocking my model down on the floor. And it wasn't entirely his fault. Ruy Ohtake's model was very heavy, a huge solid block of turquoise acrylic. He had opted for a tower with a curtain wall, a faceted volume, like a precious stone, supported by a pyramid-shaped base. It was the design initially chosen.

The development of the executive project was contracted and the estimated budget led the company to give up building it. They then hired Roberto Loeb's executive project, which had a tall tower on the roof as the most striking element. They didn't build it either. Some time later, they decided to sell the lot and abandoned the idea of the São Paulo building.

On page 174

Hélio Olga Residence

Location
Jardim Vitória Régia, São Paulo, SP
Design period
1987
Construction period
1987-1990
Architects
Marcos Acayaba
Mauro Halluli
Trainees
Tânia Shirakawa
Edison Hiroyama
Foundation design
Zaclis Salvoni
Structural design
[concrete] Zaclis Salvoni
[wood] Hélio Olga de Souza Jr.
Installations design
Hélio Olga de Souza Jr.
Construction
Hélio Olga de Souza Jr.
Plot area
900 m²
Built area
220 m²

In 1986, architect Guilherme Paoliello told me that a former colleague of his from Santa Cruz School, Hélio Olga, a civil engineer graduated from the Polytechnic School of the University of São Paulo – Poli, was making very interesting industrialized wooden structures. According to my friend, he had set up a factory and I needed to get to know him. Coincidentally, a short time later, this engineer, Hélio Olga, came to visit my house with a group of French architects on a Saturday afternoon.

In the meantime, I was already involved with the first of a series of beach house designs – the Oscar Teiman Residence (1986-1987), at Sitio São Pedro, Guarujá. These were works that involved ecological issues, nature preservation, and there was also some difficulty regarding manpower. So, in this first project, I had already decided to work with industrialized wooden structure. For that, I went to Hélio Olga.

To learn how to "speak a new language," that of the standardized and modulated wooden structure, I seized the opportunity to pursue an old desire: A Japanese house. After all, the Japanese have made use of modular, standardized and mass-produced wooden structures since the 11th century, if not earlier.

Oscar Teiman supported this idea after spending a week with two of my books on traditional Japanese architecture: one was about the Imperial Palace of Katsura in Kyoto, while the other

was a precious survey of Japanese popular architecture, with rural constructions and peasant and fishing villages.

My long-time admiration for Japanese architecture, its simplicity, proportions, lightness, transparency and spatial continuity, only increased when my friend and FAU colleague, Sakae Ishii, lent me a book by the German architect Einrich Engel, around 1975. It was there that I learned the essence of this architecture and, I should say, this culture. For Eastern philosophies that have their origins in the Tao, such as Buddhism, for example, space and time constitute a single entity. Contrary to the Western view, which distinguishes space from time. For this reason, in traditional Japanese architecture, with the exception of temples, the volume built never translates into a simple geometry plan, a finished, closed shape, a square or a rectangle. A finished space corresponds to an equally finished time. In order for time to take its course, space must give rise to it, that is, it cannot be a finished thing. Hence the irregular, unfinished plants of Japanese houses. For example, when a child is born, the owner of the house goes to the corner store with the design modulated on the tatami – a design that he himself made – and buys the necessary pieces so that he himself adds the space that the arrival of the new member requires.

By the same token, when the child gets married and leaves, some part of the house is transformed, or suppressed. It is the organic conception of architecture that fascinated Frank Lloyd Wright, among many Westerners, in the late 19th and early 20th centuries. In my understanding, the house as an organism is made up of cells, the tatami mats, which allow for numerous arrangements, each with its own name, its meaning. It is the organs, the settings that make up the house, the organism. They are different, interchangeable spaces, with diverse functions, full of life. The design of the whole can always be changed. A new element, imbued with meaning, can be added, transformed or deleted. The meaning of the whole, the house, which corresponds to the family life as its extension, changes continuously, naturally.

As I said, the designer Yoshinori Taguchi, born in Japan, who was a student at FAU USP since 1972, worked with me at that time. His collaboration at the Oscar Teiman Residence was essential. It was his exceptional pencil drawing that organized, systematized, and translated my ideas within the modulation required by the construction system. In this case, I dedicated myself mainly to squaring away the program and the implantation.

With the Oscar Teiman Residence design in progress, Hélio told me that he was working on a project for his home. He had already built the house where he was currently living, designed by Zanine Caldas (1980-1982), with whom he had worked. It was another project by Zanine in São Paulo that had led him to work with wooden construction.

Hélio Olga had bought some property located almost in front of his house, in Jardim Vitória Régia. A steep slope, with more than 100 percent slope towards the bottom of the lot. Hélio walked by this piece of land regularly and one day he noticed that some material had arrived. It was the beginning of a construction. He stopped to talk to a man who ran the services. The latter told him that he intended to build a one-story house on that land and, for that, he was starting to build retaining walls at the bottom, with the gabions that were arriving. He intended to level the terrain, grounding it to the level of the street. A few weeks later, Hélio noticed that the construction had stopped and, out of curiosity, he tried to talk to the man about what had happened: "I gave up building on this land, it is no good." "So what are you going to do?" "I'm selling the land." "And what's the price?" "If you pay me what I already spent on the retaining wall down there, that's great." "How much?" "Ten thousand dollars." "That's how Hélio bought a 900 square meters plot of land in an excellent neighborhood for a bargain. Of course, he knew that he could build there, as he had the necessary technology for that.

He had decided to design it himself. He told me he was having some problems and asked me whether I could check it out and help him solve it. To my surprise, the project was very well designed and had many virtues. However, when discussing the problems that Hélio had mentioned, it became clear that this was not the best path. The house volume's location parallel to the street, in addition to the problems that Hélio had already encountered, brought more serious complications, mainly related to sun exposure. At a certain point in the conversation, Hélio interrupted me and asked if I could do a design for him. If he got the approval from the municipal government, I would only do the preliminary project, and then I would guide him in the elaboration of the executive project. I suggested a small amount to pay for the draft, the lowest possible, and he agreed.

I immediately thought of working on a radically opposite implantation hypothesis, that is, with the volume of the house perpendicular to the street. Thus, the house would have a much better orientation. As an illustration, to make him understand what I was picturing in my mind, I showed him the Smith House (1955-1958) in a book of architect Craig Ellwood. I have

frequently published sketch. I remember Professor Abrahão Sanovicz saying more than once while drawing the Glass House sketch that Mies opened a huge field for architecture when he thought of a house like this, suspended from the ground, and characterized by the structure that made it possible.

I worked nonstop on this hypothesis – the house as a bridge, between trusses – for an entire month, until I reached the solution, the geometric equation for the program organization, the structure and its own assembly system. In the end, it looks quite simple. I was very happy because, when I presented the design, Hélio liked it and said that he thought everything was very sensible. I was afraid that he would think exactly the opposite: Crazy. Recently, he confessed to me that this was what he actually thought at first. But then after reflecting on the design, weighing the pros and cons, he came to the conclusion that, in fact, the project was indeed very

contained between two trusses, is another important reference for the design of Hélio's residence. Craig Ellwood, a Miesian architect, brought to the ultimate consequences a design hypothesis formulated by Mies van der Rohe in 1934: The Glass House on a Hillside, a famous,

admired this architect since my FAU years. I always saw his designs published in American magazines and bought the book with his works at the 1975 Architecture Biennial at the Ibirapuera Park. Hélio was very impressed and borrowed it several times. The Weekend House (1964-1968), also by Ellwood, a house

On page 186

Seville Pavilion

The Collor administration decided at the last minute that our country would have its Expo 92 pavilion in Seville. For this, it was launched through the Ministry of Foreign Affairs a national competition for preliminary drafts, organized by IAB.

One of the main constraints of this project was the very short deadline for its execution, a maximum of five months. Seville's climate – hot and dry at the time of the exhibition – was also a very important issue to be considered in the design. The spot designated for the Brazilian pavilion was very well located, on the corner of the exhibition's main avenue, the Camiño de los Descubrimentos, and the Palenque Square, the great stage for public outdoor events. It was, therefore, an urban context that should be properly explored and valued by the design.

I had enlisted in the contest since its first call-up, but it was only ten days before the deadline that I actually decided to take part. Only then did I think I was in a good moment to face a project that would require a lot of concentration, dedication and creativity. In 1969, in order to participate in the contest for the Brazilian Pavilion for the Osaka Expo, Paulo Mendes da Rocha summoned for his team, in addition to some architects and professor Flávio Motta, the visual artists Marcelo Nietsche and Carmela Gross. For Seville, I invited Carmela, whom I had become friends with two years earlier.

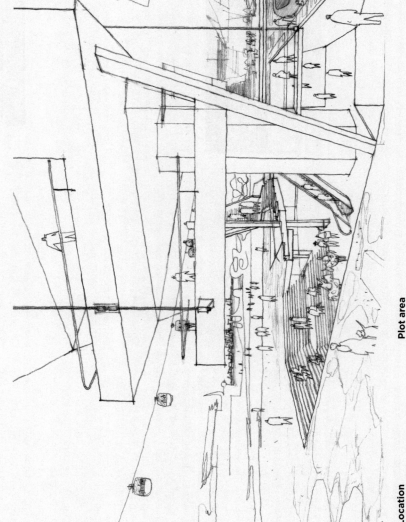

Location
Seville, Spain
Contest year
1991
Project qualification
Honorable mention
Architects
Marcos Acayaba
Adriana Aun
Suely Mizobe
Mauro Halluli
Jorge Hirata
Co-author
Carmela Gross

Plot area
1.750 m²
Built area
3.521 m²

sensible, very logical, and was actually the best solution. In a recent interview for the *Projeto* magazine he reported, not without pride, that nothing was changed in relation to the initial study that I presented.

However, in order to better visualize the structure stresses, a model was required. Hélio himself did it. With this model and my drawings in our minds, we spent several months discussing possible solutions for the knots, the composition of the truss sections, bracing etc. We worked together on this final design, which is mainly the result of our discussion about the structure.

Before leaving for a quick work trip, I handed Carmela the contest material, so we could start as soon as I arrived. I came back with an idea in my head: A pavilion with minimal support on the ground, a volume that would expand upwards, with a triangular plan to fit the Brazilian spot. A tripod, like those popular stools with three legs and a leather seat. It would be a building that would cast a shadow over the access plaza, something desirable given Seville's wheater. In this case, which can be summed up as an inverted pyramid, the reference once again is Oscar Niemeyer. The Caracas Museum (1956) is one of the most brilliant designs I have ever seen.

The idea excited the team and the project began to take shape. Initially, we tried to solve it with a basic structure similar to the stool, with three supporting elements – metallic space frame that would contain escalators. We soon realized that this solution was too complex in constructive terms, in addition to imposing functional difficulties. We decided, then, for a simpler structure: Only one of the basic supporting elements would have a long escalator, the main vertical access. It would function as a two-jointed structure. The main support, a central tower with a hexagonal plan, would contain an area for the toilets on each floor, in addition to the elevators. The third support would be a portico, connected to a staircase.

In order to adapt to the urban context and enhance the flow of people in the space around the corner, the building

took the shape of a triangle, with the sharpest point in the direction of the Palenque area. In the bisector of this angle, the piece that would contain the escalator took on the shape of a keel, and our pavilion started to look like a boat. It was a very nice touch, since the exhibition would celebrate the 500th anniversary of the Discovery of America. As it happens, the direction of our ship's bow was precisely that from Seville towards Porto Seguro. At that moment, I remembered a piece of news I had just read in the newspaper: The Brazilian naval industry, after a long period of crisis and diminished production, had contracted a huge debt with the National Development Bank – BNDES and could not pay it. Hence the idea of producing the pavilion for Seville in one or more shipyards. Thus, in addition to helping the shipbuilding industry repay its debt, the deadline for the pavilion's execution could be more easily met, and the labor force employed would be predominantly Brazilian. Only the assembly and the structural foundation would depend on a Spanish construction company. We then decided to consult a professor of naval engineering at Poli. In addition to agreeing with our hypothesis, for he found everything feasible, he actually helped us to establish the final design, orienting the scaling of the steel pieces and plates that would compose the building in a way that made it possible to produce it in shipyards.

This building's structural complexity, and the lack of time to elaborate the project carefully, ended up imposing several sacrifices on the final presentation, such as an unfinished model, with an incomplete structure. The portico connected to the external staircase, due to the difficulty of its execution, was not assembled. The staircase produced separately did not fit the body of the model, and there was no time to redo it. In fact, the staircase designs we sent to the model maker Siegfrido Ruiz were wrong. The volume of our pavilion required relatively complex operations of descriptive geometry for its representation. Everything was drawn on the drawing board while we were running out of time. If we already had good computers, and the architectural software I acquired two years later – Archicad, which builds models –, this process would have been richer, more agile and accurate. In any case, I was again reckless at the end of the contest process. We attached photos of the incomplete, lame model to the contest material. We later learned that an engineer who served on the judging commission had decreed: "This thing will fall apart." And he proposed that our design be excluded.

In the end, Carmela took care of the execution of the square flooring, the mineral landscaping, a garden of Brazilian stones. The mosaic she made from a variety of photocopied stones was very beautiful and was inserted in the model.

wrote that "of all forms following a vertical structure, the most stable one is the tripod: Pressures on one side are immediately resisted by the adjacent ones." And that "the Illinois project employs the already tested [at the John Wax tower] system of a taproot foundation drilled into the bedrock." The section of this skyscraper's basement reminds a ship's hull, and the keel (or bowline) foundation of a sailboat. That is to say, it works as a support for the tower's foundation, which in order to resist the pressure of the wind behaves, in the words of Frank Lloyd Wright, like the "blade of a sword with a hilt firmly stuck in the ground."

The Seville Pavilion design represented a moment of change and also an opening for many other interesting experiences. It established a bridge, or a continuity, between what I had outlined for the Kiosk in Arlina Farm and more recent designs: The desire to build, from a few points of support on the ground, buildings with successively larger floors, making use of brackets for that.

had already caught my attention. Having used hexagonal modules up to the early 1940s in several works, Wright started to opt for the much more flexible triangular grid. These are works with an unusual geometry: instead of ninety degrees angles, he opts for angles of sixty or 120 degrees. The combination of three directions, instead of the two of traditional orthogonal geometry, offers more options and formal alternatives for adjustment, harmonization with nature, or even for insertion in urban contexts, as in the case of the Giverny Building. Even with a rigorous, modular construction, the floor plans are freer and more organic.

In order to include images in this recollection, I looked for works with this particular geometry in the book *In the Realm of the Ideas*, where texts and projects by Frank Lloyd Wright were presented. Then I spotted Mile High, The Illinois (1956), a one-mile high building, its structure revolving around its floor plan bisectors, like our Seville Pavilion. Regarding this project, Wright

was adopted to solve specific questions related to the plot's surroundings and its orientation. The parallel side borders and the one at the back, at sixty degrees, determined the design of the floor plan. The main facade, composed of a succession of articulated planes with angles of 120 degrees, extended along the diagonal of the plot, facing North, eluding the shadows of the neighboring buildings already built, which were much higher. At that time, I had been studying the works of Frank Lloyd Wright. In 1987, I started to buy his collection of monographs, the twelve volumes produced by Yukio Futagawa and Bruce Brooks Pfeiffer. In the book on Usonian Houses, by John Sergeant, works like Hanna House (1936), with its hexagonal modules, and Palmer House (1950), with its triangular ones,

The Seville Pavilion was the second design in which I adopted a geometry based on a modular grid of equilateral triangles. A little earlier that same year, I designed the Giverny Building, a relatively free floor plan, but with triangular modules. The triangles were equilateral, with 1 meter sides. This geometry

On page 194

Baeta Residence

Location
Iporanga, Guarujá, SP
Design period
1991
Construction period
1992-1994
Architects
Marcos Acayaba
Adriana Aun
Trainees
Fernanda Barbara
Tânia Shirakawa

Structural design
Hélio Olga de Souza Jr.
Installations design
Sandretec
Construction
Ricardo Baeta
Plot area
1.200 m²
Built area
267 m²

Architect Leslie Murray Gategno, Marlene's former classmate at FAU USP, also the man responsible for the implementation of the condominium in Iporanga, once confessed to me that he really liked the Calabi Residence (1989-1991), which I had designed, because it was built without harming the surrounding nature and preserving the land. Raquel and Ricardo Baeta were friends of his and they called me to work on a design for a house on the beach. The engineer Ricardo Baeta already knew my work, for he had accompanied the construction of his brother's house – a project with wooden structures carried out by Hélio Olga. Therefore, he already knew Hélio's house.

In the first conversation I had with them, after showing me pictures of the plot and telling me about their necessity program, they said that their intention was to preserve the trees, if possible. They also wanted an ocean view. To do so, they had imagined a triangular shape. I was surprised, as it was an unusual format.

They were a very young couple and yet they had four children already. He was a surfer and she was very interested in landscaping, so much so that she ended up attending some landscaping disciplines at FAU USP as a listener.

When I started working on the project, I put aside the idea of the triangular shape proposed by my clients, even though the Seville Pavilion project was still on my mind. However, after some tests of location and organization of the program on the topographic survey with the existing trees, I realized that the best geometry for this work would result from the use of a grid composed of equilateral triangles. From the dimension of the sealing panel, plus the jamb, I defined the 1,25 meter module for the construction of a triangular grid. I drew it in tracing paper and superimposed it on the topographic plan. I soon realized that it would be advantageous to organize the program in a plan composed by hexagons, with pillars at the vertices. Those would be supported by brackets, which would carry the loads to a central pillar. Like a tree.

The final arrangement of the Baeta Residence's plan, with six hexagons and a central patio around two large existing trees, recovered the vessel shape of the Seville Pavilion. The bow, more specifically.

During the design development, I spoke several times with Hélio Olga about the feasibility of producing it at the factory, about assembling the structure with the triangular geometry and also about its dimensioning. In the presentation to the clients, accompanied by an exact perspective of the house (the last perspective I made manually), I showed that, in addition to ensuring the preservation of the trees and the view to the sea, I was also proposing the most rational construction, given the conditions of the plot. That was the way to build a 200 square meters house on a steep terrain with the least environmental impact. Thanks to an industrialized construction system, with small, relatively light elements, which could be transported manually up the hill.

The structure was assembled in just two months, and the cover was done next. The assembly staff found the system, with its triangular geometry, to be very efficient. Everything was falling into place perfectly, without the need to resort to the square set or to force the pieces to interlock.

On page 206

Marcos Acayaba Residence

Location
Tijucopava, Guarujá, SP
Design period
1996
Construction period
1996-1997
Architects
Marcos Acayaba
Suely Mizobe
Fábio Valentim
Mauro Halluli

Foundations project
Luis F. Meirelles Carvalho
Structural project
Hélio Olga de Souza Jr.
Installations design
Sandretec Construction Ita
Construtora and Marcos Acayaba
Plot area
1.963 m²
Built area
251 m²

The house's external walls – mostly windows – took some time. Our clients had other obligations, and also the budget for the window units, initially detailed in a conventional way – sliding glass windows or shutters, with frames – ended up being 25 percent higher than the cost of the structure itself. Luckily, we had time to rethink it and find an extremely economical solution. It consists of glass panes of 1,25m x 1,25m fixed in the center of the walls, and glass panes without frames of 0,54m x 1,25m on the sides that run over grooves dug in the windowsills, as in the buses' windows. For its execution, Hélio himself supplied the sills and the frames, which were placed by a carpenter from the assembly team. The service was completed by the glazier.

After almost three years of work, carried out at various times according to the resources available, in December 1994, I had the pleasure of meeting the whole family working together to finish the house. Ricardo and his father worked on the exposed hydraulic pipes in PVC. Raquel and the children had different tasks according to their age, such as finishing fences, or finishing built-in equipment such as beds, cabinets and tables. On the front terrace the youngest of the children, aged four or five, sanded pieces of wood that would compose the screen frames. All of them were already accommodated, camped in the house, finishing it for the summer season.

Perhaps because the structure remained in sight for a long time lacking walls, doors and windows, perhaps due to its location completely surrounded by trees, and also because of its design, the local inhabitants ended up calling it Tarzan's house.

During its long period of construction, the Baeta Residence aroused great interest, especially from architecture students. It also caught the attention of neighbors, such as the publicist Mário Demasi, who, in 1993, approached me to build a house on the land he had at Sítio São Pedro, located on a hill above the Baeta Residence.

When I started to study Ricardo Baeta's design, I decided to build a house for my own family on a piece of land that I had bought seven years earlier in Tijucopava, a condominium adjacent to Sítio São Pedro.

Both the Demasi plot and mine are located on the hillside of Guararu Mountains, covered by the Atlantic forest. Having built a series of houses in the region, some of them using wooden structures, I came to the conclusion that I already had the proper expertise to build on a very steeped terrain with dense vegetation like mine. I felt I was able to take on a design in those conditions, resorting to the money that I had available at the time. Therefore, the two topographical surveys with the existing trees were laid out on the table.

I had already decided to use the same triangular grid with 1.25 meter modules, which had worked so well at Baeta Residence. From the performance of this structure I had also realized that it could shore up the same built area with even less supports. As long as it was a bit more compact, eliminating the interior patio, for example. Moreover, at the Baeta Residence, the segmented plan made it necessary for six pillars to be sustained by two brackets each, which is a clear redundancy. With these parameters in mind, I found a much simpler, symmetrical structure, with only three support points on the ground. In addition to a central pillar, a set of six brackets would protrude from these points. They would also sustain three hexagons, which, in turn, would sustain a central hexagon. The final plan design would correspond to an irregular hexagon, a composition of 33 equilateral triangles with 2,5 meter sides.

This structure based on hexagonal tree-pillars that shore up secondary spans with the same plan design is conceptually identical to the roof of the third London airport: The Stansted (1981-1991), designed by Norman Foster. Its main and most striking element, called by Foster structural tree, in addition to supporting the roof's domes, concentrates all installations for artificial lighting, air conditioning and information.

After several tests, the plan with a triangular grid was the one that best suited both plots, now articulated with only three points of support on the ground - the most efficient equation for any steeped topography, and for wind resistance. Unfortunately, the Demasi Residence was not built. We had problems with its approval, as it surpassed the 50-meter altitude quota limit prescribed for that area, which had just been listed by the Council for the Defense of Historical, Artistic, Archaeological and Tourist Heritage – CONDEPHAAT. However, he had signed the contract and had already paid Hélio the first installment for the structure that had been detailed and was already being produced at the factory. When they got the approval two years later, my clients had already split and decided to sell the land. In 1996, I bought the part of the structure that Hélio had already produced and that was currently stored up in the factory. I used it to build my house, which ended up taking on some characteristics of its own. Although a considerable section of the structure had already been built, I still took the liberty to introduce new elements, which demonstrates the structure's flexibility. Its character as a prototype was proven by its capacity to meet different demands, in different kinds of terrain.

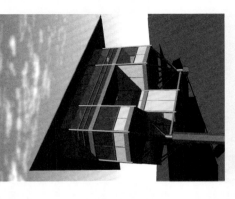

In 1993, I decided to present the best experiences I had so far with industrialized wooden structures at the São Paulo Architecture Biennial: The Hélio Olga and Baeta houses. To complement the exhibition and suggest further developments, I decided to present, as a synthesis of a generic character, a summer house with 170 square meters – the Prototype. It was like the Demasi Residence, only it lacked the pool and was located in a generic plot, an steeped plane.

We developed the Prototype on the computer and also produced a physical model of the structure. Hélio Olga himself supplied the wooden parts for their construction on a 1:15 scale, the smallest scale that allowed for the execution of beams and hexagonal pillars in Jatobá wood

with the machines available at the factory. It also provided templates for cutting beams at 60 degree angles, at the request of architect Ana Paula Pontes, who was in charge of producing the model, while still a student at FAU. With this model, which was wonderful, the computer images, the pieces already manufactured for the Demasi Residence, the main junctions arranged on a factory bench, and the module of the floor grid, in addition to the drawings and photos of the previously executed works (Hélio Olga and Baeta), the exhibition was very interesting. It was a great pleasure to see students, sometimes in groups, examining, photographing and drawing the material.

The design of my house is the result of a process that started at the Hélio Olga Residence, went through the Baeta Residence, and then the Prototype (1993), which had its design applied and tested in the structure of the Valentim Residence (1993-1995). The Marcos Acayaba Residence has precisely the same structure as the Prototype presented at that biennial. The only thing added were the cantilevered terraces, next to the living room, and the roof terrace, suggested by Camila, my eldest daughter, who pushed for the existence of an open area for sunbathing. The plot area that was located far below, with difficult access and full of mosquitoes, was discarded. I also agreed with the suggestion because I imagined that a roof terrace would be a privileged spot, with a guaranteed ocean view, rising above the tree tops.

This house's construction was a very rich experience. I had never been so intensely involved with a work. That's understandable: It was the first house I built for myself. In addition to buying the materials and hiring the services, I did not fail to be there at least twice a week directing the execution. Hélio Olga helped a lot. In addition to having made the structure at cost price, he put at my disposal his firm's secretary, Linda Kubota, who was in charge of making price quotations for materials and taking care of the shipping. All I had to do was negotiate final prices and complete the transactions, almost always over the phone. Hélio was also kind enough to grant me his best contractor for the assembly of wooden structures, Valquido Pereira dos Santos, who also undertook the rest of the work, except for the electrical and hydraulic installations. For these, I hired two professionals from Guarujá. Fernando Evangelista took care of the hydraulic installations; and Domingos de Jesus Manoel, the electrical installations, both apparent.

On May 24, 1996, I took Helio and Valquido to see the plot. It was already cleaned up and had pickets demarcating the foundations. We had made a budget for a shed to house Valquido and his three assistants, and also to serve as a deposit. As we anticipated six months of construction work at the most, it was cheaper to rent a mobile housing, which would be installed in a container structure with a bathroom and electrical network. Much more comfortable and hygienic. In order to install it next to the street, it was necessary to execute the parking space that we had planned for the house, which would serve as a base. Luckily, a neighbor who had just finished a construction project offered his shed for our staff to stay in while we made the base for the container and started digging the wells for the caisson foundations. The container arrived in the back of a truck with a small crane, on the June 12. The operation to unload it was delicate, due to the steep slope of the street and the wires of the electric poles, which were very low. The future parking lot also served as a place to unload materials and as a working site.

Engineer Luís Fernando Meirelles Carvalho designed the foundations. Although the survey indicated an excellent subsoil, and the loads were relatively low, we had to make deep foundations due to the terrain's

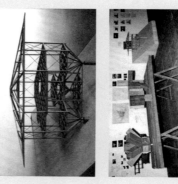

declivity. Two wells 6 meter deep were dug for the caissons, when they reached a layer that presented sufficient resistance to the estimated loads. In the third well, we find rock 3 meter deep. Meirelles himself went down to check and recommended that the base of the well be widened to a diameter of 2 meters, and that the rock be leveled at that point. This was done with gunpowder introduced into the cracks in the rock, activated through the use of a fuse. A worker had to light it at the bottom of the well and leave very quickly, before the explosion. They call this technique *fogacho*. On June 22, the three pilotis were concreted in the hexagonal molds that came from Hélio's factory. *Cups* were left open on their tops for placing steel support devices. These were three simple supports. And no beams or grade beams were needed for locking. After the concreting on June 22, and another week dedicated to the curing of the concrete, the work took off. On July 23, when the installation of the structure got to the roof terrace, I was able, with some emotion, to confirm the beauty of the view, which up until that moment I could only imagine. On July 27, the precast lightweight concrete pieces arrived, which we decided to use on the roof slabs. They were adopted to minimize the maintenance of the large eaves, which are difficult to access. They were so good that I later regretted not having used them all over the house. The other floors, made on joists and wooden paneling, with insulating vermiculite plaster, plus floorboards, ended up becoming the biggest source of criticism, for it made a lot of noise when people walked on it. It is a matter of mass and rigidity. The wooden floors are very light, and the structure is flexible, unlike the slabs made with precast boards. Finally, on September 14, the roof was waterproofed very quickly with a membrane from Alwitra, imported from Germany.

In early November, when most of the dividing panels were already in place, and the prospect of finishing everything up by the end of the year looked more than feasible, Hélio had to take Valquido and his helpers to finish a stage of the construction of the Marcelo Aflalo's residence, due to the release of a financing installment. There was nothing I could do but wait for two months. The work was practically suspended, except for the tasks related to the installations. In January 1997, with the return of Valquido and his team, the work resumed its previous pace. I spent at least four days a week in Guarujá, sleeping in an apartment that we had downtown and going to work every day in Tijucopava. In addition to guiding the placement of the partition panels, glass panes and installations, I helped finish the windows, which would be the same as those of the Baeta Residence. I set up frames with mosquito screens, which slide along the windows, with the help of my daughter Camila. I built the stairs, mixing plaster and laying large stones, step by step. It was a test to which I submitted my health, after having undergone cardiac surgery two years before. At the same time, it was an opportunity to fulfill in real life the ideal of the architect who's also a laborer.

To take care of the foreseen equipment – kitchen cabinets, cabinets for bathroom sinks, shelves and drawers for clothes in the bedrooms – I called Mr. Hans, the best woodworker I have ever worked with. Thus, I was able to materialize an idea for the living room envisaged by Marina, my youngest daughter, then a high school student who did not even consider becoming the promising architect she has become today. At first, I thought to equip the room only with armchairs, but Marina argued that on the beach people are mostly lying, talking, reading, or sleeping. "An L-shaped sofa would be much better." "But it won't work, dear, the room is a hexagon." "So make it an U-shape, an open shape, it will be cool." I scribbled Marina's design, the executive design of the sofa. Mr. Hans produced it exquisitely. With the upholstery carefully done by Itamar, it became the best piece of furniture in the house, a delight, very beautiful and perfectly integrated into the overall design.

The work was completed in 1997, but in 2005 a significant renovation was necessary. One of the beams on the bridge that connected the house to the street rotted and collapsed in 2004. This was because it had been exposed to rain for many years and remained too long under the shade of the trees. In addition, the design of the bridge was somewhat demanding: The brackets were not sufficiently inclined, and thus the compression on the central pillars was enormous, which helped deteriorate the wood. While rebuilding the bridge, I decided to solve both problems at once: Making it covered and using a better designed structure, with much more inclined brackets. As well as resolving structural and maintenance issues, the new bridge has added much more comfort to the house.

FAPESP New Headquarters

On page 222

Location
Jaguaré, São Paulo, SP
Contest year
1998
Project qualification
4th place
Architects
Marcos Acayaba
Suely Mizobe
Francesco Santoro
Trainees
Mariana Nakiri
Henrique Bustamante
José Eduardo Baravelli

Concrete structure design
France and Associates
Metal structure design
Engebrat
Installations design
Sandretec
Air conditioning design
Thermoplan
Landscape design
Sakae Ishii
Model
Kenji Furuyama
Plot area
24.198 m²
Built area
10.047,80 m²

The São Paulo Research Foundation – FAPESP, under the administration of engineer Francisco Romeu Landi, a professor at POLI, decided to promote an open competition for the architectural design of its new headquarters. The plot, very well located next to Escola Politécnica Avenue, in front of the USP Campus, encompasses a large flat area measuring about 24.000 square meters, also facing Torres de Oliveira Avenue. The extensive program of needs (the pre-design process, or briefing) encompassed, for the most part, administrative areas. The public notice pointed out that these areas should have great flexibility to absorb any future changes.

One of the trainees at our office, the FAU USP student José Eduardo Baravelli, was granted with fellowship from FAPESP. So he used to visit the old headquarters and knew more or less how the institution worked. His participation was fundamental for the understanding of the program and the relations between the sectors and for the adoption of a path that best solved them. From the analysis we conducted, we concluded that a more horizontal solution was preferable, that is, floors with sufficient area for the large sectors indicated in the program. With three floors, encompassing about 3.000 square meters, we would have an elongated building implemented parallel to the largest dimension of the plot, or solved in a rectangular plan with a golden section, for example. The elongated linear solution would have floors over 120 meters in length. The rectangle, with more compact floors, would result in large areas in the center of the floors, away from the windows and lacking natural light. After rehearsing these two hypotheses with the program areas, we found a design to solve the aforementioned problems: A square plan with a patio in the center. This ring, 15 meter wide, would have well-lit spaces and

all workstations would be close to the windows. The final plan, a 65m x 65m square, with a central courtyard of 32,5m x 32,5m, would have a continuous circulation with alternative routes, reducing the distances between the extreme points of each floor. The program would be solved by adopting three floors supported by pilotis, and part of the area would be dedicated to a covered parking, as requested. The pilotis would also respond to the need to concentrate the structural loads on only a few supports, as the challenging subsoil – an embankment over a swamp – required deep foundations. For all this, we developed a steel structure, with trusses on the internal and external facades, supported by only twelve concrete columns. The drawing is based on the Chicago Convention Hall (1953-1954), designed by Mies van der Rohe, which also features a square plan and large metal trusses on the facades,

supported by concrete columns. On a larger scale, however, our design corresponds conceptually to that of the Mendes André Residence (1966), designed by Artigas. Regarding this house I heard a comment from the jury about my design: "among the qualified designs, this is the only one where all workspaces would have natural light." I then thought about whether this would be considered an advantage that my design had, or, on the contrary, its sole virtue, since nothing else was said by Landi. The selected designs' authors were then paid to develop the basic project in a month. On this stage, in addition to perfecting the technical solutions for structure, foundations and installations, I decided to make the model with Kenji, who did a great job.

The notice of competition indicated that, at the end of the second phase, the qualified designs' authors would personally present them to the judging committee, which consisted of a collection of friends of mine: Jon Maitrejean, Abrahão Sanovicz, Pedro Paulo Saraiva, César Bergstron, and José Carlos Ribeiro de Almeida. The five qualified teams presented their designs successively to the commission on the same day, in the auditorium of the old FAPESP building.

I proposed at first to skip any formal presentation of the design, since everyone already knew it, and, in order to make better use of the time available, move straight to the questions. The design was first challenged by Pedro Paulo, arguing that in a pure, even Miesian form, the towers of the bathrooms and the vertical circulation emerging from the roof would be a violence, a contradiction. I replied that, because they are technical

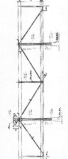

he wrote: "The project assumed that the structure, once resolved, would not intervene in the use of the internal space, allowing for its entire adaptation to the program. Thus, the upper floor is a single structure, as if the house were distributed within a large beam, for it has cable-stayed floors and roof. This also allowed us to shore up the house in four columns, giving a sense of lightness to the whole." That is to say, exactly the same as we intended, in practical and conceptual terms.

The contest would have two stages. For the second stage, five designs were qualified out of about eighty designs registered. After the ceremony in which the qualified designs were announced, Professor Landi, president of FAPESP, a friend and collaborator (his office made installation projects for several of my works), told me that he had

and functional needs, I did not see any problem in it, they did not bother me at all. To help Pedro in this matter, Abrahão mentioned a design by Mies van der Rohe, the Mannheim Theater (1952-1953), which would have

shocked everyone who admired Mies's work. Exactly because in a pure form where he solved the clear span with large apparent trusses, the large mass of the stage box emerged from the roof, just as in my own design. He then said that, due to this strangeness, in some publications of the design, photos of the model were retouched to eliminate the stage box. In fact, while looking for images of this Mies' design to illustrate this record, I found two versions of the same photo of the model in Werner Blaser's book for the Studiopaperback collection, the theater is shown without the stage box. But a much more serious book, Franz Shulze's critical biography of Mies, in association with the archive of Mies van der Rohe of the Museum of Modern Art in New York - MoMA, includes the photo of the model with the stage box. Given what I researched about this Mies work, I came to the conclusion that it only reinforced and justified

the attitude we adopted in our design. The Mies' theater is more beautiful with the stage box.

Another question regarding the structure was raised by Maitrejean. He said that he did not agree that the structure was conceptually composed of trusses, but rather cable-stayed beams. He recalled the Headquarters of Hong Kong & Shanghai Bank Co. design, by Norman Foster, in Hong Kong, which features cable-stayed beams that supported up to seven floors. I tried to better explain our structure, the function of the upper beam of the truss and the lower one: The intermediate floors are either supported by or hung on the truss through secondary pillars. That is, the second floor is shored up and the third is hung by the same pillar, which goes from the lower

Ilhabela State Park Headquarters

In 1997, architect Vera Severo, from the State Secretariat for the Environment, proposed a project to me. It was a set of buildings for Arquidiocesano School, on a peninsula covered by Atlantic forest, in the municipality of Ubatuba. The program provided accommodation for teachers and students, and several laboratories, the main one dedicated to marine biology. A design had already been submitted, but had been rejected by the secretariat for not meeting the criteria for environmental preservation.

An engineer from Ubatuba, in charge of the work, was accepting proposals for the project. I went to the Arquidiocesano School to talk with the priest-director, who showed me the interesting and ambitious program they wanted to implement in Ubatuba. Then, when presenting the proposal for my services, I adopted the IAB table for fees, without considering the additional percentages related to the design's complexity, especially the laboratory facilities. The results of the contest came out, and even though it considered only the architects' remuneration, I came in last place, much to my surprise. One of the colleagues reached half of what I had proposed, and another reached thirty percent.

flange to the upper truss, or the cable-stayed beam, if that's the case. Then, Abrahão interrupted me and asked me with a little bit of irony: "If the bottom part of the pillar is compressed and the top part is pulled, what about the middle part, is it compressed or pulled?" I explained that, in this section, the pillar could even be interrupted, but its continuity was important for locking the floors and to prevent the buckling of the lower section's pillars. Hanging the second and third floors would also prevent buckling, but that would overload the upper beam. I forgot to let engineer Romão Ribka speak: He had assisted me in metal structure design and was there with me. After the session ended, he told me regarding this discussion that, as our structure operated in the two orthogonal directions, it was conceptually spatial, which better explained its behavior.

The result, which was announced the next day, was a surprise. Despite the critical comments made during my presentation, I was sure I would win, because the design was very good, and the criticisms related mostly to secondary issues, minor details or terminology. The concept was not challenged: A building with a patio in the center – a ring – supported by

pilotis. Well, as a matter of fact, I ended up in fourth place. Naturally, I went to find out what the winning design was like. "It is a very simple design," Maitrejean told me, "a long building with three floors, perpendicular to Politécnica Avenue." I said that everything would be distant in a building like this, which would extend for at least 120 meters, and that was exactly what I had tried to avoid. To which he replied, already slightly annoyed: "Yes, but to circumvent your ring, adding up all sides of the patio, we would end up covering the same distance." I explained that no one would have to go all the way around. You either take one route or the other, choosing the shortest; worse-case scenario you turn around. I realized then, from Maitrejean's criticism, that they had raised relatively minor questions during my presentation only to avoid directly questioning the architecture of our design, our concept. The concept was the real loser.

In the sequence of experiments I was carrying out – constructions characterized by light structures, raised from the ground –, the new FAPESP headquarters would be a natural evolution, a development on another scale, in a public work, with a different meaning. In any case, nine years later, looking at it through the detachment that only time offers us, I still consider this work very significant within my body of work.

Location
Ilhabela, São Sebastião, SP
Design period
1998
Architects
Marcos Acayaba
Francesco Santoro
Trainees
Mariana Nakiri
Henrique Bustamante
José Eduardo Baravelli

Structural design
Hélio Olga de Souza Jr.
Installations design
Sandretec
Built area
500 m²

Some time later, Vera called me back to the secretariat to talk about yet another project: The Ilhabela State Park Headquarters. She asked me to bring some photos of my works in the Atlantic forest, so she could show them to the secretary, who at the time was state deputy Fábio Feldman. In addition to the works that had already been published, I took some photos of my own house, which was almost finished. Fabio liked what he saw, agreed with Vera's appointment and scheduled a trip to Ilhabela, when we would choose the site.

We traveled in a helicopter from the real estate company Scopel, with two of its directors aboard. They were very interested in the case: Five years earlier they had made a subdivision in the South of Ilhabela, at the beginning of the slope; once fully completed and already equipped with paved streets, it was nevertheless embargoed, since the entire area of the island above a 50 meters spot height was listed as a national heritage site. At that time, they were negotiating with the Secretariat for the Environment: They would give up the highest area of the subdivision, located above the spot height, and donate it for the installation of the park's headquarters; they would also promote the construction and pay for the whole project.

We visited the magnificent site proposed for the park's headquarters, the island's overlook, a hillock that emerges on the steep slope that surrounds almost all of Ilhabela. Before returning to São Paulo, we flew over it by helicopter. We also visited an alternative spot, North of the island, to compare. There was no doubt: The place proposed by the Scopel people was infinitely better.

Taking in consideration recommendations made by both the secretary and the directors of Scopel and following their concern with the cost and deadline of the work, I arrived at a very simple preliminary study: A shed for multiple uses, with a hexagonal plant, which occupied almost half of the flattest area at the top of the hill. Vera Severo, accompanied by two architects from the Secretariat of the Environment, came to the office to check the study. She said she liked it. However, two hours later, she called me and told me that, although she found the design correct, sensible and beautiful, it was not what both she and Fábio expected. According to her, it was too standard and did not have the necessary impact or didactic character regarding the preservation of nature that they intended to give to the park's headquarters. I should look for some other solution in line with what I had been doing and that had excited Fábio. I agreed with her and said that, while we were talking, an idea suggested by the geography of the place had occurred to me: To build a sort of bridge building, which would connect the existing road to the hillock, but leaving it accessible, like a public square, a belvedere. While talking on the phone, I did the sketch. After Vera told me she thought the idea was interesting, I hung up and told the office staff about the conversation. I showed them the sketch, and the new hypothesis cheered everyone up.

The final drawing ended up corresponding to the sketch I did while I was on the phone. In fact, this drawing had been in my head for a long time. This was the opportunity to apply a design hypothesis that I had first seen in architect Craig Ellwood's book, which I already mentioned: The Bridge House (1968), a house that works as a bridge, a development of the Weekend House, which I mentioned while talking about the Hélio Olga Residence.

The program of needs was naturally addressed on the two floors of the bridge: Between the two balconies leading to the belvedere, there was first a store, followed by a large space for various uses, such as temporary exhibitions, conferences, parties etc., and finally the bar facing the square; on the lower floor, the administration, in addition to a space for a permanent exhibition.

I presented the preliminary study of the Park Headquarters to secretary Fábio Feldman and the directors of Scopel at a meeting at the secretariat. Fábio was enthusiastic and, soon after, my office was hired by Scopel to do the complete project. We started the basic project after talking to Hélio Olga, who pre-dimensioned the structure with reforestation wood, a requirement of the secretariat. And then we sent the drawings for approval to the various environmental agencies and the Ilhabela City Hall. To my surprise, the process went on indefinitely, wandering through government offices. For example: It got to the Forestal Institute and never left it. It seems that there was no political will to approve it. At the end of the first term of the Covas government, Fábio Feldman was not re-elected deputy and, therefore,

he was not reappointed to the Environment Secretariat. The new secretary, deputy Ricardo Tripoli, ignored the design that was already concluded and awaiting approval. He called on another architect to do a new design. About three years ago, I learned that this project was not executed either, and that, until then, nothing had been done in the Ilhabela State Park.

On page 232

Vila Butantã

Location
Vila Pirajussara, São Paulo, SP
Design period
1998-2004
Construction period
1998-2004
Architects
Marcos Acayaba
Suely Mizobe

Foundations design
Meirelles Carvalho
Structural design
[reinforced masonry]
Meirelles Carvalho
[wood / concrete ribbed slab]
Helio Olga de Souza Jr.
Pedro Afonso Oliveira Almeida
Péricles Brasiliense Fusco
Installations design
Sandretec
Lighting design
Claudio Furtado

Landscape design
Benedito Abbud
Construction
Ita Construtora
Plot area
4.439 m²
Built area
2.879,04 m²

Vila Butantã was built on a 4.439 square meters plot on the slope of Morro do Querosene, on the left bank of the Pirajussara River, on the Western edge of the São Paulo hydrographic basin.

The main constraints for the design were: The steeped terrain topography (average declivity of 45 percent on the slope); the orientation and the view overlooking the landscape; the rationalization of the work in order to reduce its cost; and the production of a flexible model house suitable for the market.

We chose to reduce private external areas, favoring common areas; thus, we avoided backyards and their walls, which were impractical considering the topography of the terrain. To guide and ensure the best view for the main openings of each house, these were located in two rows that follow the contour lines. The houses are twinned in pairs, and their lower floors exhibit an unevenness of 3 meters. The middle floor leads to the street, and the lower floor to the garden. The prop walls of reinforced masonry between these floors, locked by the side gables, are the main element for the containment of the slope along the rows. The horizontal and vertical staggering between the houses highlights each unit and ensures the necessary privacy for its main openings. The flat part of the land, at the bottom, was dedicated to leisure, with a swimming pool, court and lounge. The rationalization of the construction, besides resorting to apparent or visitable hydraulic installations, featured the new system of mixed ribbed slabs of concrete and wood, tested and patented by the Department of Structures of the Polytechnic School of the University of São Paulo. Composed of 6cm x 20cm Jatobá bars, and concrete slabs 4 centimeter thick, with free spans of 6 meters, these were cast and supported by the reinforced masonry gables and pigmented blocks, with no falsework.

State School Jd. Bela Vista I

On page 242

Location
Jardim Bela Vista, Mogi das Cruzes, SP
Design period
2004
Construction period
2004-2005
Architects
Marcos Acayaba
Camila Lisboa
Fernanda Neiva
Fernanda Palmieri
Mariana Alves de Souza
Foundations consultant
Zaclis & Salvoni
Structure consultant
Kurkdjian & Fruchtengarten
Structural design
Ruy Bentes
Installations design
Sandretec
Project coordinators [FDE]
Naide Correia
Sergio de Paula
Construction coordinator [FDE]
Affonso Coan
Construction
Lopes Kalil
Model
Edison Hiroyama
Built area
3.033 m²

The State School Jardim Bela Vista I was implemented in an institutional area, next to the green area and leisure area that make up the *cuore* of a housing complex built in Mogi das Cruzes by the Housing and Urban Development Company – CDHU of the State of São Paulo.

The area and the topography of the land – practically flat – made possible to solve the design through a horizontal volume, with only two floors (ground and upper), and a rectangular plan (50,4m x 37,8m) in the modulation of the precast concrete structure adopted by FDE. Considering the orientation, volume and alignments of the existing buildings, the location of the school volume led, in addition to uncovered patios in the front and back recesses, to the creation of a public area next to the corner, the main access for students and a meeting place for local residents.

The needs program was organized in three structurally independent blocks, with a U-shaped plan, configuring the space of the covered court. The articulation between the blocks was made by two opposite staircases. The upper floor was occupied by the classrooms. On the ground floor, one of the blocks encompasses the after-school tutoring rooms and the reading center, open to residents on weekends. In the opposite block, with service entrance from the street, the kitchen opens to the cafeteria, with access for students through a gallery that passes through the students counsil. In the larger block, at the school's entrance, the management / administration section is located at one end and the volume with toilets and canteen at the other, flanking the shed.

Thus, this organization of the program / structure guarantees the spatial continuity and a variety of routes that depart from the square next to the corner, follow through the entrance yard, then through the shed, reaches the covered court and, finally, the rear patio.

In addition to the precast concrete structure of the three blocks, this school has the metallic cover of the court as a striking element. There are four arched trusses that overcome a 27 meter bay, with supports on the concrete pillars uneven by 4,5 meters, forming a large North-facing shed. This, combined with the opposite opening, next to the rear patio, provides the desirable side lighting for the court.

On page 254

School of Communications and Arts

The Necessary Construction
Prof. Dr. Luiz Augusto Milanesi

The University of São Paulo - USP created, in 1966, the School of Communications and Arts – ECA, responding to one of the challenges of the time: The ever growing importance of the media for collective life. This trend has been accentuated in recent years, including the intensive use of the internet, creating new scenarios for all fields of public and private activities. Perhaps this explains not only the strategic importance of communication studies, but the strong significance of ECA for the Brazilian media and, by extension, for society.

In its forty years, ECA has trained thousands of professionals who now work in newspapers, radio stations, cinema, television, information centers, advertising agencies, communication advisors and, especially, in the new fields of the internet.

At the same time, and often integrated, the teaching of the arts has prepared professionals in the fine arts, performing arts and music, who are references in their specific areas.

From notable actors in television drama to directors of powerful media companies, there is a significant contingent of names that stand out in Brazilian public life. This gives the dimension of the role that ECA represents.

The challenges are constant, mainly because the basic thing is not only to stay updated in

Location
Armando Salles Oliveira University City, São Paulo, SP
Design period
2006
Architects
Marcos Acayaba
Júlio Maia de Andrade
Rodrigo Queiroz
Trainees
Tatiana Rizzo de Campos
Rafael Meira Pinatti Sanchis Sola
Pedro Mollan Saito
Norberto Takeyama
Mayra Bonato Garcez Yasuda
Letícia Martins Baldo
César Fukuda Pizzocaro
Bárbara Bianca Giovana Assaf Dalge
Argos Silva Giampietro
Built area
15,470 m²

Project developed in an interdepartmental studio at FAU USP

The natural lighting of the whole school is controlled, reflected and distributed by precast concrete horizontal brise-soleils, which also function as locking beams. The pillars of the precast structure system were designed for the potential construction of schools with a necessarily vertical orientation, with up to four floors. In this school, the pillars only support an elevated floor and the roof. Therefore, they can easily absorb the load of the brise-soleil sets. Moreover, the concern with the cost and the difficulty of maintaining metallic brise-soleils indicated the solution adopted for the control of natural lighting. Incorporated into the structure during production and assembly, it ended up costing very little and emphasized the horizontal aspect, a major characteristic of the plastic expression of this school building.

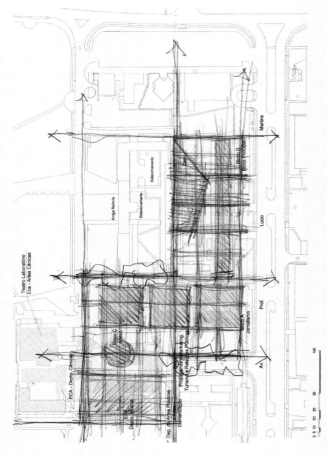

relation to new trends, but to actually create them. It is up to the university to design new paths, responding to society's demand in search of answers to the questions that affect everyone. USP is responsible for 25 percent of Brazilian scientific production. It is this work that many times allows for a greater understanding of the country, indicating the new directions that, necessarily, must be followed. Therefore, strengthening the training and updating activities of our professionals, as well as guaranteeing more agile research and with more resources, are tasks that transcend the university, and spread throughout all sectors of the community.

Currently, ECA offers 22 professional qualifications in regular undergraduate courses, of which fifteen are aimed at the arts area. These courses comprise 190 faculty members, 2.054 undergraduate students and 560 graduate students. This contingent requires an organization and an infrastructure to maintain it as a power plant in permanent production. Thus, in parallel with the changes in teaching and research, in the year 2006 it was also decided that it was necessary to seek suitable facilities for its objectives.

With limited, precarious spaces fragmented across eight buildings on campus – which represents an undesired segmentation – ECA sought a solution to the problem at the School of Architecture and Urbanism – FAU. The answer is this design that embodies the bigger idea of integrating parts, bringing people together and creating a favorable environment for the necessary teaching and research.

Today there are two challenges to be faced: The commitment to society and the commitment to that which is new and original. As part of the public university, the central task of ECA will always be to generate benefits for the community, shaping citizens capable of an effective intervention in favor of improving social conditions, whether they are in the role of educators, communicators or researchers. And as a state-of-the-art institution, it is up to it to keep up with the dizzying process of technological changes, tuning in and updating itself permanently.

Both tasks are mandatory and indispensable for ECA to remain faithful to its tradition, which is to be an instrument that generates change. It is, therefore, in this double harmony with society and the market, redeeming the social debt and anticipating the future, that ECA will reaffirm its trajectory and vocation: That of being, much like the largest entity to which it belongs, the University of São Paulo, the best Latin American educational institution in the field of communication and art.

The main questions to be answered by this project were briefly stated by Professor Milanesi: The physical fragmentation of the school into eight buildings with the consequent damage to teaching and research activities, as well as the absence of living spaces for all its students.

In the visit that we made to evaluate the set of buildings and the aforementioned issues, it was obvious to anyone the precarious state of maintenance of most buildings (many were improvised, poorly designed and / or poorly built), their facades (frames above all), its roofs, and the open spaces between them (poorly maintained gardens, wild bush, broken pavements, the storage facilities crammed with used material and furniture, including garbage etc.), not to mention the precarious constructions that were added later: The customary puxadinhos.

To answer the questions raised, solve the problems with maintenance, and requalify the set of ECA's buildings, including open spaces, we proposed an integrating structure that would define an identity as an architectural object in the landscape of the University City, in addition to physically consolidating the school as a USP unit.

As notable points of the integrating structure, public areas of coexistence coincide with the intersections of the already existing public circulation axes, consecrated by students and employees of several USP units. The Theater and Cinema buildings and the new Library, due to their size, located next to these public living spaces, will give them and the school's built set the correct scale and the necessary dignity.

The integrating structure itself will facilitate the expansion of the Departments. With the installation of temporary overhead cranes for the transport of materials or prefabricated parts, it will also function as a shelter and support for the execution of expansions, relocations and renovations of buildings, so as not to hinder the functioning of the school. It will also function as support and shelter for the elevated and controlled circulation system that will interconnect all departments, as well as the support structure for the implementation of new infrastructure networks and facilities that are easy to maintain, relocate or complement.

Finally, the integrating structure will be the great all-encompassing shelter, in steel and translucent laminated glass, a stable and easy-to-clean material, which helps to minimize problems with the maintenance of buildings and public areas.

CRÉDITOS DAS IMAGENS

Ana Paula Pontes p. 267 (em cima).
Andrés Otero p. 27 (embaixo).
Arnaldo Pappalardo p. 84-85.
Eduardo Castanho p. 89, 90, 126-127, 133 (em cima), 136, 150-151, 157, 158, 159, 160, 161.
Gal Oppido p. 44-45, 54 (em cima), 232-233, 237, 238 (em cima), 239 (em cima), 240, 241 (embaixo), 248, 249 (em cima, embaixo e centro à direita), 250 (embaixo), 251 (embaixo), 252, 253, 254, 258, 259, 268 (embaixo).
Hélio Chiossi p. 118.
Hugo Kovadloff p. 137.
Jorge Hirata p. 50 (à esq.), 58-59, 61, 64, 65, 72, 73 (embaixo), 76 (em cima, ambas), 140, 176 (embaixo), 181, 264 (embaixo), 266 (centro).
José Moscardi p. 108-109, 113, 132, 133 (embaixo), 134-135.
Leonardo Finotti p. 98-99, 106, 107, 216, 217, 218 (em cima).
Lídia Zaharic p. 74.
Marcos Acayaba p. 50-51, 66-67, 69 (embaixo, ambas), 71, 73 (em cima e centro), 76 (embaixo, ambas), 80, 83, 86 (à esq.), 87 (em cima, à esq.), 94-95, 104, 104-105, 105, 120-121, 124, 125, 128 (ambas, à esq.), 138-139, 144-145, 146 (embaixo, à dir.), 148, 149, 162-163, 168, 169, 186-187, 210, 211, 234, 244, 245.
Marina Milan Acayaba p. 335.
Neco Stiekel p. 189.
Nelson Kon p. 51 (embaixo), 52-53, 53, 54 (embaixo), 55, 56-57, 91, 92-93, 174-175, 179, 184, 185, 214, 218 (embaixo), 220, 221 (embaixo), 222, 223 (em cima), 224 (à esquerda), 238 (embaixo), 239 (embaixo), 241 (em cima), 242-243, 249 (centro, à esq.), 250 (em cima), 251 (em cima), 267 (duas do meio).
Nelson Kon e Andrés Otero capa e p. 194-195, 197, 200, 201, 202 (embaixo), 203, 204 (embaixo), 205.
Sebastián Crespo p. 180, 182, 183, 202 (em cima), 204 (em cima), 206-207, 215, 219, 221 (em cima), 267 (embaixo).
Vallandro Keating p. 114, 119.
Wanderley Bailoni p. 24.

As imagens não mencionadas aqui pertencem ao arquivo pessoal do arquiteto.

AGRADECIMENTOS

Quero, em primeiro lugar, agradecer à arquiteta Marlene Milan Acayaba, por 36 anos de companheirismo, parceria profissional e intelectual. Não tivesse ela, desde que nos casamos, valorizado, discutido, selecionado, organizado e arquivado meu trabalho, eu não teria feito este livro. Tive, por sorte, a colaboração inteligente e sensível de alguém da área da história e da crítica.

Agradeço aos arquitetos e estudantes que colaboraram comigo no escritório, especialmente: Anselmo Turazzi, Lucilene Tachibana, Suely Mizobe, Adriana Aun, Mauro Halluli, Tânia Shirakawa, Fábio Valentim, Mariana Nakiri, Francesco Santoro, José Eduardo Baravelli, Mariana Alves de Souza, Fernanda Neiva, Fernanda Palmieri, Pablo Hereñu, Eduardo Ferroni, Marina Milan Acayaba, Pedro Saito e Renan Kadomoto.

Aos escritórios técnicos que realizaram os cálculos estruturais e de instalações dos projetos e às construtoras que os executaram, em especial aos engenheiros: Ugo Tedeschi, Aiello G. A. Netto, Antonio Martins, Vicente Destefano, Hélio Olga de Souza Jr., Luis Fernando Meirelles Carvalho, Antonio Garcia Martinez, Reichi Ishida, Francisco R. Landi, Osmar Souza e Silva, Hélio Olga de Souza, Adilson Luiz de Jesus e aos construtores Nelson Vittorino e Antônio Orsatti.

Aos fotógrafos Jorge Hirata, José Moscardi, Eduardo Castanho, Nelson Kon, Leonardo Finotti, Gal Oppido e Sebastián Crespo.

Aos clientes e aos colegas que me confiaram projetos para obras públicas.
[texto de 2007]

Romano Guerra Editora
Editores
Abilio Guerra
Silvana Romano Santos
Fernanda Critelli

Conselho Editorial
Abilio Guerra, Adrián Gorelik (Argentina), Aldo Paviani, Ana Luiza Nobre, Ana Paula Garcia Spolon, Ana Paula Koury, Ana Vaz Milheiros (Portugal), Angelo Bucci, Ângelo Marcos Vieira de Arruda, Anna Beatriz Ayroza Galvão, Carlos Alberto Ferreira Martins, Carlos Eduardo Dias Comas, Cecília Rodrigues dos Santos, Edesio Fernandes (Estados Unidos), Edson da Cunha Mahfuz, Ethel Leon, Fernando Lara (Estados Unidos), Gabriela Celani, Horacio Enrique Torrent Schneider (Chile), João Masao Kamita, Jorge Figueira (Portugal), Jorge Francisco Liernur (Argentina), José de Souza Brandão Neto, José Geraldo Simões Junior, Juan Ignacio del Cueto Ruiz-Funes (México), Luís Antônio Jorge, Luis Espallargas Gimenez, Luiz Manuel do Eirado Amorim, Marcio Cotrim Cunha, Marcos José Carrilho, Margareth da Silva Pereira, Maria Beatriz Camargo Aranha, Maria Stella Martins Bresciani, Marta Vieira Bogéa, Mônica Junqueira de Camargo, Nadia Somekh, Otavio Leonidio, Paola Berenstein Jacques, Paul Meurs (Holanda), Ramón Gutiérrez (Argentina), Regina Maria Prosperi Meyer, Renato Anelli, Roberto Conduru (Estados Unidos), Ruth Verde Zein, Sergio Moacir Marques, Vera Santana Luz, Vicente del Rio (Estados Unidos), Vladimir Bartalini

Marcos Acayaba é arquiteto e doutor (FAU USP, 1969 e 2005). Professor de projeto na graduação da FAU USP entre 1972-1976 e desde 1994. Recebeu os prêmios Cubo de Bronze na Bienal Internacional de Buenos Aires (1985); Premiação Nacional IAB (1991); Prêmio Fundação Vilanova Artigas (1991); Destaque da Obra na Bienal Internacional de Arquitetura de São Paulo (1993); Grande Prêmio Ex-Aequo na Bienal Internacional de Arquitetura de São Paulo (1997).

© Romano Guerra Editora, 2021
© Marcos Acayaba, 2021

Marcos Acayaba
Marcos Acayaba

2ª edição revisada e bilíngue, 2021
textos Julio Roberto Katisnky, Hugo Segawa, Guilherme Wisnik
coordenação editorial Abilio Guerra, Fernanda Critelli,
Silvana Romano Santos
adequação e projeto gráfico do inglês Dárkon V. Roque
atualização e revisão do português Ana Maria Barbosa
tradução João Luiz Teixeira de Brito, Odorico Leal
revisão da tradução Fernanda Critelli

1ª edição, 2007
coordenação editorial Cristina Fino
projeto gráfico Elaine Ramos, Cássia Buitoni
redesenho dos projetos em CAD Pablo Hereñú,
Eduardo Ferroni, Fernanda Mangini, Renan Kadomoto
edição de texto Joana Mello
preparação Gislaine Maria da Silva
revisão Carla Mello Moreira, Otacílio Nunes

capa Residência Marcos Acayaba, Guarujá, SP, 1996-1997,
foto Nelson Kon e Andrés Otero
p. 2-4 Marcos Acayaba, perspectivas da Residência Ricardo Baeta

Dados Internacionais de Catalogação na Publicação (CIP)
(Câmara Brasileira do Livro, SP, Brasil)

Acayaba, Marcos
    Marcos Acayaba; textos de Hugo Segawa,
    Julio Roberto Katinsky, Guilherme Wisnik.
    2.ed. rev. – São Paulo: Romano Guerra, 2021.
    336 p. il

ISBN 978-65-87205-07-6

1. Arquitetos – Século 20 - Brasil 2. Arquitetura –
Contemporaneidade – Brasil I. Katinsnky, Julio Roberto
II. Segawa, Hugo III. Wisnik, Guilherme IV. Título

CDD 724.981

Ficha catalográfica elaborada pela bibliotecária Dina Elisabete
Uliana – CRB-8/3760

ROMANO GUERRA EDITORA
Rua General Jardim, 645, conj. 31
01223-011 São Paulo SP
Tel [55 11] 3255 9535
rg@romanoguerra.com.br
www.romanoguerra.com.br

FONTE gotham
PAPEL couché fosco 150 g/m² e offset 90 g/m²
PRÉ-IMPRESSÃO E IMPRESSÃO ipsis